reface

농협은 은행업, 보험업, 무역업, 농산물 유통업, 가공업, 교육지도사업, 영농자재업 등 다양한 사업을 전개하고 있습니다. 본인의 적성에 맞는 분야를 선택하여 능력을 발휘할 수 있다는 점이 매력적이며 연고지 및 희망지에서 지역사회발전을 위해 일할 수 있고, 공익 지향적 사업을 추구하므로 일에 대한 가치와 보람을 느낄 수 있다는 장점이 있습니다. 또한 비교적 안정적인 직장이라는 인식에 취업준비생들에게 큰 매력을 느끼게 해줍니다.

농협은 지원자의 유연한 대처능력을 평가하고 유능한 자질을 갖춘 인재를 선발하고자 인·적성 검사 및 직무능력평가를 실시하고 있습니다. 서류 전형 이후 인·적성검사 및 직무능력평가를 실시하고 있는데, 이는 당락에 결정적인 영향을 줄 만큼 중요도가 높은 시험입니다. 문제의 출제 유형이 지속적으로 변화하고 있고, 지역별로도 차이가 있으므로 유형을 파악하고 기출문제와 기출유형문제를 익혀 출제되는 유형의 문제를 능숙하게 풀 수 있도록 준비하는 것이 좋습니다.

> 이 책의 구성
> 실력점검을 위해 5회분 가량의 모의고사를 수록하였습니다.
> 직무능력평가(의사소통능력, 문제해결능력, 수리능력, 자원관리능력, 조직이해능력)

자신이 노력했던 땀과 열정을 결과로 보상받기 위해서는 끝까지 노력하여야만 합니다. 마지막까지 자신을 믿고, 노력하는 수험생 여러분을 위해 힘이 되는 교재가 되길 바랍니다.

Structure

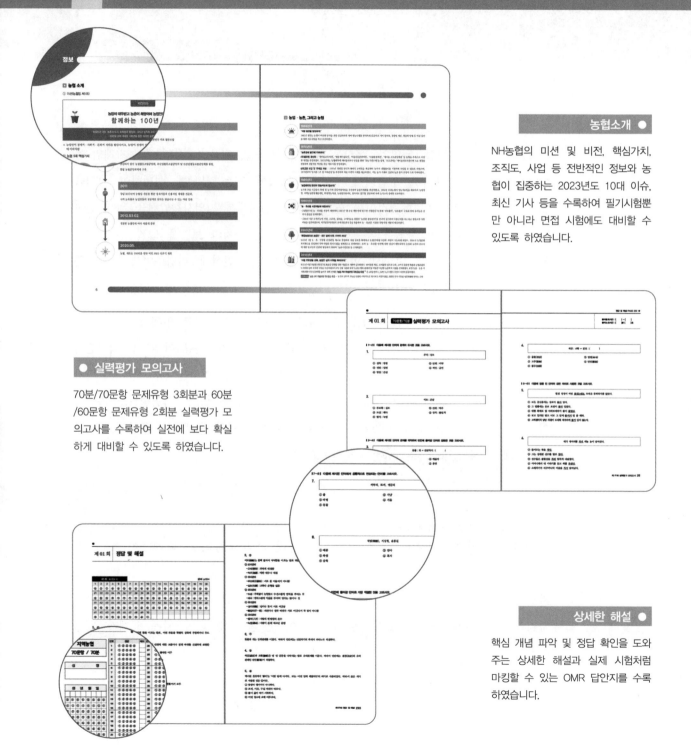

농협소개

NH농협의 미션 및 비전, 핵심가치, 조직도, 사업 등 전반적인 정보와 농협이 집중하는 2023년도 10대 이슈, 최신 기사 등을 수록하여 필기시험뿐만 아니라 면접 시험에도 대비할 수 있도록 하였습니다.

실력평가 모의고사

70분/70문항 문제유형 3회분과 60분/60문항 문제유형 2회분 실력평가 모의고사를 수록하여 실전에 보다 확실하게 대비할 수 있도록 하였습니다.

상세한 해설

핵심 개념 파악 및 정답 확인을 도와주는 상세한 해설과 실제 시험처럼 마킹할 수 있는 OMR 답안지를 수록하였습니다.

Contents

OMR 답안지 제공

실력평가 모의고사를 풀어보고 직접 작성할 수 있는 OMR 답안지 카드를 마지막 페이지에 5장 수록하였습니다.

① 농협의 역사

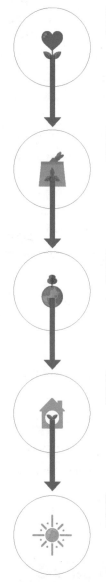

1961

종합농협으로 출범,
우리 농업농촌과 함께 성장한 대한민국 대표 협동조합

2000

분산되어 있던 농업협동조합중앙회, 축산업협동조합중앙회 및 인삼업협동조합중앙회를 통합,
통합 농협중앙회체계 구축

2011

창립 50주년에 농협법 개정을 통한 경제사업과 신용사업 체제를 전문화,
지역 농축협과 농업인들의 실질적인 권익을 향상시킬 수 있는 역량 강화

2012.03.02.

개정된 농협법에 따라 새롭게 출발

2020.05.

농협, 새로운 100년을 향한 비전 2025 선포식 개최

2 농업 · 농촌, 그리고 농협

1960년대

"식량 증산을 달성하다!"

1962년 정부는 농협이 비료와 농약을 전담 공급하도록 하여 영농자재를 편리하게 공급하고 시비 합리화, 경종법 개선, 병충해 방제 등 식량 증산을 위한 지도사업을 적극 추진하였다.

1970년대

"농촌경제 발전에 기여하다!"

새마을운동 활성화 : '새마을교육지원', '협동새마을육성', '마을식량증산지원', '마을환경개선', '새마을 소득종합개발' 등 농협을 주축으로 다양한 사업을 추진하였다. 1972년에는 농협대학에 새마을지도자 양성을 위한 '독농가연수원'을 설립, 1973년에는 '새마을지도자연수원'으로 명칭을 변경하여 전문적인 역량을 지닌 지도자를 양성하였다.

상호금융 도입 및 연쇄점 개설 : 1970년 연쇄점 방식의 현대식 소매점을 개설하여 농가가 생활물자를 저렴하게 구입할 수 있도록 하였으며, 1973년부터 '농어촌 1조 원 저축운동'을 추진하여 목돈 마련의 기회를 제공하였다. 이는 농가 가계비 절감과 농촌 물가 안정에 크게 기여하였다.

1980년대

"농업생산성 향상과 영농지도에 힘쓰다!"

농기계 구입 자금융자 확대 및 농기계 공동이용사업을 추진하여 농업기계화를 촉진하였고, 1983년 단위농협에 영농지도원을 확보하여 농업경영, 지역농업종합개발계획, 복합영농사업, 농산물유통지도, 출하지도 업무를 전담하게 하여 농가소득 증대를 도모하였다.

1990년대

"농 · 축산물 시장개방에 대응하다!"

· UR협상으로 농 · 축산물 시장이 개방되자 1991년 '쌀 수입 개방 반대 범국민 서명운동'과 함께 '신토불이', '농토불이' 구호와 함께 우리농촌 살리기 운동을 전개하였다.

· 1998년 기존 도매기능에 저장, 소포장, 집배송, 소매기능을 통합한 '농산물 물류센터'를 전국에 설치하여 유통단계를 축소하고 불필요한 유통비용을 절감하였으며, 미곡종합처리장과 산지유통센터 등을 확충하여 농 · 축산물 시장과 유통시장 개방에 대응하였다.

2000년대

"통합농협으로 농업인 · 국민 곁에 더욱 가까이 서다!"

2000년 7월 농 · 축 · 인삼협 중앙회를 하나로 통합하여 사업 규모를 확대하고 농업인에게 다양한 지원이 가능하게 되었다. 2004년 농협문화복지재단을 설립하여 장학사업과 복지사업을 체계적으로 전개하였다. 또한 농 · 축산물 안전에 대한 관심이 대두되면서 농업과 농촌의 중요성에 대한 범국민적 공감대 형성하기 위하여 '농촌사랑운동'을 전개하였다.

2010년대

"사업 전문성을 강화, 농업인 실익 지원을 확대하다!"

2012년 사업 부문별 전문성 및 효율성 강화를 위한 사업구조 개편이 실시되었다. 산지유통 혁신, 도매물류 인프라 구축, 소비지 유통망 확충과 농협로컬푸드직매장 등의 직거래 사업을 추진하였으며 6차 산업 지원과 함께 '농업인 행복 콜센터'를 비롯한 다양한 농촌복지 사업을 전개하였다. 또한 농업 · 농촌 가치에 대한 국민 공감대를 높이기 위해 전개된 **'농업 가치 헌법반영 국민공감 운동'** ◆ 은 38일 만에 1,153만 8,570명의 국민이 서명에 동참하였다.

상식PLUS ◆ **농업 가치 헌법반영 국민공감 운동** … 농업의 공익적 기능을 헌법에 구체적으로 명시하고 재정지원을 포함한 국가 의무를 명문화해야 한다는 운동

③ 농업 · 농촌운동의 흐름

우리 농산물을 애용하자! 신토불이 운동

농협에 의해 만들어진 신조어 신토불이(身土不二)는 당시에도 현재에도 우리 농산물 애용운동의 대명사가 되었다. 특히 처음 신토불이가 등장한 1989년에는 시장개방에 대해 농민들의 반대가 거셌던 터라 국민적 공감대는 이루 말할 수 없을 정도였다. 쌀시장 개방반대 범국민 서명운동은 돌입 42일 만에 1,307만여 명에 달해 기네스북에 오르기도 했다. 이후 신토불이 운동은 농도불이운동, 농촌사랑 운동 등으로 가지를 뻗었다.

1사 1촌 자매결연 행사 실시

강원농협지역본부는 자매결연을 맺은 홍천군을 찾아 일손돕기 봉사활동을 실시했다고 전했다. 현장에는 본부장을 비롯한 직원 스무 명과 조합장, 홍천군지부장 등이 함께 했다. 비닐하우스 작업 외에도 코로나19 예방을 위해 방역용 마스크를 전달하기도 했다. 강원농협은 해당 마을은 1994년부터 자매결연을 한 이래로 일손 지원 및 농산물 판매 등 지속적인 교류를 이어오고 있다.

1
새농민운동
1965년 ~ 현재

2

- 농민 스스로 농촌사랑의 선구자 역할
- 자립, 과학, 협동하는 농민

신토불이 운동
1989년

3

- 우리 농산물 애용 확대
- 쌀시장 개방반대 범국민 서명운동

농토불이 운동
1996년 ~ 2002년

4

- 농촌과 도시는 서로 돕는 하나
- 농산물 직거래 사업

농촌사랑운동
2003년 ~ 현재

- 농업 · 농촌 문제 범국민적 해결 모색
- 1사 1촌 자매결연

5

식사랑
농사랑
운동
2011년 ~ 2015년

식생활식문화운동

6

또 하나의
마을 만들기
2016년 ~ 현재

- 명예이장 위촉 등 노동교류활성화
- 농업의 공익적 가치 확산
- 깨끗하고 아름다운 농촌마을 가꾸기

7

국민과 함께하는
도농상생 활성화
2020년 ~

농촌 봉사활동 전개

6

모두가 힘을 합쳐 만드는 또 하나의 마을

또 하나의 마을 만들기는 농촌마을의 활력증대와 도농교류 확대를 통한 농촌의 가치와 이해 증진을 위하여 농협중앙회에서 2016년부터 전국적으로 추진하는 운동이다. 현재 농촌 마을은 인구 감소를 비롯하여 농산물 수입 자유화 등으로 점점 활력을 잃어가고 있다. 이는 결국 우리 농업의 경쟁력 약화 및 농가 소득 정체로 이어지며 농업 관계자들의 숙제가 아닐 수 없다. 이에 따라 농협에서는 농협 임직원을 필두로 전국의 농촌 마을 '명예 이장'으로 위촉하여 농촌 예술화 등 다양한 활동을 전개하고 있다.

7

함께 하는 100년 농협, 함께하는 농촌봉사활동

지난달 1일, 농협중앙회는 임직원들과 함께 경기 김포시 소재 인삼농가를 찾아 봉사활동 행사를 시작하였다. 농협은 지난해 2020년부터 한국사회복지협의회 등과 협력하여 기업들의 농촌봉사활동을 적극 권장하고 있으며 농협 홈페이지와 1365 자원봉사포털을 통해 농촌 일손돕기 봉사자를 모집하고 있다. 농협중앙회장은 "코로나19 장기화로 외국인 노동자의 입국마저 어려워져 농업인들이 인력난을 겪어왔다. 이에 농협에서는 기업과 단체 임직원 등 자원봉사자들과 함께 농촌일손돕기에 힘써왔으며, 지난해에는 일반인 봉사활동 참여자가 1만 8천여 명에 이르렀다."고 전하였다.

④ 농협 소개

① 미션(농협법 제1조)

비전2025

농업이 대우받고 농촌이 희망이며 농업인이 존경받는

함께하는 100년 농협

· 농업인과 국민, 농촌과 도시, 농축협과 중앙회, 그리고 임직원 모두 협력하여 농토피아를 구현하겠다는 의지 ·
· 60년을 넘어 새로운 100년을 향한 위대한 농협으로 도약하겠다는 의지 ·

※ 농업인의 경제적 · 사회적 · 문화적 지위를 향상시키고, 농업의 경쟁력 강화를 통하여 농업인의 삶의 질을 높이며, 국민경제의 균형 있는 발전에 이바지함

② 농협 5대 핵심가치

농업인과 소비자가 함께 웃는 유통 대변화	미래 성장동력을 창출하는 디지털 혁신	경쟁력 있는 농업, 잘 사는 농업인	지역과 함께 만드는 살고 싶은 농촌	정체성이 살아 있는 든든한 농협
소비자에게 합리적인 가격으로 더 안전한 먹거리를, 농업인에게 더 많은 소득을 제공하는 유통개혁 실현	4차 산업혁명 시대에 부응하는 디지털 혁신으로 농업 · 농촌 · 농협의 미래 성장동력 창출	농업인 영농지원 강화 등을 통한 농업경쟁력 제고로 농업인 소득 증대 및 삶의 질 향상	지역 사회의 구성체로서 지역사회와 협력하여 살고 싶은 농촌 구현 및 지역경제 활성화에 기여	농협의 정체성 확립과 농업인 실익 지원 역량 확충을 통해 농업인과 국민에게 신뢰받는 농협 구현

③ 농협의 구호

농업인과 함께! 국민과 함께!

④ 농협의 심볼마크

'V'꼴은 '농'자의 'ㄴ'을 변형한 것으로 싹과 벼를 의미하여 농협의 무한한 발전을, 'V'꼴을 제외한 아랫부분은 '업'자의 'ㅇ'을 변형한 것으로 원만과 돈을 의미하며 협동 단결을 상징합니다. 또한, 마크 전체는 '협'자의 'ㅎ'을 변형한 것으로 'ㄴ+ㅎ'은 농협을 나타내고 항아리에 쌀이 가득 담겨 있는 형상을 표시하여 농가 경제의 융성한 발전을 상징합니다.

5 조직현황

① 농협중앙회

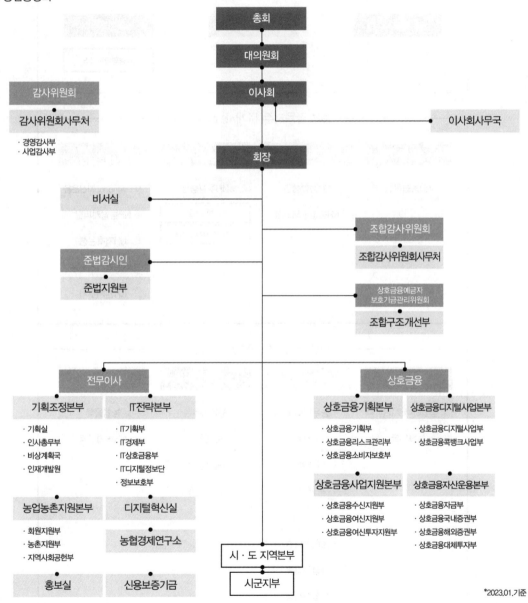

② 농협계열사

중앙회(4개사) 손자회사 포함

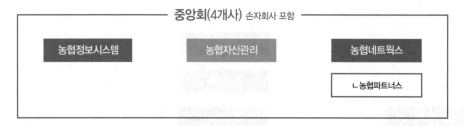

농협정보시스템	농협자산관리	농협네트웍스
		ㄴ 농협파트너스

농협 금융지주(11개사) 손자회사 포함

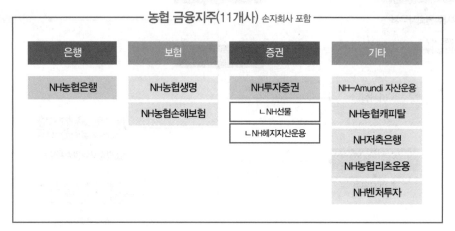

은행	보험	증권	기타
NH농협은행	NH농협생명	NH투자증권	NH-Amundi 자산운용
	NH농협손해보험	ㄴNH선물	NH농협캐피탈
		ㄴNH헤지자산운용	NH저축은행
			NH농협리츠운용
			NH벤처투자

농협 경제지주(16개사) 손자회사 포함

유통부문	제조부문	식품부문	기타부문
농협하나로유통	농우바이오	농협목우촌	농협물류
농협유통	ㄴ상림	농협홍삼	NH농협무역
	남해화학	농협양곡	
	농협사료	농협식품	
	ㄴ농협TMR		
	농협케미컬		
	농협아그로		
	농협흙사랑		

6 농협이 하는 일

교육지원부문	
	✽ 농업인의 권익을 대변하고 농가 소득 증대를 통해 농업인 삶의 질 향상에 도움을 주고 있다. ✽ 또 하나의 마을 만들기 운동 등을 통해 농업과 농촌에 활력을 불어넣고 농업인과 도시민이 동반자 관계로 성장 · 발전하는 데 기여하고 있다. 교육지원사업 ✽ 농 · 축협 육성 · 발전지도, 영농 및 회원 육성 · 지도 ✽ 농업인 복지증진 ✽ 농촌사랑, 또 하나의 마을 만들기 운동 ✽ 농정활동 및 교육사업 · 사회공헌 및 국제협력활동 등

경제부문	
	✽ 농업인이 영농활동에 안정적으로 전념할 수 있도록 농산물 생산 · 유통 · 가공 · 소비에 이르는 다양한 경제사업을 지원하고 있다. ✽ 국민의 건강과 행복을 위하여 안전한 축산식품을 저렴한 값으로 공급하고자 축산물 유통혁신을 주도하고 있다.

농업경제사업
✽ 영농자재(비료, 농약, 농기계, 면세유 등) 공급
✽ 산지유통혁신
✽ 도매 사업
✽ 소비지 유통 활성화
✽ 안전한 농식품 공급 및 판매

축산경제사업
✽ 축산물 생산 · 도축 · 가공 · 유통 · 판매 사업
✽ 축산지도(컨설팅 등)
✽ 지원 및 개량 사업
✽ 축산 기자재(사료 등) 공급 및 판매

금융부문	
	✽ 농협 본연의 활동에 필요한 자금과 수익을 확보하고, 차별화된 농업금융 서비스 제공을 목적으로 하고 있다. ✽ 시중은행의 업무 외에도 NH카드, NH보험, 외국환 등 다양한 금융서비스를 제공하고 있다.

상호금융사업
✽ 농촌지역 농업금융 서비스 및 조합원 편익 제공
✽ 서민금융 활성화

농협금융지주
✽ 종합금융그룹(은행, 보험, 증권, 선물 등)

7 새로운 100년을 향한 농협 비전 2025

1. 농토피아(農Topia)

농업이 대우받고
농촌이 희망이며
농업인이 존경받는

농토피아(農Topia)

대우받는 농업	희망이 있는 농촌	존경받는 농업인
✱ 농업인이 안심하고 생산에만 전념할 수 있도록 유통체계 구축	✱ 스마트팜 등 혁신기술에 기반한 비즈니스 기회가 제공되는 농촌	✱ 혁신을 통하여 경쟁력 있는 농업을 이끌어가는 농업인
✱ 국민들에게 고품질의 안전한 농축산물 공급	✱ ICT 기술 등을 통하여 살기 좋은 정주 여건을 갖춘 농촌	✱ 식량의 안정적 공급, 생태 환경보전, 전통문화 계승 등 농업의 공익적 가치 창출로 국민들로부터 인정받는 농업인
✱ 농업인·소비자 모두 만족하는 합리적 가격으로 농축산물 공급	✱ 일터, 삶터, 쉼터로서 도농간 교류가 활성화되는 농촌	

① 농협의 과제 : 농업인이 행복한 삶을 영위할 수 있는 농업·농촌의 미래상

② 농협의 추구 방향

• 안전한 먹거리 공급망 구축을 통해 꼭 필요한 산업으로 대우받는 농업

• 농업의 디지털 혁신으로 새로운 기회가 넘쳐나는 희망이 있는 농촌

• 농업의 혁신과 공익적가치 창출의 주체로 국민에게 존경받는 농업인

2. 새로운 100년 지속가능 성장 농협

창의적 · 혁신적 성장	내실 있는 성장
✱ 유통 및 디지털 혁신	✱ 협동조합 정체성 강화
✱ 미래 먹거리 창출	✱ 안정적 경영기반 구축

① 농협의 과제 : 지속가능한 농업·농촌의 발전을 위해 흔들림이 없는 농협, 위기보다 기회가 어울리는 농협

② 농협의 추구 방향

• 새로운 100년을 책임질 미래 먹거리를 찾는 혁신적 농협

• 견고한 성장을 이루기 위한 조직의 체질 개선

3. 포용과 상생의 가치

농업농촌의 여건 변화	✱ 농업의 공익적 가치 인식 확산 ✱ 식품안전, 농촌의 휴식공간 관심 증대	▶ 농촌과 도시의 조화 ┃ 농업인과 소비자의 상생
농정의 틀 대전환	✱ 지속가능성, 포용성 강조 ✱ 자치분권 – 지역 중심의 농정 확대	▶ 사람과 환경의 공존 ┃ 지역사회 공동체 협력
사회적 가치 변화	✱ 동반성장, 사회적경제 활성화 ✱ 기업의 사회적 역할 중요성 증대	▶ 계층지역 간 균형 ┃ 공공 및 취약계층 배려
시장환경 변화	✱ 4차 산업혁명 시대의 본격화 ✱ 소비트렌드 및 고객니즈의 다양화	▶ 혁신성장 기술의 융합 ┃ 금융과 유통의 융복합

키워드	#포용 #상생 #조화 #공존 #협력 #균형 #배려 #융합	"함께"

① 농협의 과제 : 새로운 100년 농협을 향한 도전의 길에서 성공으로 이끌 수 있는 가장 중요한 가치

② 농협의 추구 방향 : 농협이 지향하는 농토피아의 구현과 100년 농협의 성장을 위해서 모든 구성원들이 함께 가치를 공유하고 성장해 나갈 수 있는 상생모델을 적극적으로 추구해야 한다.

4. 농협 비전 2025 엠블럼

> "함께하는 100년 농협"

- 손을 잡고 있는 두 사람이 무한한 성장을 상징하는 무한궤도를 만들고 있음
- 함께 할 때 더 큰 가능성이 열리고 끊임없이 발전해 나갈 수 있음을 의미
- 다양한 색상들이 조합된 형태는 다양한 가치들이 한 데 모여 적극적인 협력을 하겠다는 약속을 표현
- 언제나 흔들리지 않고 농업인, 국민과 영원히 함께 하겠다는 의지를 전달

농협 10대 이슈

농자재 가격 상승으로 농가 경영 부담 가중
경제 불확실성 심화 및 원자재 가격 상승으로 농가 경영 부담 가중

농자재 가격 상승
코로나19, 러시아-우크라이나 전쟁 등에 인하여 원자재 수급이 불균형해지며 공급망이 불안정해지는 등의 현상이 생김으로 원자재가격이 상승하는 결과를 초래하였다. 여기에 더하여 원자재 수입의존도가 높은 영농자재 가격 역시 환율과 금리가 상승함에 따라 급등하고 있다. 이러한 시장 상황은 내년에도 나아질 가능성이 적어 보인다. 국제 원자재 가격이 장기화된 전쟁과 주요 수출국들의 수출을 제한하는 정책 등으로 코로나19 이전보다 높은 국제가격을 유지하기 때문이다. 이로 인해 농가 경영비가 증가하고 농업 소득이 감소하는 등 농가경제의 어려움이 따를 것으로 보여진다.

[주요 동향]

- 원자재 수출 국가들의 공급망 불안정으로 원자재 가격 상승
- 물가가 급격히 상승함에 따라 미 연준의 급격한 금리인상으로 환율 급등
- 원자재 비용이 상승함에 농자재 가격 또한 증가

[사료·비료 원자재 수입가격]

(단위: $/톤)

주요 원자재		2020년	2021년	2022년	증가율('20/'22)
사료용	밀	223	280	339(1~10월)	52.0%
	옥수수	200	263	359(1~10월)	79.5%
	대두박	368	460	549(1~10월)	49.2%
비료	요소	289	445	873(1~10월)	202.1%
	암모니아	272	546	969(1~10월)	256.3%
	염화칼륨	296	317	750(1~10월)	153.4%

자료: 한국농촌경제연구원, 한국비료협회

향후 전망

- 대내외 불확실한 상황으로 국제가격 강세가 당분간 높게 유지될 전망
- 재료비 구입가격지수가 상승함에 따른 농가 경영비 증가로 어려움이 가중될 전망

쌀 수급 안정을 위한 지속적인 논의

쌀값 회복 및 적절한 쌀 생산 유도 목적

쌀 수급 안정

지난해 산지쌀값은 사상 최대 하락 폭을 기록하였다. 이러한 쌀값을 회복시키기 위해 22년 수확기에서 45만 톤이라는 역대 최대 물량의 쌀을 격리하였으며, 적절한 생산을 위해 39개소 단지에서 가루쌀을 재배할 예정이다. 이에 단경기 쌀값은 수확기보다 상승할 것으로 전망되지만 격리물량의 증가로 정부의 재고 부담이 커지며, 생산조정제 확대, 분질미 가공 활성화 등 수급의 안정을 위한 논의가 지속될 것으로 보여진다.

[주요 동향]

- 수확기에서 45만 톤(구곡 8만 톤, 신곡 37만 톤)의 쌀을 격리
- 밀가루 수요 일부를 쌀로 대체하며 가루쌀을 본격 생산
- 가루쌀을 전량 공공비축미로 매입하며 생산 농가에 직불금(전략작물직불제)을 지급

향후 전망

- 수확기 대비 단경기 쌀값이 상승할 것으로 전망
- 시장격리 물량의 증가로 정부의 재고부담이 높아질 것으로 전망
- 쌀 수요 확대 정책의 중요성이 커질 것으로 예상

농업직불제 개편으로 공익직불제 사각지대 해소

강화된 중소농 지원 및 농업 · 농촌의 지속가능성

농업직불제 개편

새정부는 국정과제에 농업직불금 예산 5조 원을 점차적으로 확대하겠다는 내용을 포함하였다. 기본직불금 농지요건을 완화하고, 선택형 직불제 및 청년 · 은퇴농 지원 직불제 로드맵을 수립하여 직불금 사각지대에 있던 56.2만 명의 농업인이 새롭게 받을 것으로 예상된어진다. 금년 시행되는 전략작물직불제 활성화를 위해 대상작물의 확대 및 단가 인상에 대한 필요성이 논의 될 것으로 보여진다. 또한, 탄소중립직불제, 친환경직불제, 경관보전직불제, 청년농 직불제, 고령농은퇴직불제 도입과 개선 방안 역시 마련될 것으로 전망된다.

[주요 동향]

- 「농업농촌공익직불법」개정으로 기본 공익직불제 사각지대 해소
- 2017~2019년 중 1회 이상 직불금을 받았던 농지에 한정된 지급대상 요건 삭제
- 전략작물직불제와 탄소중립직불제를 새로이 도입
- 기존 친환경직불제와 경관보전직불제를 확대 방향 논의
- 청년농직불 도입을 검토
- 경영이양직불제는 가칭 고령농은퇴 직불제로 개편하여 제공할 계획

향후 전망

- 직불금 지급대상에 56만 2천 명의 새로운 농업인에게 3천억 원을 추가 지급될 것으로 예상

[2023년 기본형 공익직불제 예상 지급대상 및 지급액]

(단위: $/톤)

구분	지급인원(농가,농업인)	지급면적	기본형직불 지급액
2022년	112.9만 명	105.8만ha	21,943억 원
추가	+56.2만 명	+17.4만ha	+3,000억 원
2023년(예상)	169.1만 명	123.2만ha	24,943억 원

- 전략작물 확대 및 단가 인상의 필요성이 제기될 것으로 전망
- 가루쌀은 재배의 안정성과 적절 수확량이 확보되어야 확산될 것으로 전망
- 전략작물직불제로 인하여 밀과 콩의생산이 증가할 것으로 예상
- 직불금 제도의 법제화가 이루어지도록 관련 직제의 논의가 지속될 것으로 예상

시장 확대를 위한 글로벌 통상규범 강화

비관세장벽 완화와 신통상규범으로 시장 확대

글로벌 통상규범 강화

미국-중국 패권갈등 심화, 지정학적 불안정, 식량과 에너지 안보 강화, 디지털·그린 경제로의 전환 등 급변하는 글로벌 통상환경에 따라 공급망, 경제안보, 산업정책, 지정학적 측면까지 연계한 메가FTA 등 다양한 형태의 경제협력체가 나타나고 있다. 이에 관세장벽의 추가적 완화 외에도 비관세장벽 해소와 글로벌 신통상규범의 강화를 통한 시장 확대가 추구되면서 농업 분야에서도 추가개방의 영향이 불가피하다. 따라서 농가의 경영위험을 완충하고 기회는 극대화할 수 있는 전략을 모색하며 보완할 수 있는 대책을 개선하는 것이 요구된다.

[주요 동향]

- 현재 세계 상품관세 수준은 5% 이하로 상당부분 기능이 상실된 것으로 평가
- 정치·경제적으로 이해관계가 상충하지 않는 국가들 간 메가FTA 체결이 본격화
- CPTPP가 추진된 적이 있으나 가입 신청이 보류된 상태로 CPTPP 가입 논의는 크게 진전되지 않은 상황
- IPEF는 사실상 미국-중국 기술패권 경쟁 과정에서 통상질서를 새롭게 수립하려는 시도로 해석

향후 전망

- CPTPP 회원국의 관세철폐율(96.4%)은 평균적으로 높은 편으로 우리가 기체결한 FTA에서 개방하지 않은 품목들(쌀, 보리, 감자 등)에서 영향이 발생할 가능성이 클 것으로 전망
- CPTPP는 즉시철폐율(81.6%) 역시 높아 FTA에서 개방된 품목이라도 장기철폐로 양허한 품목은 잔존관세가 조기에 즉시철폐될 경우 추가적으로 영향이 생길 것으로 예상
- IPEF의 경우 농산물 수입관련 제도나 농업부문의 외국인 노동자 고용문제가 이슈로 부상할 가능성도 배제할 수 없을 것으로 전망

농업 미래 성장의 세대전환
농업 미래 성장 산업화를 이끌어갈 청년농 활성화

농업의 세대전환

정부는 22년 10월, 농촌활력 저하가 심화됨에 청년농 3만 명 육성을 목표로 하여 제1차 후계·청년농 육성 기본계획을 발표하였다. 이를 통해 청년농 정착의 핵심 애로사항인 농지·자금기술 확보 어려움이 개선될 것으로 기대되어진다. 이러한 정책 성과를 높이기 위해 정부·유관기관·지자체 간 협업 필요성이 증대될 것으로 보이며 지속가능한 농업 세대전환 관점에서 고령농 은퇴와 연계한 정책이 강화될 필요가 있다. 청년들의 진입 유인을 위해 스마트농업·농식품 벤처창업 지원 등과 연계한 정책 강화가 필요할 것으로 예상된다.

[주요 동향]

- 농가 경영주의 비중이 65세 이상은 20.1%(1991년)에서 59.9%로(2021년) 증가한 반면, 40세 미만은 12.2%(1991년)에서 0.8%('2021년)로 감소하여 인력구조의 불균형이 심화되는 상황
- 농촌의 활력과 농업의 미래 성장 동력을 위해 청년들의 유입이 매우 필요한 상황
- 「후계농어업인 및 청년농어업인 육성·지원에 관한 법률(2021년 5월 시행)」에 기반하여 2022년 10월에 '제1차(2023년~2027년) 후계·청년농 육성 기본계획' 발표

[1차 후계 · 청년농 육성 기본계획 4대 추진전략과 주요내용]

4대 추진전략	주요 내용
① '더 많은' 후계 청년농 지원	• 영농정착지원사업* 지원 : '22) 2천 명 → '23) 4 　* 만 40세 미만, 영농경력 3년 이하 청년농에게 월 최대 110만 원 정착지원금 최장 3년 동안 지급 • 후계농업경영인육성** 지원 : '22) 3천 명 → '23) 5 　** 만 50세 미만, 영농경력 10년 미만 농업인에게 농업 투자자금 융자 지원 • 우수후계농업경영인육성*** 지원 : '22) 3백 명 → '23) 5 　*** 후계농 선정 후 5년 이상 영농종사 중인 사람 중 투자계획 등을 평가하여 추가 융자 지원
② 보다 '쉽게' 농지 · 자금 확보 지원	• 농지은행 비축농지 확대, 농업스타트업단지*, 선임대-후매도 방식** 등 도입 　* 유휴농지 매입 후 임대형 스마트팜(최장 30년 임대) 조성 등 　** 청년농이 희망 농지를 최대 30년 장기 임차하여 경작한 이후 매입할 수 있는 방식 • 생애 첫 농지 취득 지원 단가('22 : 154백만 원/ha → '23) 254) 및 규모 확대 • 청년농 관련 융자자금 상환 기간 확대('15년 → '25년), 금리인하 추진 • 영파머스펀드 조성 규모 확대 및 정부 직접투자 도입
③ '전문농업인'으로 '성장' 뒷받침	• 농업 교육을 실전형 창업 교육 중심으로 대폭 전환 　* 영농창업특성화대학 확대, 9개 마이스터대학 활용 청년농업 CEO 양성과정 신설 등 • 현장실증, 농식품 연관산업 창업을 위한 연구개발 지원 강화 　* 청년농의 현장 실증과제 참여 제공, 농식품 연관산업 창업 지원
④ '쾌적하고 매력적인' 농촌공간 조성	• 청년보금자리 조성 등 청년 주거 지원, 보육 서비스 확충 　* 청년농촌보금자리 조성 규모(누적) : '22) 5개소 → '23) 9 • 청년농의 자율적 커뮤니티 구성·활동 지원, 지역사회 기여활동 지원

자료 : "제1차 후계청년농 육성 기본계획(안) 주요 내용", 농식품부 보도자료(2022.10.4.)를 요약정리함

향후 전망

- 정부–농어촌공사–농협 간의 협업체계 구축이 중요해질 것으로 판단
- 현장 밀착형 지원을 향한 지자체 역할 강화 역시 커질 것으로 전망
- 청년들의 중요성은 꾸준히 증가될 것으로 전망하나, 1차 생산 중심의 농업만으로는 유인하기엔 한계가 있을 것으로 예상
- 청년들이 농업 기반 다양한 사업기회를 발굴하고, 농산업 외연을 확장할 수 있도록 유도가 필요

애그테크(Ag-tech) 시장 급성장

본격적인 국내 애그테크 · 스마트농업 산업 구축

애그테크(Ag-tech) 성장

애그테크 시장이 전 세계적으로 급성장하고 있는 가운데 우리 정부 역시 애그테크 기반 스마트농업 육성을 위한 혁신방안을 발표하며 민간 혁신주체 육성, 품목별 도입 확산, 스마트농업 성장기반 강화 등을 계획하고 있다. 향후 국내 애그테크 산업기반 구축 노력이 본격화될 것으로 전망되며, 시설·축산뿐만 아니라 국내 농업 전반으로 애그테크 도입을 위한 노력이 가속화될 것으로 보인다.

※ 애그테크 : 농업 (agriculture)과 기술(technology)의 합성어로 농축산물 생산이나 활동에 사용되는 첨단기술

[주요 동향]

• 2020~2025년 글로벌 경종 생산부문 자동화기기 산업의 연평균 성장률이 13.9% 전망

[경종 생산부문 글로벌 애그테크 분야별 연평균('20~'25) 성장률 전망]

자동화기기 (드론 등)	센서 및 정보 수집 기기	스마트팜 관련 기기	소프트웨어 부문	서비스 부문 (통신 네트워크 등)
13.9%	9.8%	7.6%	11.9%	15.4%

자료 : 이정민 외(2022), "애그테크(AgTech)의 성장가능성과 활성화방안", 한국농촌경제연구원

• 농림축산식품부는 2022년 10월 「스마트농업 확산을 통한 농업혁신 방안」 발표

[「스마트 농업 확산을 통한 농업혁신 방안」 주요내용]

3대 추진 전략	주요과제
1. 스마트농업 혁신 민간 주체 육성	• (농업인) 스마트농업 역량 · 신뢰 제고 • (기업) 세계적 수준의 기술 · 서비스 확보 • (중개자) 현장 문제 해결 전문 지식 · 기술 제공
2. 품목별 스마트농업 도입 확산	• (온실) 기존온실의 스마트온실 전문단지화 • (축산) 농가단위 디지털 장비 · 보급 확대 • (노지') 무인자동화 및 보급형 단지 조성 *곡물, 채소, 과일
3. 스마트농업 성장기반 강화	• (데이터) 클라우드 데이터 · 인공지능(AI) 플랫폼 구축 • (연구개발) 핵심기술 선진국과 격차 축소 • (거버넌스) 민간 주도 협력 거버넌스 구축 • (통계) 스마트농업 정기 실태 조사 · 활용

자료 : 농식품부 보도자료(2022. 10. 4.)

향후 전망

- 국내 애그테크 산업에 있어 이번 육성정책 강화가 크게 기여할 것으로 전망
- 정부가 발의한 「스마트농업 육성 및 지원에 관한 법률」이 입법될 경우 애그테크 산업 육성이 더 체계적으로 가능해질 것으로 판단

> **[「스마트농업 육성 및 지원에 관한 법률」 주요내용]**
>
> - 스마트농업 육성 5년 단위 계획 수립(농식품부·광역지자체)
> - 스마트농업 지원센터 설립(스마트농업 육성·지원 관련 정책사업 총괄 수행)
> - 스마트농업데이터 플랫폼 구축, 스마트농업 지원 거점단지·스마트농업 육성지구 조성 등

- 애그테크 보편화·고도화를 위해 이를 적극 지원할 구체적인 계획이 중요해질 것으로 전망

고향사랑기부제 본격 시행 (2023년 1월 1일~)

제도의 조기안착은 인지도 제고 및 국민공감대 확산이 핵심

고향사랑기부제 시행

올해(2023년)부터 본격적으로 고향사랑기부제가 시행되는 반면 대국민 인지도와 기부 동참의향이 아직까지는 크게 높지는 않아 국민 공감대 확산이 성공적인 조기안착을 위해 시급하다. 또한 기부금 유치에 중요한 전략이 출향민을 포함한 관계인구 확보가 될 것으로 전망되며, 양질의 농축산물 답례품 구성은 기부촉매제 역할을 할 것으로 예상된다. 단 현행 법령의 처벌조항은 제도 활성화에 제약요인이 될 것으로 여겨진다.

[주요 동향]

- 세부사항을 규정한 시행령이 제정됨에 금년부터 '고향사랑기부제'가 본격 시행
- 개인 거주 지역을 제외 모든 지자체에 연간 500만 원까지 기부
- 10만 원까지는 전액 세액공제 되며 기부액의 30%내에서 답례품을 받음

[고향사랑기부제 시행내용]

구분	주요내용
기부주체/대상	【주체】 개인(법인은 불가) 【대상】 거주지역을 제외한 전국 모든 지자체
기부상한액	1인당 연간 500만 원(기부자는 고향사랑e음·지자체·농협 통해 기부가능)
기부혜택	【세액공제】 10만 원까지 전액, 10만 원 초과분은 16.5% 【답례품 제공】 기부액의 30% 내에서 지역특산품 및 상품권 등 제공 * 10만 원 기부 시 13만 원(세액공제 10만 원+답례품 3만 원) 혜택

- 기부의향이 절반도 미치지 못하는 수준이며 잘 알고 있다는 응답은 3.1%에 불과
- 본격 시행을 앞두고 나온 결과임에 조기안착의 우려 제기

[고향사랑기부제 국민 인지도 및 기부의향]

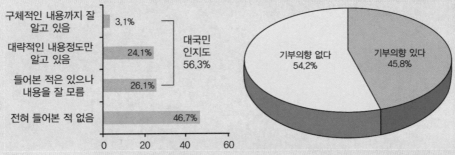

* 조사대행 : 한국갤럽(조사대상 : 전국 성인남녀 1,022명 / 조사기간 '22.11월)

향후 전망

• 향후 제도에 대한 인지도가 높아진다면 기부의향도 상승할 수 것으로 예상
• 제도의 취지에 대한 올바른 이해와 범국민적 공감대 형성이 관건이 될 것으로 전망
• 출향민이 많은 지역이 유리할 것으로 예상

[고향사랑기부금 기부의향 지역]

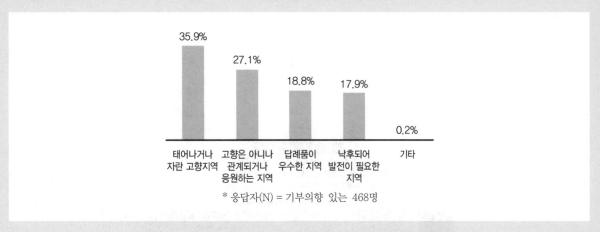

* 응답자(N) = 기부의향 있는 468명

• 관계인구를 늘리는 것 또한 중요한 전략이 될 것으로 전망
• 양질의 답례품 구성이 기부촉매제 역할을 담당할 것으로 전망

저탄소 농업과 녹색성장

박차를 가한 농업 온실가스 저감 및 지속가능한 발전 추진

저탄소 농업과 녹색성장

정부는 탄소중립과 녹색성장을 체계적으로 실현시키기 위한 추진체계 및 전략을 만들었으며, 이를 토대로 민간과 지역이 이끌어가는 탄소중립이 가속화될 것으로 전망된다. 이에 따라 상생협력 사업에 수요 역시 확대될 것으로 예상되어 진다. 이에 농업·농촌이 지자체와 기업과의 협력으로 탄소중립과 지속가능한 발전을 위해 정부의 정책적·제도적 개선을 위한 노력이 강화될 필요가 있다.

[주요 동향]

• 정부는 2022년 3월에 시행된 「탄소중립·녹색성장 기본법」에 근거하여 '2050 탄소중립녹색성장위원회'를 공식 출범하고, 탄소중립·녹색성장 전략 발표

[「탄소중립·녹색성장 추진전략」 주요 내용]

3대 정책방향	
1	책임있는 실천 : 과학과 합리에 바탕르 둔 의사결정과 정책 추진
2	질서있는 전환 : 법과 절차의 준수, 초당적 협력과 사회적 합의 중시
3	혁신주도 탄소중립·녹색성장 : 혁신에 기반한 온실가스 감축

4대 전략·12대 과제	가. 구체적효율적 방식으로 온실가스를 감축하는 책임감 있는 탄소중립	나. 민간이 아끌어가는 혁신적인 탄소중립·녹색성장
	1. 원전·신재생e 등 무탄소 전원을 최대한 활용하여 온실가스 감축 2. 저탄소 산업구조 및 순환경제로의 전환 3. 국토의 저탄소화를 통한 탄소중립 사회로의 전환	4. 과학기술 혁신과 규제개선을 통한 탄소중립 가속화 5. 핵심산업 육성을 통한 세계시장 선도 및 신시장 창출 6. 탄소중립 진화적인 재정·금융 프로그램 구축·운영 및 투자 확대
	다. 모든 사회구성원의 공감과 협력을 통해 함께하는 탄소중립	라. 기후위기 적응과 국제사회를 주도하는 능동적인 탄소중립
	7. 에너지 소비절감과 탄소중립 국민실천 8. 지방이 중심이 되는 탄소중립 9. 근로자 고용안정과 기업 혁신성장을 위한 산업·일자리 전환 지원	10. 적응주체 모두가 함께 협력하는 기후위기 적응 기반 구축 11. 국제사회 탄소중립 이행 선도 12. 모든 과제의 전 과정 상시 이행관리 및 환류체계 구축

자료 : 2050 탄소중립녹색성장위원회 보도자료, '윤정부, 탄소중립·녹색성장 비년과 추진전략 발표(2022.10.26.)'

• 이를 토대로 2022년 3월 '온실가스 감축 이행 로드맵'과 '국가 탄소중립·녹색성장 기본계획'을 수립할 계획
• 농식품부는 2023년~2026년까지 농식품 기후변화대응센터를 전남(해남군)에 조성한다는 방침
• 산업부는 무질서한 재생에너지 보급으로 인한 부작용을 줄이기 위해 정책에 대한 개선방안 제시

향후 전망

• 감축이행 로드맵 수립에 지자체-기업-농가 간 상생협력 수요가 확대될 것으로 전망
• 농촌은 재생에너지 생산의 핵심공간으로서 중요한 역할을 하게 될 것으로 예상

인구유입 촉진을 위한 농촌공간 재구조화

농촌의 일터 · 삶터 · 쉼터의 기능회복을 통해 인구의 유입을 활성화

농촌공간 재구조화

정부는 지역인구감소 문제가 심각해짐에 인구감소지역을 지정하고 지방소멸대응기금을 투입하기로 하였다. 인구감소지역은 대부분 농촌지역을 차지한다. 현재 농촌지역은 부족한 인프라로 생활여건이 불편하며 쾌적한 환경과 농촌다움을 보전 · 활용하기에도 어려운 상황이다. 이에 농촌의 일터 · 삶터 · 쉼터로서의 기능회복을 위한 국정과제로 '농촌공간 재구조화' 계획이 채택되고 관련법들이 제정되어 향후 본격적인 사업 확대가 전망된다.

[주요 동향]

- 향후 10년간 매년 1조 원씩 인구감소지역에 10조 원의 지방소멸대 응기금을 집중 투자하기로 결정
- 인구유입 촉진을 위한 「농촌공간 재구조화 및 재생지원에 관한 법률안」이 국회에 발의

[농촌공간계획 추진방향]

농촌공간 재구조화 및 재생 지원법 제정	농촌공간 재정비	공간기능 재생	추진기한
농촌의 특성을 반영한 농촌공간계획 수립	축사 · 공장 이전, 스마트팜 등 협력화	농촌특화지구 지정	농촌협약 국가 · 지자체 간 투자 협약
농촌특화지구 도입 마을보호 · 축산 · 유산지구 등	공간계획에 따른 계획적 개발	경제기반확충, 일자리창출	
	주거 · 상업 · 산업 등 계획적 배치	주거 · 정주여건 개선	주민협정 특화지구 운영관리 주민자체규약
		사회서비스 제공	

자료 : 농립축산식품부

향후 전망

- 기능적으로 구분되고 재배치될 수 있도록 다양한 사업이 확대될 것으로 예상
- 농식품부는 2023년 난개발이 심화된 농촌을 적절하게 개선하고, 농업환경 개선이 필요한 지역에 다양한 활동을 할 수 있도록 지원을 확대할 예정
- 성공적인 농촌재생 프로젝트를 위해서는 농촌주민들의 참여와 계획 관리가 필요

코로나 일상적 대응체계로 일상회복

외국인력 고용증대, 농촌관광 수요 증가, 알뜰형 식품소비 확산 전망

코로나 일상회복

2023년에는 일상적 대응체계로 전환이 돼 실내마스크 의무해제가 가능할 것으로 예상된다. 일상회복 기대감속에 민간소비의 소비행태는 코로나19 이전d의 형태로 회복되는 흐름을 보이나, 금리인상과 물가상승으로 가계 소비여력은 경기 둔화로 축소될 것으로 보여진다. 농업·농촌 부문에서는 외국인력 고용정책이 확대될 것으로 예상되며, 농촌관광 수요의 경우 경기 침체로 인하여 소확행 업종이 재조명되면서 늘어 날 것으로 전망된다. 농식품 소비는 니즈에 맞는 실속형 소비패턴이 소비심리 위축으로 인해 심화될 것으로 전망된다.

[주요 동향]

• 민간소비에서 위축되었던 대면서비스업 중심으로 회복흐름이 보여짐
• 숙박·음식점업업계에서는 뚜렷한 회복세를 보임

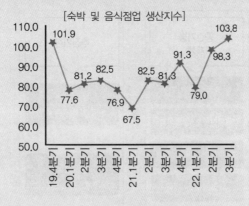

[숙박 및 음식점업 생산지수]

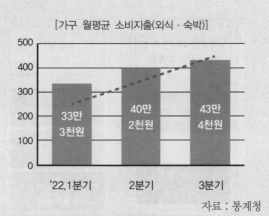

[가구 월평균 소비지출(외식·숙박)]

자료 : 통계청

• 반면 高물가, 高금리 영향으로 향후 경기둔화로 인한 소비심리 위축이 한동안 지속될 것으로 예상

향후 전망

【영농】 외국인력 고용정책 확대 전망
- 시범사업 중인 '공공형 계절근로자' 사업으로 계절근로자 활용이 확대될 것으로 예상
- 농업부문 외국인근로자 고용정책이 「농어업고용인력지원특별법」 제정이 추진되고 있어 활성화 될 것으로 전망

【농촌】 소확행 업종 재조명, 농촌관광 수요가 늘어날 전망
- 경기침체에 고전하고 있으나 적은 지출로 즐길 수 있는 소비가 수혜를 받을 전망
- 일상회복으로 해외여행 수요가 증가할 것으로 보이나 급증하기는 어려울 것으로 전망
- 농촌관광의 수요는 조용한 농촌에서 소확행과 휴식에 대한 기대감이 증가함에 늘어날 것으로 전망

[향후 농촌관광 의향]

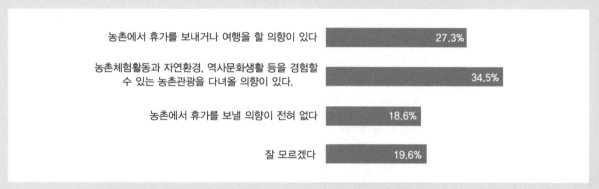

농촌에서 휴가를 보내거나 여행을 할 의향이 있다	27.3%
농촌체험활동과 자연환경, 역사문화생활 등을 경험할 수 있는 농촌관광을 다녀올 의향이 있다.	34.5%
농촌에서 휴가를 보낼 의향이 전혀 없다	18.6%
잘 모르겠다	19.6%

* 조사대행 : 한국갤럽(조사대상 : 전국 성인남녀 1,022명 / 조사가간 '22.11월)

【농식품】 오프라인 매장을 찾는 소비자 증가, 알뜰형 식품소비 확산 전망
- 농식품 대면거래는 증가할 것으로 보여지나, 니즈에 따른 실속형 소비패턴이 심화될 것으로 전망
- 한정자원을 극대화하기 위해 체리슈머가 증가하고, 알뜰형 소비행태가 확산될 것으로 전망

농협, ICAO 집행위원회 개최

농협중앙회는 지난 3월 튀르키예 이스탄불에서 ICAO(국제협동조합농업기구) 집행위원회를 개최했다고 밝혔다. 이날 집행위원회는 회장을 비롯한 전세계 농업협동조합 대표 7인이 참석하였으며 대륙별 프로젝트 결과보고 및 2023년 사업계획을 승인하였다.

ICAO는 2021년부터 각국의 필요에 대응한 프로젝트를 선정해 지원하고 있으며 올해는 특히 회원 간의 소통 활성화를 위해 「ICAO 디지털 플랫폼」을 구축하기로 하였다 또한, 이날 오후 「지속가능농업 세미나」를 개최하여 '농업에서의 지속가능개발목표(SDGs) 달성과 FAO-ICAO 협력방안'과 '기후변화가 농업에 미치는 영향과 그에 대한 대처방안'을 발표하였다.

한편, 이날 행사에 앞서 농협과 ICAO는 「튀르키예 지진재해 구호성금 전달식」을 진행했으며 OR-KOOP(튀르키예 산림조합연합회), ACC(튀르키예 농업금융조합연합회) 회장을 초청해 지진피해 현황을 전해듣고 적극적인 지원을 약속하였다.

ICAO는 ICA(국제협동조합연맹) 산하 전 세계농업협동조합을 대표하는 기구로 1951년 창설되었으며 34개 국가 중 41개 회원기관이 참여하고 있다.

기사 더 찾아보기

☐ ICAO ☐ 국제협동조합농업기구

01	위 기사를 세 줄 이내로 요약 정리해 보세요.

02	위 기사에 대한 생각을 세 줄 이내로 요약 정리해 보세요.

03	헷갈리는 용어 및 중요한 용어를 정리해 보세요.

PART

01

실력평가
모의고사

70문항/70분 실력평가 모의고사

▌1~2▌ 다음에 제시된 단어의 관계와 유사한 것을 고르시오.

1.

> 부각 : 강조

① 정착 : 방랑　　　　　　　　　② 단계 : 비약
③ 전반 : 일면　　　　　　　　　④ 격언 : 금언
⑤ 방임 : 간섭

2.

> 여요 : 곤갈

① 부조화 : 실조　　　　　　　　② 간대 : 박우
③ 도섭 : 괘사　　　　　　　　　④ 상치 : 불일치
⑤ 팔자 : 녹명

▌3~4▌ 다음에 제시된 단어의 관계를 파악하여 빈칸에 들어갈 단어로 알맞은 것을 고르시오.

3.

> 동물 : 개 = 건반악기 : (　　　　　)

① 피아노　　　　　　　　　　　② 예술가
③ 음악　　　　　　　　　　　　④ 공연
⑤ 국가

풀이종료시간 : [   ] – [   ]
풀이소요시간 : [   ]분 [   ]초

4.

허공 : 요확 = 결정 : (   )

① 골몰(汨沒)
② 명령(命令)
③ 고무(鼓舞)
④ 단안(斷案)
⑤ 몰두(沒頭)

▮5~6▮ 다음에 밑줄 친 단어와 같은 의미로 사용된 것을 고르시오.

5.

힘센 장정이 여럿 붙었는데도 트럭은 꿈쩍하지를 않았다.

① 모든 공산품에는 상표가 붙어 있다.
② 그 법률에는 유보 조건이 붙어 있었다.
③ 대형 화재로 옆 아파트에까지 불이 붙었다.
④ 보고 있지만 말고 너도 그 일에 붙어서 일 좀 해라.
⑤ 고객센터의 담당 직원이 도대체 제자리에 붙어 있지 않는다.

6.

매가 병아리를 차서 하늘 높이 날아갔다.

① 들어오는 복을 차다.
② 그는 상대편 선수를 발로 찼다.
③ 선수들은 출발선을 차며 힘차게 내달렸다.
④ 어머니께서 내 이야기를 듣고 혀를 차셨다.
⑤ 소매치기가 아주머니의 지갑을 차서 달아났다.

┃7~8┃ 다음에 제시된 단어에서 공통적으로 연상되는 단어를 고르시오.

7.

까투리, 토끼, 변강쇠

① 풀　　　　　　　　　　　　　② 사냥

③ 타령　　　　　　　　　　　　④ 가을

⑤ 동물

8.

적림(積霖), 기상청, 윤흥길

① 태풍　　　　　　　　　　　　② 장마

③ 폭염　　　　　　　　　　　　④ 혹서

⑤ 삼복

┃9~10┃ 다음 빈칸에 들어갈 단어로 가장 적절한 것을 고르시오.

9.

산불 원인의 절반 가까이가 야외 소각에 의한 것이라고 소방청은 주의를 요했다. 자료에 의하면 최근 5년간 산불 4,690건 중 야외소각으로 인한 산불은 2,109건으로 전체의 44.9%를 차지했다. 최근 발생한 주택화재의 14.3% 역시 소각으로 인한 화재였다. 소방청은 "산림 혹은 산림 인접 지역에서 불을 피우거나, 쓰레기 등 폐기물을 소각하면 산림보호법과 폐기물관리법에 따라 과태료가 부과되며, 산불이나 주택화재로 번지면 실화죄로 처벌받는다."며 주의할 것을 (　　　)했다.

① 응낙　　　　　　　　　　　　② 범과

③ 조치　　　　　　　　　　　　④ 정촉

⑤ 공치사

10.

> 농협은 계속된 집중호우로 농업부문 피해가 심각하다고 판단하여 조속한 피해복구 및 농업인 지원을 위한 무이자자금 5천억 원 이상 투입 등 긴급 추가지원 대책을 (   )했다. 최근 계속된 집중호우로 8.10(월) 07시 기준(농식품부) 농업부문 피해는 농작물 침수 25,905ha, 농지 유실·매몰 652ha, 낙과 73ha 등이 발생했으며, 특히 농업인(가족 포함) 인명피해는 사망·실종이 총 25명에 이르는 등 그 피해가 심각하다.

① 알선
② 장만
③ 구축
④ 마련
⑤ 계발

11. 다음 중 어법에 맞는 표현을 바르게 짝지은 것은?

> ㉠ (생각하건대 / 생각건대) 괜찮은 제안이야.
> ㉡ 선생님께 내 잘못을 (이르지 / 일르지) 마.
> ㉢ 며칠 만에 더위가 한풀 (꺽였다 / 꺾였다).

	㉠	㉡	㉢
①	생각하건대	이르지	꺽였다
②	생각건대	이르지	꺾였다
③	생각건대	일르지	꺾였다
④	생각건대	이르지	꺽였다
⑤	생각하건대	일르지	꺾였다

12. 다음 중 밑줄 친 부분의 맞춤법이 바르지 않은 것은?

① 그것은 사람의 모양을 본떴다.
② 좁다란 골목을 지나가고 있다.
③ 벽에 녹슨 못이 튀어나왔다.
④ 그는 항상 자식들을 닦달했다.
⑤ 할머니는 머리에 비녀를 꽂으셨다.

13. 다음 중 계절을 나타내는 한자성어로 옳지 않은 것은?

① 만화방창(萬化方暢)

② 비아부화(飛蛾赴火)

③ 장장하일(長長夏日)

④ 정안홍엽(征雁紅葉)

⑤ 동국정운(東國正韻)

14. 다음의 상황에 적절한 한자성어는?

> 농협은 온·오프라인의 경계가 허물어진 금융환경과 어려운 경제상황이 맞물린 작금의 위기에 대처하기 위해 겸손한 마음으로 솔선수범하고 열정과 혁신의 핵심동력으로 전진하겠다는 각오를 밝혔다.

① 다문박식(多聞博識)

② 역마직성(驛馬直星)

③ 온정정성(溫凊定省)

④ 국궁진력(鞠躬盡力)

⑤ 진천동지(震天動地)

15. 다음은 신입사원 A가 사보에 싣기 위해 기획한 기사의 의도와 초고 내용이다. 당신이 A의 상사라고 할 때, 지적할 수 있는 수정사항으로 적절한 것은?

[기획 의도]

　최근 많이 사용되고 있는 시사용어인 워라밸의 의미와 워라밸이 추구하는 삶의 양식에 대해 설명하고, 사원들이 워라밸을 이해할 수 있도록 하는 데에 있다.

[초고]

제목 : ㉠ <u>워라밸</u>

부제 : 일과 삶의 성과를 지향하는 인생을 추구하며

　우리나라는 ㉡ <u>세계적으로 1인당 연평균 노동 시간이 긴 편에 속한다.</u> ㉢ <u>'주 52시간 근로법'</u>이 만들어 질 정도로 장시간 일하는 것에 대해 사회적으로 고민하면서 최근 워라밸이란 용어가 자주 등장하고 있다. 이 말은 워크 앤 라이프 밸런스(Work and Life Balance)를 줄인 것으로, 일과 삶의 균형을 뜻한다. ㉣ <u>워라밸은 주로 젊은층에서 여가와 개인적인 생활을 중시하는 것을 의미한다.</u> 직장과 조직을 우선시하던 기존 세대와 달리 청년 세대에서 많은 돈을 버는 것에 집착하지 않고 넉넉하지 않은 여건에서도 자신이 지향하는 삶을 추구하는 경향을 말한다. ㉤ <u>워라밸은 과도하게 일에 몰두하는 대신 휴식과 여행, 자기 계발을 통해 삶의 만족도를 높이는 것을 중시한다.</u>

---

① ㉠ : 사보라는 매체의 특성을 고려하여 제목과 부제의 순서를 바꾸어 제시하는 것이 좋겠어.

② ㉡ : 정보의 신뢰성을 높이기 위해 국가별 노동 시간 순위가 나타나는 자료를 인용하는 것이 좋겠어.

③ ㉢ : 기획 의도가 잘 드러나도록 법 제정 절차에 대한 내용을 추가하는 것이 좋겠어.

④ ㉣ : 글의 주제와 관련성이 부족한 내용이므로 삭제하는 것이 좋겠어.

⑤ ㉤ : 독자들의 이해를 돕기 위해 문장의 첫머리에 '그러나'라는 접속어를 넣는 게 좋겠어.

16. 다음 글의 주제로 가장 적절한 것은?

뉴스는 언론이 현실을 '틀짓기(framing)' 하여 전달한 것이다. 여기서 틀 짓기란 일정한 선택과 배제의 원리에 따라 현실을 구성하는 것을 말한다. 그런데 수용자는 이러한 뉴스를 그대로 받아들이지는 않는다. 수용자는 수동적인 존재가 아닌 능동적인 행위자가 되어 언론이 전하는 뉴스의 의미를 재구성한다. 이렇게 재구성된 의미들을 바탕으로 여론이 만들어지고, 이것은 다시 뉴스 구성의 '틀(frame)'에 영향을 준다. 이를 뉴스 틀 짓기에 대한 수용자의 '다시 틀 짓기(reframing)'라고 한다. '다시 틀 짓기'가 가능한 이유는 수용자가 주체적인 의미 해석자로, 사회 속에서 사회와 상호 작용하는 존재이기 때문이다.

그렇다면 수용자의 주체적인 의미 해석은 어떻게 가능할까? 그것은 수용자가 외부 정보를 해석하는 인지 구조를 갖고 있기 때문이다. 인지 구조는 경험과 지식, 편향성 등으로 구성되는데, 뉴스 틀과 수용자의 인지 구조는 일치하기도 하고 갈등하기도 한다. 이 과정에서 수용자는 자신의 경험, 지식, 편향성 등에 따라 뉴스가 전달하는 의미를 재구성하게 된다. 수용자의 이러한 재구성, 즉 해석은 특정 화제에 대해 어떤 태도를 취할 것인가, 그 화제와 관련된 다른 화제나 행위자들을 어떻게 평가할 것인가 등을 결정하는 근거가 된다.

이렇게 특정 화제에 대한 수용자의 다양한 해석들은 수용자들이 사회 속에서 상호 작용하는 과정에서 여론의 형태로 나타난다. 여론은 사회적 차원에서 벌어지는 특정 화제에 대한 사회적 공방들과 개인적 차원에서의 대화, 논쟁들로 만들어지는 의견들을 모두 포괄한다. 이렇게 형성된 여론은 다시 뉴스 틀에 영향을 주며, 이에 따라 새로운 틀과 여론이 만들어진다. 새로운 틀이 만들어짐으로써 특정 화제에 대한 사회적 논의들은 후퇴하거나 발전할 수 있으며, 보다 다양해질 수 있다.

사회학자 갬슨은 뉴스와 뉴스 수용자의 관계를 주체와 객체의 고정된 관계가 아닌, 상호 작용을 바탕으로 하는 역동적인 관계로 보았다. 이러한 역동성은 수용자인 우리가 능동적인 행위자로 '다시 틀 짓기'를 할 때 가능하다. 그러므로 우리는 뉴스로 전해지는 내용들을 언제나 비판적으로 바라보고 능동적으로 해석해야 하며, 수용자의 해석에 따라 형성되는 여론에 대해서도 항상 관심을 가져야 한다.

① 언론의 '틀 짓기'는 현실을 왜곡하여 전달하기 때문에 비판받아야 한다.
② 뉴스 수용자는 여론을 형성하여 뉴스 구성의 '틀'에 영향을 주어야 한다.
③ 수용자들은 사회 속에서 상호 작용을 통해 자신의 인지 구조를 변화시켜야 한다.
④ 뉴스를 비판적으로 해석하고 여론에 관심을 갖는 수용자로서의 자세가 필요하다.
⑤ 사회적 차원에서 벌어지는 특정 화제에 대한 사회적 공방이 다양한 사회를 만드는 데 기여한다.

왜 행복을 추구하면 할수록 행복하지 못하다고 느낄까? 어떤 이는 이것에 대해 행복의 개념이 공리주의에서 기원하였기 때문이라고 말한다. 원래 행복을 가리키는 영어의 'happiness'는 단지 '행운'이라는 뜻으로만 쓰였다고 한다. 그런데 벤담이 '최대 다수의 최대 행복'을 공리주의의 모토로 내세우면서 '사회 전체의 복지 증진'이라는 개념이 등장하게 되었다.

공리주의 이전의 전근대 사회에서는 진정한 의미의 '개인'이 존재하지 않았을 뿐 아니라 '개인의 행복'은 논의의 대상이 아니었다. 개인은 자신이 속한 공동체로부터 정치적 속박을 받을 뿐만 아니라 경제적 예속 관계에 놓여 있었기 때문이다. 그러다 민주주의와 시장주의가 발전하기 시작하는 근대 사회에서 개인의 중요성이 강조되면서 전통적인 공동체는 해체가 불가피하였다. 여기에 공리주의의 확산으로 '사회 전체의 복지 증진'을 보장하려는 법과 제도가 자리 잡게 되었지만 이미 공동체가 해체되고 있는 터라 사회 복지의 최종적인 수혜자인 '개인'이 '행복의 주체'로 부각되었다. 개인은 민주주의와 시장주의를 기반으로 자신의 행복을 달성함으로써 공리주의가 보장한 사회 전체의 행복 증진에 기여할 수 있게 된 것이다.

한편 개인들에게 분배될 수 있는 지위와 재화는 제한되어 있어 자신의 행복을 추구하려면 타인과의 경쟁을 피할 수 없다. 그 결과 개인들은 서로를 경쟁자로 인식하여 서로를 소외시킬 뿐만 아니라 종국에는 타인으로부터 자신을 고립시키기도 한다. 그러면서 또 한편 개인은 이 소외감과 고립감을 극복하기 위해 무던히 애를 쓰는 역설적인 상황에 이르렀다.

문제는 경쟁 사회에서 이 소외감과 고립감을 극복하기가 쉽지 않다는 것이다. 회사 동료와 승진을 ⊙놓고 경쟁하는 사이이고, 옆 가게의 주인과는 이윤 추구를 놓고 경쟁하는 사이이기 십상이다. 매체를 통한 관계 맺기를 하려고 하여도 매체 속 세상은 실재하는 세계가 아닐 뿐만 아니라 그 세계에서 얻은 지지나 소속감 역시 피상적이거나 심한 경우 위선적인 관계에 기반한 경우가 많다.

이 문제를 해결하려면 자신의 행복을 추구하는 '개인'과 경쟁을 남발하는 사회 또는 공동체 사이에서의 어떤 타협이 필요하나 이미 개인에게 소속감을 줄 수 있는 전통적인 '공동체'는 해체되고 없다. 이에 마르셀 모스는 '공동의 부'라는 새로운 아이디어를 제시한다. 이 아이디어의 핵심은 개인의 주요 자원을 '공동의 부'로 삼는 것이다. 예를 들어 고등학교 도서관을 '공동의 부'의 개념으로 인근 동네에 개방하면 사람들의 만족도도 높아지고, 도서관을 개방한 학교도 학교에 대한 인식 등이 좋아지게 되니 학교를 중심으로 하는 구성원 전체의 행복은 더 커진다는 것이다. 그리고 이런 공동의 부가 확대되면서 이들 구성원 사이에 회복된 연대감은 개인의 행복과 사회 전체의 행복을 이어 주어 개인이 느끼는 소외감과 고립감을 줄여 줄 수 있다고 본다.

17. 윗글의 내용과 부합하지 않는 것은?

① 벤담의 공리주의가 등장하기 이전에 'happiness'는 '행복'이 아닌 '행운'의 뜻으로 사용되었다.

② 민주주의와 시장주의하에서 개인이 자신의 행복을 추구하려면 타인과의 경쟁이 불가피하다.

③ 공리주의에 따르면 개인은 자신의 행복을 달성함으로써 사회 전체의 행복 증진에 기여할 수 있다.

④ 매체를 통한 관계 맺기는 경쟁 사회에 개인이 느끼는 소외감과 고립감을 근본적으로 극복할 수 있게 한다.

⑤ 마르셀 모스는 '공동의 부'라는 아이디어를 제시함으로써 해체되어 버린 전통적인 '공동체'의 역할을 대신하고자 하였다.

18. 밑줄 친 ⊙과 유사한 의미로 사용된 것은?

① 야무진 애라 그런지 마음이 <u>놓인다</u>.
② 이게 바로 돈 <u>놓고</u> 돈 먹기란 거지.
③ 힘이 풀려 잡고 있던 손을 <u>놓았다</u>.
④ 할머니가 쥐를 잡기 위해 덫을 <u>놓았다</u>.
⑤ 사무실 이전 문제를 <u>놓고</u> 의견이 분분했다.

▌19~20▐ 다음 글을 읽고 물음에 답하시오.

스마트폰 청색광, 눈 건강 위협!
망막 세포 파괴 및 시력 저하 유발

A 대학 ○○ 연구 팀은 스마트폰의 청색광(blue light)이 망막 세포를 파괴할 수 있다는 연구 결과를 발표했다. 청색광은 어떻게 발생할까? 청색광은 얼마나 해로울까? 스마트폰의 청색광이 일으키는 피해를 줄이려면 어떻게 해야 할까?

▲ 청색광이 발생되는 스마트폰의 원리

스마트폰의 화면은 백라이트(back light)에서 나온 빛이 컬러 필터를 통과하면서 색상을 표현하는 구조로 되어 있다. 백라이트에서 지속적으로 빛을 내보내면서 원하지 않는 색을 내는 부분은 액정이 막아 다양한 색상을 <u>구현</u>하게 된다. 백색의 빛을 비추는 백라이트는 전류를 흘려주면 발광하는 반도체 소자의 일종인 엘이디(LED)를 사용한다. 엘이디는 적색, 녹색, 청색 등의 색깔을 만들 수 있지만 태양광처럼 직접 백색을 낼 수는 없다. 스마트폰의 백라이트는 청색 엘이디에 노란색 형광 물질을 씌워 만들기 때문에 <u>필연적</u>으로 청색광이 발생한다.

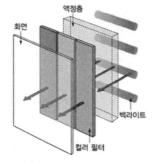

[그림 1] 스마트폰 화면의 구현 방식

▲ 청색광의 유해성

청색광은 가시광선 중에서도 자외선에 가까운 빛으로, 파장이 짧고 강한 에너지를 가진다. 이 때문에 눈에 있는 세포를 강하게 자극하여 눈의 피로감을 크게 <u>유발</u>한다. 이 연구 팀의 연구 결과에 따르면 눈이 청색광에 직접적으로 노출되었을 때 다른 빛에 비해 망막 세포가 손상되는 정도가 심하게 나타난다고 한다. 특히 어두운 곳에서 스마트폰을 사용하면 청색광에 의한 시력 <u>저하</u> 현상이 심해져서 눈 건강에 해롭다고 한다.

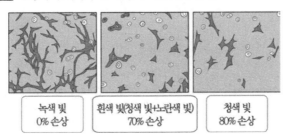

[그림 2] 빛의 색에 따른 망막 세포의 손상

▲ 청색광의 피해를 줄이기 위한 방안

현대인은 스마트폰을 일상적으로 사용할 수밖에 없는 환경에서 살고 있기 때문에 스마트폰으로부터 자유로워지기 어렵다. 하지만 스마트폰의 화면을 따뜻한 계열의 색상으로 <u>조절</u>하는 것만으로도 눈의 부담을 덜어줄 수 있다. 대부분의 스마트폰에는 청색광을 줄여 화면을 노랗게 바꿔주는 청색광 감소 기능이 있어 화면을 변경할 수 있다. 이 기능을 사용하면 스마트폰의 청색광이 어느 정도 줄어든다.

19. 위 기사에 대해 잘못 이해하고 있는 사람은 누구인가?

① 甲 : 청색광과 눈 건강과의 관계를 표제에 밝혀 글의 주제를 선명하게 드러내고 있군.

② 乙 : 청색광이 주는 부정적인 영향을 부제로 써서 표제의 내용을 구체화하고 있군.

③ 丙 : 청색광의 유해성과 관련한 상반된 관점을 대조하여 객관성을 높이고 있군.

④ 丁 : 스마트폰 화면의 구현 방식을 그림으로 제시하여 독자의 이해를 돕고 있군.

⑤ 戊 : 청색광의 유해성에 대한 전문적인 연구를 인용하여 글의 신뢰성을 높이고 있군.

20. 밑줄 친 단어의 뜻풀이가 잘못된 것은?

① 구현(具現) : 어떤 내용이 구체적인 사실로 나타나게 함

② 필연적(必然的) : 사물의 관련이나 일의 결과가 반드시 그렇게 될 수밖에 없음

③ 유발(誘發) : 어떤 것이 다른 일을 일어나게 함

④ 저하(低下) : 자기 자신을 낮춤

⑤ 조절(調節) : 균형이 맞게 바로잡음, 또는 적당하게 맞추어 나감

┃21~22┃ 다음에 나열된 수의 규칙을 찾아 (   )에 들어갈 알맞은 수를 고르시오.

21.

11 5 8,   14 8 11,   6 6 (   )

① 18
② 16
③ 11
④ 6
⑤ 3

22.

3 6 9 36,   1 1 8 30,   1 2 6 36,   4 5 8 (   )

① 21
② 30
③ 62
④ 71
⑤ 85

23. 다음 중 계산된 값이 가장 큰 것은?

① $5,524 \div 4 + 21$
② $5,184 - 818 \div 0.2$
③ $(4,912 - 1,234) \times 0.5$
④ $6,561 \times \frac{1}{3} \div \frac{3}{2}$
⑤ $1,546 + 8 \times 13$

24. 다음 중 단위변환이 잘못된 것은?

① $1km = 1,000,000mm$
② $2km^2 = 200ha$
③ $3kt = 3,000kg$
④ $4cc = 0.004\ell$
⑤ $5m/s = 18km/h$

25. 매해 인구가 같은 비율로 증가하는 어느 나라에서 10년 후의 인구 증가율이 44%였다. 5년간의 인구 증가율은 몇 %인가?

① 12%

② 14%

③ 16%

④ 18%

⑤ 20%

26. 甲은 여름휴가를 맞아 제주도 여행을 계획하였는데, 집인 서울에서 부산항까지는 자동차로 이동하고 부산항에서 제주행 배를 타려고 한다. 집에서 부산항까지의 거리는 450km이며 25m/s의 속력으로 운전한다고 할 때, 부산항에서 오후 12시에 출발하는 제주행 배를 타기 위해서는 집에서 적어도 몇 시에 출발해야 하는가? (단, 부산항 도착 후 제주행 배의 승선권을 구매하고 배를 타기까지 20분이 소요된다.)

① 오전 4시

② 오전 5시

③ 오전 6시

④ 오전 7시

⑤ 오전 8시

27. 등산할 때는 3km/h의 속력으로 걷고, 정상에서 30분간 쉬었다가 하산할 때는 올라갈 때보다 5km 더 먼 길을 4km/h의 속력으로 걸어서 총 3시간 30분이 걸렸다. 서원이가 걸은 거리는 총 몇 km인가?

① 7km

② 8km

③ 9km

④ 10km

⑤ 11km

28. 한 형제가 텃밭을 가꾸기 위해 땅을 고르려고 한다. 형이 혼자하면 4일이 걸리고, 동생이 혼자하면 8일이 걸리는 일을 둘이 함께 하던 도중, 하루는 비가 와서 둘이 모두 일을 쉬었고, 하루는 형만 감기로 일을 쉬었다면, 땅 고르기를 끝내는 데는 최소 며칠이 걸리는가?

① 4일

② 5일

③ 6일

④ 7일

⑤ 8일

29. A는 집들이에 가기 전 카페에서 음료를 구매하려고 한다. 카페에는 총 여섯 종류의 음료가 있다. 여기서 딱 세 종류의 음료를 구매할 때, 선택할 수 있는 음료의 조합은 모두 몇 가지인가?

① 8
② 10
③ 12
④ 16
⑤ 20

30. 세 다항식 $A = x^2 + x$, $B = 2x - 3$, $C = 2x^2 + 3x - 5$에 대하여 다항식 $AB + C$의 값은?

① $x^3 + x^2 + 5$
② $x^3 + 2x^2 - 5$
③ $2x^3 + x^2 + 5$
④ $2x^3 + x^2 - 5$
⑤ $2x^3 + 2x^2 - 5$

31. A 고등학교에서는 그림과 같이 학교 담 아래의 빈 공간에 길이가 12m인 밧줄로 'ㄷ'자 모양의 테두리를 둘러서 직사각형의 화단을 만들려고 한다. 이때 만들 수 있는 화단 넓이의 최댓값은 얼마인가? (단, 학교 담의 길이는 12m 이상이고, 밧줄의 양 끝은 담장에 닿아 있으며 밧줄의 두께는 무시한다.)

※ 화단의 가로, 세로 길이는 정수로 한다.

① $14m^2$
② $16m^2$
③ $18m^2$
④ $20m^2$
⑤ $22m^2$

32. 다음은 농협중앙회 구내식당의 메뉴판이다. 밥류와 면류에서 한 가지씩 골라 주문하는 경우의 수는?

밥류	면류
비빔밥	라면
제육덮밥	쫄면
김치볶음밥	우동
카레라이스	칼국수
오므라이스	잔치국수

① 10 ② 15
③ 20 ④ 25
⑤ 30

33. 1부터 9까지 자연수가 각각 하나씩 적힌 9개의 공이 들어 있는 주머니에서 공 1개를 뽑을 때에 대한 설명으로 옳지 않은 것은?

① 1이 적힌 공이 나올 확률은 $\frac{1}{9}$이다.

② 3의 배수가 적힌 공이 나올 확률은 $\frac{1}{3}$이다.

③ 홀수가 적힌 카드가 나올 확률은 $\frac{5}{9}$이다.

④ 9 이하의 수가 적힌 카드가 나올 확률은 $\frac{8}{9}$이다.

⑤ 10 이상의 수가 적힌 카드가 나올 확률은 0이다.

34. 甲은 매월 200,000원씩 납입하는 연이자율 5%, 2년 만기 적금을 가입하였고, 乙은 여유자금 500만 원을 연이자율 2%로 2년 동안 예치하는 예금에 가입하였다. 2년 뒤 甲과 乙이 받을 수 있는 금액의 차이는? (단, 연이자율은 모두 단리로 계산하며, 비과세 상품에 해당한다.)

① 5만 원 ② 10만 원
③ 15만 원 ④ 20만 원
⑤ 25만 원

35. 다음은 ○○시의 시장선거에서 응답자의 종교별 후보지지 설문조사 결과이다. ㈎와 ㈏ 값은? (단, ㈎와 ㈏의 응답자 수는 같다.)

(단위 : 명)

후보 \ 응답자의 종교	불교	개신교	가톨릭	기타	합
A	130	㈎	60	300	( )
B	260	( )	30	350	740
C	( )	㈏	45	300	( )
D	65	40	15	( )	( )
계	650	400	150	1,000	2,200

① 130

② 140

③ 150

④ 160

⑤ 170

36. 농협중앙회는 지역농협 간 친목을 도모하기 위하여 친선 축구경기를 기획하였다. 다음은 6개 지역농협을 3개 지역씩 2개조로 나누어서 경기를 치를 일정표이다. 같은 조에 포함된 지역끼리 서로 한 번씩 경기한다고 할 때, 서울 지역이 포함된 조의 지역을 모두 나열한 것은?

일자	경기	일자	경기
8월 8일 오전	서울 : 경기	8월 9일 오후	경북 : 제주
8월 8일 오후	충북 : 경북	8월 10일 오전	전남 : 서울
8월 9일 오전	경기 : 전남	8월 10일 오후	제주 : 충북

① 서울, 제주, 경북

② 서울, 경기, 전남

③ 서울, 충북, 전남

④ 서울, 충북, 경북

⑤ 서울, 경기, 제주

37. 농협몰 사이트 내 농민마켓에서 아카시아 꿀을 팔고 있는 농민 甲은 A와 B 택배사의 택배비를 두고 고민하고 있다. 무게가 100g인 상자 한 개에 xg의 꿀 10병을 담아서 택배로 보내려고 할 때, A사를 이용하는 것이 B사를 이용하는 것보다 택배비가 더 저렴해지는 x의 최댓값은? (단, 택배비는 무게에 의해서만 결정되고, 상자 한 개와 꿀 10병의 무게의 합은 5kg을 넘지 않는다.)

<table>
<tr><td colspan="2" align="center">[A사]</td></tr>
<tr><td align="center">무게</td><td align="center">택배비</td></tr>
<tr><td align="center">2,000g 이하</td><td align="center">4,000원</td></tr>
<tr><td align="center">2,000g 초과 ~ 5,000g 이하</td><td align="center">5,000원</td></tr>
</table>

[B사]	
무게	택배비
1,500g 이하	3,800원
1,500g 초과 ~ 2,000g 이하	4,100원
2,000g 초과 ~ 3,000g 이하	4,300원
3,000g 초과 ~ 4,000g 이하	4,400원
4,000g 초과 ~ 5,000g 이하	4,600원

① 160g

② 170g

③ 180g

④ 190g

⑤ 200g

38. 다음은 지역별 농협 직원 1인당 일평균 고객 수와 지역별 농협 1지점당 연간 서비스 투자에 대한 자료이다. 잘못 이해한 것은? (단, 각 지역별 농협 지점 수와 직원 수는 동일하다고 가정한다.)

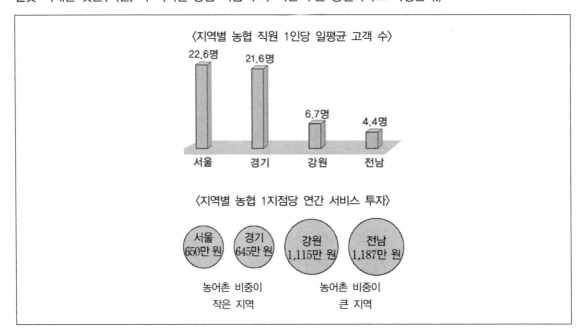

① 농어촌 비중이 작은 지역의 농협 직원 1인당 일평균 고객 수는 22.1명이다.

② 농협 1지점당 연간 서비스 투자의 차이는 서울, 경기 간보다 강원, 전남 간이 더 크다.

③ 서울 지역의 농협 직원 1인당 일평균 고객 수는 전남 지역의 농협 직원 1인당 일평균 고객 수의 5배를 초과한다.

④ 농어촌 비중이 작은 지역의 1지점당 연간 서비스 투자 평균은 농어촌 비중이 큰 지역의 1지점당 연간 서비스 투자 평균의 50%에 못 미친다.

⑤ 서울 지역의 농협 지점이 총 17곳이라고 할 때, 1지점당 연간 서비스 투자를 1,000만 원 이상으로 끌어올리기 위해서는 5,000만 원 이상이 필요하다.

┃39~40┃ 다음은 어느 지역의 8월 1일부터 7일까지 1주일간의 일평균 기온과 일평균 미세먼지 농도를 그린 그래프이다. 자료를 바탕으로 이어지는 물음에 답하시오.

〈일평균 기온(℃)〉

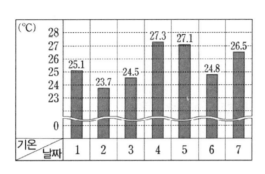

〈일평균 미세먼지 농도($\mu g/m^3$)〉

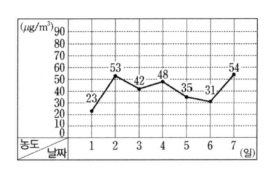

39. 일평균 기온이 26℃ 이상인 날의 일평균 미세먼지 농도의 평균은? (단, 소수 둘째자리에서 반올림한다.)

① $43.2\mu g/m^3$

② $44.9\mu g/m^3$

③ $45.7\mu g/m^3$

④ $46.1\mu g/m^3$

⑤ $47.3\mu g/m^3$

40. 1주일 중 일평균 기온이 가장 높은 날의 일평균 미세먼지 농도와, 일평균 미세먼지 농도가 가장 낮은 날의 일평균 기온의 차를 구하면? (단, 단위는 고려하지 않는다.)

① 19.8

② 20.3

③ 21.7

④ 22.9

⑤ 24.0

41. 다음 전제로 도출할 수 있는 결론으로 타당한 것은?

> ㉠ 어떤 짐승은 사람이다.
> ㉡ 모든 짐승은 생물이다.

① 모든 사람은 짐승이다.

② 모든 사람은 생물이다.

③ 모든 생물은 사람이다.

④ 어떤 생물은 사람이다.

⑤ 어떤 짐승은 생물이 아니다.

42. 명제 1, 명제 2가 모두 참이라고 할 때, 결론이 참이 되기 위해서 필요한 명제 3으로 가장 적절한 것은? (단, 보기로 주어진 명제는 모두 참이다.)

> 명제 1. 밝지 않으면 별이 뜬다.
> 명제 2. 밤이 오면 해가 들어간다.
> 명제 3. _____
> 결 론. 밤이 오면 별이 뜬다.

① 밤이 오지 않으면 밝다.

② 해가 들어가지 않으면 밝다.

③ 별이 뜨면 해가 들어간다.

④ 밝지 않으면 밤이 온다.

⑤ 밝으면 해가 들어가지 않는다.

43. 甲, 乙, 丙 세 사람이 다음과 같이 대화를 하고 있다. 세 사람 중 오직 한 사람만 사실을 말하고 있고 나머지 두 명은 거짓말을 하고 있다면, 甲이 먹은 사탕은 모두 몇 개인가?

> 甲 : 나는 사탕을 먹었어.
> 乙 : 甲은 사탕을 5개보다 더 많이 먹었어.
> 丙 : 아니야, 甲은 사탕을 5개보다는 적게 먹었어.

① 0개
② 5개 미만
③ 5개
④ 5개 이상
⑤ 알 수 없다.

44. A회사는 다가올 추석을 대비하여 직원들로 하여금 선호하는 명절 선물을 조사하였다. 조사결과가 다음과 같을 때, 항상 참인 것을 고르면? (단, 甲~戊는 모두 직원이다.)

> • 명절 선물로 '정육'을 선호하는 직원은 '과일'을 선호하지 않았다.
> • 명절 선물로 '한과'를 선호하지 않은 직원은 '과일'을 선호했다.
> • 명절 선물로 '건어물'을 선호하지 않은 직원은 '햄 세트'를 선호했다.
> • 명절 선물로 '건어물'을 선호하는 직원은 '정육'을 선호하지 않았다.

① 명절 선물로 '건어물'을 선호하는 甲은 '과일'을 선호한다.
② 명절 선물로 '한과'를 선호하는 乙은 '햄 세트'를 선호한다.
③ 명절 선물로 '과일'을 선호하는 丙은 '햄 세트'를 선호하지 않는다.
④ 명절 선물로 '정육'을 선호하는 丁은 '한과'를 선호한다.
⑤ 명절 선물로 '건어물'을 선호하는 戊는 '한과'를 선호한다.

45. A기업이 세계적인 기업으로 성장하는 데 있어 큰 역할을 한 전략 중 하나인 5Why 기법은 인과관계를 바탕으로 문제의 근본적인 원인을 찾아 해결하고자 하는 문제해결기법이다. 다음 중 제시된 문제에 대해 5Why 기법으로 해결책을 도출하려고 할 때, 마지막 5Why 단계에 해당하는 내용으로 가장 적절한 것은?

[문제] 최종 육안 검사 시 간과하는 점이 많다.
- 1Why : _____
- 2Why : _____
- 3Why : _____
- 4Why : _____
- 5Why : _____?_____
[해결책] _____

---

① 작업장 조명이 어둡다.
② 조명의 위치가 좋지 않다.
③ 잘 보이지 않을 때가 있다.
④ 작업장 조명에 대한 기준이 없다.
⑤ 제대로 보지 못하는 경우가 많다.

46. 문제해결을 위해 새로운 아이디어를 얻고자 할 때 자주 사용되는 방법 중 하나인 브레인스토밍에 대한 설명으로 옳지 않은 것은?

① 주체적이고 명확한 주제를 정한다.
② 브레인스토밍에 참여하는 인원은 많을수록 좋다.
③ 누구나 자유롭게 발언할 수 있는 분위기를 조성한다.
④ 질과는 관계없이 가능한 한 많은 아이디어를 제시하도록 격려한다.
⑤ 다양한 아이디어를 서로 조합하거나 개선하여 또 다른 아이디어를 제시해 본다.

47. 다음은 어느 TV 홈쇼핑 회사에 대한 3C 분석 사례이다. 분석한 내용을 바탕으로 회사 발전 전략을 제안한 내용 중 그 타당성이 가장 떨어지는 사람은?

Company	Competitor	Customer
• 높은 시장점유율 • 긍정적인 브랜드 이미지 • 차별화된 고객서비스 기술 • 고가 상품 중심의 수익 구조 • 우수 인력과 정보시스템 • TV 방송에 한정된 영업 방식	• 저가의 다양한 상품 구축 • 공격적인 프로모션 및 가격할인 서비스 • A/S 및 사후관리 능력 우수 • 인터넷, 모바일, 카탈로그 등 다양한 영업 방식	• 일반 소매업 대비 홈쇼핑 시장의 높은 성장률 • 30 ~ 50대 여성이 90% 이상을 차지하는 고객 구성 • 저렴한 가격, 편리성, 품질, 다양성 등에 대한 고객의 Needs • 상위 5%의 고객이 전체 매출의 30%를 차지

① 甲 : 홈쇼핑 분야에서 높은 시장점유율을 유지하기 위한 지속적인 노력이 필요합니다.

② 乙 : 저렴한 가격에 대한 고객의 요구를 채우기 위해 고가 상품 중심의 수익 구조를 개선해야 합니다.

③ 丙 : TV 방송에만 머무를 것이 아니라 다양한 매체를 활용한 영업 방식을 도입하는 것도 적극적으로 검토해야 합니다.

④ 丁 : 여성 고객뿐만 아니라 남성 고객에게도 어필할 수 있도록 남성적인 브랜드 이미지를 구축해 나가야 합니다.

⑤ 戊 : 매출의 30%를 차지하는 상위 5%의 고객을 위한 차별화된 고객서비스를 제공하여 충성도를 제고할 필요가 있습니다.

48. "so what" 기법은 "그래서 무엇이지?"라고 자문자답하여 주어진 사실로부터 가치 있는 정보를 이끌어 내는 사고 기법이다. 다음 중 "so what" 기법을 통해 〈사실〉을 바탕으로 가치 있는 〈정보〉를 도출했다고 보기 어려운 경우는?

	〈사실〉	〈정보〉
①	어젯밤에 눈이 많이 왔다.	길에 눈이 쌓여 차가 밀릴 수 있으니 평소보다 출근을 서둘러야 한다.
②	주말에는 약국 문을 닫는다.	주말에 아플 때를 대비하여 상비약을 갖춰 놓도록 한다.
③	오늘부터 장마가 시작된다.	장마가 시작되면 비가 오는 날이 평소보다 많아질 것이다.
④	기온이 33℃가 넘었다.	더위로 업무능률이 떨어질 수 있으니 냉방을 위한 조치를 해야 한다.
⑤	침으로 코로나19가 전염될 수 있다.	사람이 많은 곳을 피하고 마스크를 반드시 착용해야 한다.

┃49~50┃ 다음 SWOT 분석에 대한 설명과 사례를 보고 이어지는 물음에 답하시오.

[SWOT 분석 방법]

구분		내부환경요인	
		강점(Strengths)	약점(Weaknesses)
외부환경요인	기회(Opportunities)	SO 내부강점과 외부기회 요인을 극대화	WO 외부기회를 이용하여 내부약점을 강점으로 전환
	위협(Threats)	ST 내부강점을 이용하여 외부위협에 대응	WT 내부약점과 외부위협 요인을 최소화

[SWOT 분석 사례 : 요식업]

강점(Strengths)	약점(Weaknesses)
• 다양한 메뉴와 차별화된 서비스 • 업계 최고의 시장점유율 • 정교하게 구현된 홈페이지 및 모바일앱 • ㉠ 안정적 자금 공급	• 높은 가격대 • ㉡ 지점 직원들 관리의 어려움 • 지점 간 동일하지 않은 서비스 제공 • 고객 증가에 따른 즉각적인 대응 한계
기회(Opportunities)	위협(Threats)
• 외식 소비 심리의 지속적인 상승 • ㉢ 인터넷을 통한 1대1 마케팅 활성화 • 획일화되지 않은 서비스를 추구하는 젊은 세대의 선호 • ㉣ 타 업계와의 콜라보레이션을 통한 마케팅 기회 증대	• 경쟁업체의 공격적인 가격할인 • 경기 악화에 따른 고객 구매력 약화 • 지속적으로 상승하는 매장 임차료 • 코로나19로 인한 매장 유입 고객 감소 • ㉤ 노조와 경영진 간의 대립 심화

49. 다음 중 위의 SWOT 분석 사례에 따른 전략으로 적절하지 않은 것은?

① 홈페이지와 모바일앱을 통해 1대1 마케팅을 활성화하는 것은 SO 전략에 해당한다.

② 생산원가 절감을 통해 경쟁업체의 공격적인 가격할인에 대응하는 것은 ST 전략에 해당한다.

③ 안정적 자금 공급을 활용하여 임차료가 나가지 않는 자사 건물 매장으로 전환하는 것은 ST 전략에 해당한다.

④ 업계 최고의 시장점유율을 바탕으로 타 업계와의 적극적인 콜라보레이션 마케팅을 펼치는 것은 SO 전략에 해당한다.

⑤ 다양한 서비스를 추구하는 젊은 세대의 선호를 잡기 위해 지점에 따라 특화된 서로 다른 서비스를 제공하는 것은 WO 전략에 해당한다.

50. ㉠ ~ ㉢ 중 SWOT 분석이 잘못된 것은?

① ㉠

② ㉡

③ ㉢

④ ㉣

⑤ ㉤

51. 다음은 A시에서 조성한 푸른 숲 공원 만족도 조사 결과와 관련 자료이다. 이를 바탕으로 A시에서 '시민들의 이용 행태' 개선을 위해 취할 수 있는 방법으로 가장 적절하지 않은 것을 고르면?

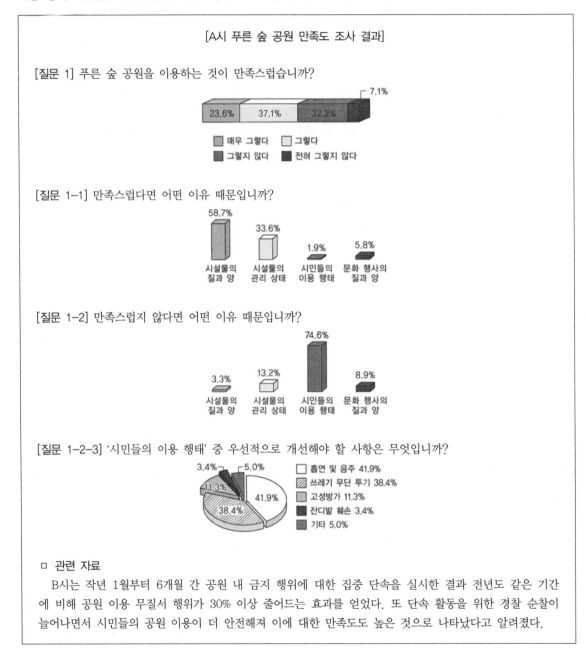

[A시 푸른 숲 공원 만족도 조사 결과]

[질문 1] 푸른 숲 공원을 이용하는 것이 만족스럽습니까?

7.1%
23.6% | 37.1% | 32.2%

■ 매우 그렇다   □ 그렇다
■ 그렇지 않다   ■ 전혀 그렇지 않다

[질문 1-1] 만족스럽다면 어떤 이유 때문입니까?

58.7% 시설물의 질과 양
33.6% 시설물의 관리 상태
1.9% 시민들의 이용 행태
5.8% 문화 행사의 질과 양

[질문 1-2] 만족스럽지 않다면 어떤 이유 때문입니까?

3.3% 시설물의 질과 양
13.2% 시설물의 관리 상태
74.6% 시민들의 이용 행태
8.9% 문화 행사의 질과 양

[질문 1-2-3] '시민들의 이용 행태' 중 우선적으로 개선해야 할 사항은 무엇입니까?

3.4% 5.0%
11.3%
41.9%
38.4%

□ 흡연 및 음주 41.9%
▨ 쓰레기 무단 투기 38.4%
▦ 고성방가 11.3%
■ 잔디밭 훼손 3.4%
▤ 기타 5.0%

▫ 관련 자료

　B시는 작년 1월부터 6개월 간 공원 내 금지 행위에 대한 집중 단속을 실시한 결과 전년도 같은 기간에 비해 공원 이용 무질서 행위가 30% 이상 줄어드는 효과를 얻었다. 또 단속 활동을 위한 경찰 순찰이 늘어나면서 시민들의 공원 이용이 더 안전해져 이에 대한 만족도도 높은 것으로 나타났다고 알려졌다.

① 공원 내 쓰레기통 주변에 쓰레기 무단 투기 감시를 위한 CCTV를 설치한다.

② 현재보다 다양한 운동시설의 종류를 확보하고, 1인당 이용할 수 있는 시설물을 늘린다.

③ 잔디밭에서 자전거를 타거나, 축구, 족구 등 잔디를 훼손할 수 있는 운동경기를 금지한다.

④ 늦은 시간에 허가 없이 시끄러운 음악을 틀어놓고 공연을 하거나 노래를 부르는 행위를 단속한다.

⑤ 공원 이용자를 대상으로 공원 내 흡연 및 음주 행위는 공원 만족도를 저하시키는 가장 큰 원인임을 홍보하고 자제를 촉구한다.

52. 다음은 A 버스회사에서 새롭게 개통하는 노선에 포함된 도서관과 영화관의 위치를 수직선 위에 나타낸 것이다. 도서관과 영화관의 위치를 좌표로 나타내면 각각 30, 70이라고 할 때, 주어진 조건을 만족하는 버스 정류장을 설치하려고 한다. 버스 정류장은 도서관으로부터 좌표상으로 최대 얼마나 떨어진 곳에 설치할 수 있는가?

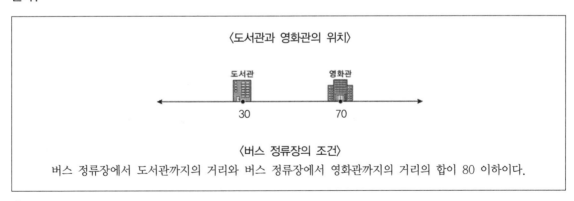

〈도서관과 영화관의 위치〉

도서관   영화관

30   70

〈버스 정류장의 조건〉
버스 정류장에서 도서관까지의 거리와 버스 정류장에서 영화관까지의 거리의 합이 80 이하이다.

① 40

② 50

③ 60

④ 70

⑤ 80

53. 다음 글과 〈상황〉을 근거로 판단할 때, 甲정당과 그 소속 후보자들이 최대로 실시할 수 있는 선거방송 시간의 총합은?

- △△국 의회는 지역구의원과 비례대표의원으로 구성된다.
- 의회의원 선거에서 정당과 후보자는 선거방송을 실시할 수 있다. 선거방송은 방송광고와 방송연설로 이루어진다.
- 선거운동을 위한 방송광고는 비례대표의원 후보자를 추천한 정당이 방송매체별로 각 15회 이내에서 실시할 수 있으며, 1회 1분을 초과할 수 없다.
- 후보자는 방송연설을 할 수 있다. 비례대표의원 선거에서는 정당별로 비례대표의원 후보자 중에서 선임된 대표 2인이 각각 1회 10분 이내에서 방송매체별로 각 1회 실시할 수 있다. 지역구의원 선거에서는 각 후보자가 1회 10분 이내, 방송매체별로 각 2회 이내에서 실시할 수 있다.

〈상황〉
- △△국 방송매체로는 텔레비전 방송사 1개, 라디오 방송사 1개가 있다.
- △△국 甲정당은 의회의원 선거에서 지역구의원 후보 100명을 출마시키고 비례대표의원 후보 10명을 추천하였다.

① 2,070분
② 4,050분
③ 4,070분
④ 4,340분
⑤ 5,225분

54. 로봇을 개발하고 있는 A사는 새로 제작한 원격조종 로봇을 테스트하기 위해 좌표평면이 그려진 평평한 바닥 위에 로봇을 올려놓고 시범 조종을 하고 있다. 시범 조종에 대한 甲의 보고서가 다음과 같다고 할 때, 빈칸에 들어갈 값은?

〈원격조종 로봇 Ⅳ-1 테스트 조종 보고서〉

■ 명령어 규칙 및 테스트 환경

명령어 규칙		테스트 환경
명령어	**로봇의 이동**	
[초기화]	로봇이 원점 O에 위치한다.	
[우 3]	x축의 방향으로 3만큼 이동한다.	
[상 5]	y축의 방향으로 5만큼 이동한다.	
[좌 1, 하 6]	x축의 방향으로 -1만큼 이동한 후, y축의 방향으로 -6만큼 이동한다.	

■ 시범 조종 내용
· 1회차 : [초기화], [우 3], [상 5] 명령어를 순서대로 입력
· 2회차 : [초기화], [상 5], [좌 1, 하 6] 명령어를 순서대로 입력

■ 결과 보고
두 차례의 시범 조종 결과 원격조종 로봇 Ⅳ-1는 정상적으로 작동하였으며, 1회차 시범 조종에서 로봇의 최종 지점과 2회차 시범 조종에서 로봇의 최종 지점 간의 직선거리는 (   )으로 나타났다.

① $2\sqrt{10}$

② $2\sqrt{11}$

③ $4\sqrt{3}$

④ $2\sqrt{13}$

⑤ $2\sqrt{14}$

55. 다음은 물적자원관리 과정과 내용에 대한 표이다. 과정에 따른 내용이 잘못 정리된 것은?

과정	내용
사용 물품과 보관 물품의 구분	• 반복 작업 증가 • 물품 활용의 편리성
동일 및 유사 물품으로의 구분	• 동일성의 원칙 • 유사성의 원칙
물품 특성에 맞는 보관 장소 선정	• 물품의 형상 • 물품의 소재

① 반복 작업 증가
③ 물품 활용의 편리성
③ 유사성의 원칙
④ 물품의 형상
⑤ 물품의 소재

56. 다음은 인사팀 직원 간의 대화이다. 직원 A ～ E 중 인력배치의 원칙과 유형에 대해 잘못 이해하고 있는 직원은?

> A : 이번에 새로 들어온 신입사원 甲이 배치 받은 부서에 잘 적응하지 못하고 있나봐.
> B : 그래? 인력배치를 할 때 甲의 능력이나 성격에 가장 적합하다고 생각하는 부서에다 배치하는 게 원칙 아니었어?
> A : 그렇지, 적재적소에 배치하는 것이 중요하잖아. 그런데 甲은 배치 받은 부서에 흥미가 없는 것 같아.
> C : 물론 甲의 적성이나 흥미에 따라 적성 배치를 할 수 있다면 좋겠지. 그렇지만 회사 입장에서는 업무량이 많은 부서에 더 많은 인원을 배치하려는 양적 배치도 고려할 수밖에 없어.
> D : 모든 신입직원에 대한 균형적인 배치는 잘 지켜진 거지? 甲만 적재적소에 대한 고려에서 빠졌을 수도 있잖아. 그렇다면 그건 인력배치의 원칙에 어긋나.
> E : 맞아, 그리고 능력을 발휘할 수 있는 기회를 부여하고 성과를 바르게 평가하여 능력과 실적에 따라 그에 상응하는 보상을 주는 보상주의도 중요해.

① A
② B
③ C
④ D
⑤ E

57. 다음은 어느 기업의 직원별 프로젝트 수행 결과에 대한 평가표이다. 가장 나쁜 평가를 받은 사람은 누구인가?

〈직원별 프로젝트 수행 결과 평가표〉

성명	프로젝트 수행 결과	점수
甲	• 완료 기한 : 22. 5. 30. • 완료 날짜 : 22. 6. 10.	
乙	• 예산 한도 : 421,900,000원 • 투입 비용 : 419,100,000원	
丙	• 예상 투입 인원 : 1,000명 미만 • 실제 투입 인원 : 999명	
丁	• 예상 투입 자원 : A, B, D, E, G • 실제 투입 자원 : B, E, G	
戊	• 기대 효과 : 만족도 80% 이상 • 실제 효과 : 만족도 90%	

① 甲

② 乙

③ 丙

④ 丁

⑤ 戊

58. 홍보팀에서는 사내 행사를 위해 다음과 같이 3개 공급업체로부터 경품1과 경품2에 대한 견적서를 받아보았다. 행사 참석자가 모두 400명이고 1인당 경품1과 경품2를 각각 1개씩 나누어 주어야 한다. 다음 자료를 보고 이어지는 질문에 답하시오

공급처	물품	세트당 포함 수량(개)	세트 가격
A업체	경품 1	100	85만 원
	경품 2	60	27만 원
B업체	경품 1	110	90만 원
	경품 2	80	35만 원
C업체	경품 1	90	80만 원
	경품 2	130	60만 원

- A업체 : 경품2 170만 원 이상 구입 시, 두 물품 함께 구매하면 총 구매가의 5% 할인
- B업체 : 경품1 350만 원 이상 구입 시, 두 물품 함께 구매하면 총 구매가의 5% 할인
- C업체 : 경품1 350만 원 이상 구입 시, 두 물품 함께 구매하면 총 구매가의 20% 할인
- ※ 모든 공급처는 세트 수량으로만 판매한다.

홍보팀에서 가장 저렴한 가격으로 인원수에 모자라지 않는 수량의 물품을 구매할 수 있는 공급처와 공급 가격으로 옳은 것은?

① A업체 : 5,000,500원 ② A업체 : 5,025,500원
③ B업체 : 5,082,500원 ④ B업체 : 5,095,000원
⑤ C업체 : 5,120,000원

59. 사내 행사에서 도시락 준비를 담당하게 된 신입사원 甲은 직원들의 선호도가 높은 도시락 전문점 두 곳을 조사하여 한 곳을 선택하고자 한다. 각 상점의 도시락 가격과 배달료가 다음과 같을 때, A 상점보다 B 상점에서 구입할 때 드는 비용이 더 적으려면 적어도 몇 개 이상의 도시락을 구입해야 하는가?

구분	A 상점	B 상점
도시락 한 개의 가격	5,000원	4,850원
배달료	무료	2,000원

① 11개 ② 12개
③ 13개 ④ 14개
⑤ 15개

60. A사는 우수한 인적자원관리 차원에서 직원들의 자기개발을 위한 경제적 지원 정책으로 다음과 같은 세 가지 대안을 고려하는 중이다. 대안의 내용을 바탕으로 판단할 때, 다음 중 옳지 않은 것은? (단, 직원들은 보기에 언급된 자기개발 항목 외에 다른 자기개발은 하고 있지 않은 것으로 가정하고, 외국어는 언어의 종류에 따라 서로 다른 항목으로 취급한다.)

- 1안 : 직원 1인당 자기개발 지원금을 매월 지급하되, 자기개발 항목이 2가지 이상인 경우에 한한다. 처음 두 항목에 대해서는 각각 3만 원, 세 번째는 4만 원, 네 번째부터는 5만 원씩의 수당을 해당 직원에게 지급한다.
- 2안 : 직원 1인당 자기개발 지원금을 매월 지급하되, 자기개발 항목이 2가지 이상인 경우에 한한다. 다만 자기개발 항목이 2가지 미만이라고 하더라도 외국어 관련일 경우 수당을 지급한다. 처음 두 항목에 대해서는 각각 2만 원, 세 번째는 3만 원, 네 번째부터는 5만 원씩 수당을 해당 직원에게 지급한다.
- 3안 : 외국어 관련 자기개발을 하는 직원에게만 자기개발 지원금을 매월 지급한다. 외국어 종류에 따른 지원금은 각각 영어 10만 원, 중국어 5만 원, 일본어 3만 원으로 하고, 기타 외국어의 경우 1만 원으로 한다. 단, 2가지 이상의 외국어 관련 자기개발을 하는 경우, 지원금이 더 큰 외국어 하나에 대해서만 지원금을 지급한다.

---

① 업무에 필요한 체력을 키우기 위해 헬스장에 등록한 甲은 세 가지 대안 중 어느 것이 채택되더라도 자기개발 지원금을 받을 수 없다.

② 영어와 중국어에 이어 일본어까지 총 3곳의 학원에 다니고 있는 乙이 3안 채택 시 받을 수 있는 자기개발 지원금은 2안 채택 시 받을 수 있는 자기개발 지원금보다 많다.

③ 중국 거래처와의 원활한 의사소통을 위해 중국어 학원을 다니고 있는 丙이 일본 거래처 수의 증가에 따라 일본어 학원을 추가로 등록하였다고 할 때, 1안 채택 시 丙이 받을 수 있는 자기개발 지원금은 6만 원이다.

④ 프레젠테이션 능력을 키우기 위해 스피치 학원에 다니고 있는 丁이 외국 계열사와의 협업에서 영어로 프레젠테이션을 하기 위해 영어 학원에 등록하였다고 할 때, 2안 채택 시 丁이 받을 수 있는 자기개발 지원금은 5만 원 미만이다.

⑤ 외국인 바이어 접대에 필요한 강습을 받고 있는 戊가 자기개발 지원금을 받기 위해 추가로 외국어 관련 자기개발을 등록한다고 할 때, 3안 채택 시 받을 수 있는 자기개발 지원금이 1안 채택 시 받을 수 있는 자기개발 지원금보다 커지기 위해서는 영어나 중국어를 선택해야 한다.

61. 다음 중 제시된 지문을 전체적으로 가장 잘 설명하고 있는 내용은 무엇인가?

> 2022년 5월 프렌차이즈 음식점을 운영하는 H 회사는 최근 새로운 브랜드 음식점을 명동에 오픈하였다. 명동점을 위한 마케팅 프로젝트팀으로 김 팀장이 배정되었다. 김 팀장은 매장에서 일하는 모든 근로자가 자유롭게 새로운 제안, 건의 등을 할 수 있는 소통의 장도 만들었고 그에 따른 적절한 보상도 계획하였다. 그리고 명동점의 마케팅 및 매장 매출 성과를 위해 6개월 기한의 프로젝트팀을 꾸렸고, 팀원의 요청보다는 팀원의 개개인에 역할에 맞는 역할로 팀을 꾸렸다. 김 팀장은 프로젝트에 대한 예산수립 계획서를 작성하고 본사 결재를 받았다. 그러나 막상 프로젝트를 진행하다 보니 계획서에 작성하지 않은 식자재 관리 전산 시스템에 대한 비용을 추가해야 하는 상황이 발생했다. 보고된 계획서에 없는 내용이 추가되다 보니 앞서 계획한 항목의 비용을 조절해야 하는 경우가 발생하여 프로젝트를 이끌어감에 어려움을 겪었다. 계속적으로 문제들이 발생하다 보니 추가로 업무시간을 초과하여 일하게 되고, 기한 내에 끝내지 못하는 업무들이 생겨났다. 이는 김 팀장이 모든 업무를 직접 눈으로 확인하고 검사해야 하는 성격 때문에 발생하는 문제이기도 하다.

① 김 팀장에게 발생한 문제들은 우선순위를 정하여 순차적으로 해결해 나가는 시간 관리를 제대로 하지 않았기 때문에 생기는 문제들이다.

② 팀원들의 의견을 반영하지 않고 개인의 감정으로만 모든 일을 진행하기 때문에 문제점들이 발생하고 있다.

③ 김 팀장은 전체적으로 인적자원에 관한 계획은 잘 수립하였으나 물적자원관리 계획을 제대로 수립하지 못해 프로젝트 전반적으로 어려움을 겪고 있다.

④ 식자재 관리 전산 시스템은 식자재의 선납선출을 할 수 있게 해주는 시스템이므로 재고관리가 수월해지고 물품 품목들이 정리되어 있기 때문에 누구나 현재의 상황을 쉽게 파악 할 수 있게 해주는 시스템이므로 계획되어 있지 않은 부분일지라도 예산을 사용한 것은 잘한 일이다.

⑤ 위에서 생긴 문제점은 김 팀장이 모든 일을 확인하고 검사하려는 성격으로 인해 생기는 문제점들이 라고 볼 수 있으므로 팀을 적극 활용하여 해결방안을 모색하는 게 바람직하다.

62. 다음 사례에 대한 분석으로 옳은 것은?

> 사람이 하던 일을 로봇으로 대체했을 때 얻을 수 있는 편익은 시간당 6천 원이고 작업을 지속하는 시간에 따라 '과부하'라는 비용이 든다. 로봇이 하루에 작업을 지속하는 시간과 그에 따른 편익 및 비용의 정도를 각각 금액으로 환산하면 다음과 같다.
>
> (단위 : 원)
>
> | 시간 | 3 | 4 | 5 | 6 | 7 |
> |---|---|---|---|---|---|
> | 총 편익 | 18,000 | 24,000 | 30,000 | 36,000 | 42,000 |
> | 총 비용 | 8,000 | 12,000 | 14,000 | 15,000 | 22,000 |
>
> ※ 순편익 = 총 편익 − 총 비용

① 로봇은 하루에 6시간 작업을 지속하는 것이 가장 합리적이다.

② 로봇이 1시간 더 작업을 할 때마다 추가로 발생하는 비용은 일정하다.

③ 로봇으로 대체함으로써 하루에 최대로 얻을 수 있는 순편익이 22,000원이다.

④ 로봇이 1시간 더 작업할 때마다 추가로 발생하는 편익은 계속 증가한다.

⑤ 로봇이 4시간 작업했을 때의 순편익은 7시간 작업했을 때의 순편익보다 크다.

63. 다음은 농협이 하는 일을 도표로 표현해 놓은 것이다. 경제부문에 해당하는 내용으로 볼 수 없는 것은?

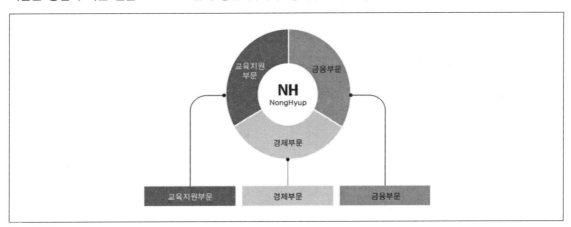

① 규모화·전문화를 통한 농산물 산지유통 혁신

② 혁신적 물류체계 구축으로 농산물 도매유통 선도

③ 다양한 유통채널을 통해 우수 국산 농산물 판매

④ 농촌농협−도시농협 상생의 가교 역할 수행

⑤ 우수 브랜드 육성으로 우리 축산물 홍보

64. 다음은 농협의 인재상이다. 이를 바탕으로 농협의 인재상에 가장 적합하지 않은 사람을 고르면?

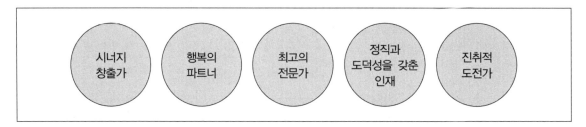

① 미래지향적인 도전의식과 창의성을 바탕으로 끊임없이 변화를 추구하는 甲
② 농업인과 고객을 가족처럼 여기고 최상의 행복 가치를 위해 최선을 다하는 乙
③ 열린 마음으로 구성원 간에 협력을 다하여 조직 전체의 성과를 극대화시키는 丙
④ 꾸준한 자기계발을 통해 유통·금융 등 맡은 분야에서의 성장을 게을리 하지 않는 丁
⑤ 농업인과 고객, 임직원 등 모든 이해관계자의 이익을 위해서라면 어떤 일도 마다하지 않는 戊

65. 다음은 2022년 2월 28일 기준 전국 농협의 계통조직 체계이다. 옳지 않은 설명은?

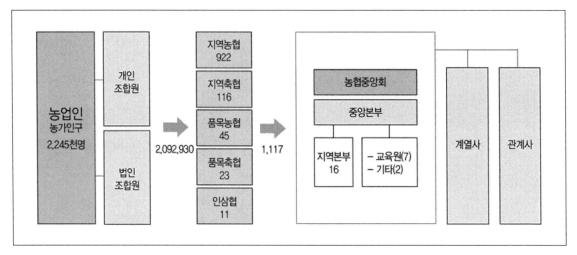

① 농협의 조합원은 개인조합원과 법인조합원으로 구분된다.
② 농가인구 1천 명당 지역농협의 수는 2곳 이상이다.
③ 지역농협의 수는 지역축협의 7배가 넘는다.
④ 7곳의 교육원은 지역본부에 속해 있다.
⑤ 농협의 계통조직에는 계열사와 관계사도 포함된다.

66. 다음은 어느 조직의 업무 내용 일부를 나열한 자료이다. 다음에 나열된 업무 내용 중 관리 조직의 일반적인 업무 특성에 따라 인사부의 업무라고 보기 어려운 것을 모두 고르면?

> ㉠ 해외 협력사 교환근무 관련 업무
> ㉡ 임직원 출장비, 여비관련 업무
> ㉢ 상벌, 대·내외 포상관리 업무
> ㉣ 조경 및 조경시설물 유지보수
> ㉤ 인재개발원 지원 업무

① ㉠㉡   ② ㉠㉢

③ ㉡㉢   ④ ㉡㉣

⑤ ㉡㉢㉣

67. A ~ E의 5개 조직 특성이 다음과 같을 때, 조직 유형이 가장 다를 것으로 판단할 수 있는 조직은?

> • A : 구성원들 간에 업무가 분명하게 규정되어 있다.
> • B : 엄격한 상하관계와 위계질서가 존재한다.
> • C : 비공식적인 의사소통이 원활하다.
> • D : 다수의 규칙과 규정이 존재한다.
> • E : 급변하는 환경에 대응이 늦다.

① A   ② B

③ C   ④ D

⑤ E

68. 국제 매너에 따른 올바른 악수 방법으로 옳지 않은 것은?

① 악수할 때는 상대방과 시선을 맞춘다.

② 왼손잡이라고 할지라도 악수는 오른손으로 한다.

③ 친근함을 표현하기 위해 두 손으로 악수하는 것이 좋다.

④ 악수할 때 손을 세게 잡고 오래 흔드는 것을 삼가야 한다.

⑤ 연장자와 악수를 할 경우 10 ~ 15도 정도 허리를 굽혀 예를 표할 수 있다.

│69~70│ 다음은 N은행의 내부 결재규정이다. 다음을 참고하여 각 문항에 답하시오.

[결재규정]

- 결재를 받으려면 업무에 대해서는 최고결정권자를 포함한 이하 직책자의 결재를 받아야 한다.
- 전결이라 함은 회사의 경영활동이나 관리활동을 수행함에 있어 의사결정이나 판단을 요하는 일에 대하여 최고 결재권자의 결재를 생략하고, 자신의 책임하에 최종적으로 의사결정이나, 판단을 하는 행위를 말한다.
- 전결사항에 대해서도 위임 받은 자를 포함한 이하 직책자의 결재를 받아야 한다.
- 표시내용 : 결재를 올리는 자는 최고결재권자로부터 전결사항을 위임 받은 자가 있는 경우 전결이라고 표시하고 최종 결재권자에 위임 받은 자를 표시한다. 다만, 결재가 불필요한 직책자의 결재란은 상향대각선으로 표시한다.
- 본 규정에서 정한 전결권자가 유고 또는 공석 시 그 직급의 직무권한은 차상급 직책자가 수행함을 원칙으로 한다.
- 각 직급은 긴급을 요하는 업무처리에 있어서 상위 전결권자의 결재를 득할 수 없을 경우 합리적인 방향으로 업무를 진행하여 차상위자의 전결로 처리하며, 사후 결재권자의 결재를 득해야 한다.
- 최고결재권자의 결재사항 및 최고결재권자로부터 위임된 전결사항은 다음의 표에 따른다.

구분	내용	금액기준	결재서류	팀장	본부장	사장
접대비	거래처 식대, 경조사비	10만 원 이하	접대비 지출품의서, 지출신청서	● ◇		
		30만 원 이하			● ◇	
		30만 원 초과				● ◇
출장비	국내 출장비	30만 원 이하	출장계획서, 출장비 신청서	● ◇		
		50만 원 이하			◇	
		50만 원 초과		●		
	해외 출장비					◇
소모품비	사무 용품비		지출결의서	◇		
	전산 소모품					◇
	기타 소모품	10만 원 이하		◇		
		30만 원 이하				
		30만 원 초과				◇
법인카드	법인 카드 사용	30만 원 이하	법인카드 사용신청서			
		50만 원 이하			◇	
		50만 원 초과				◇

● : 기안서, 출장계획서, 접대비지출품의서 등

◇ : 세금계산서, 발행요청서, 각종신청서 등

69. 다음 중 위의 전결규정을 바르게 이해하지 못한 설명은?

① 접대비는 금액에 따라 전결권자가 달라진다.

② 사무용품비 지출결의서는 금액에 상관없이 팀장의 전결사항이다.

③ 팀장 전결 사항의 결재서류에는 본부장 결재란에 상향대각선을 표시한다.

④ 해외출장자는 출장계획서와 출장비신청서에 대해 팀장의 최종결재를 얻어야 한다.

⑤ 사장 부재 시, 사장 전결 사항의 결재서류에는 본부장 결재란에 '전결' 표시를 하게 된다.

70. 기술팀 권 대리는 약 45만 원이 소요되는 업무 처리 건에 대하여 법인카드를 사용하고자 한다. 권 대리가 작성해야 할 서류의 양식으로 바른 것은?

①

법인카드사용신청서				
결재	담당	팀장	본부장	사장
	권 대리		전결	본부장

②

법인카드사용신청서				
결재	담당	팀장	본부장	사장
	권 대리			

③

법인카드사용신청서				
결재	담당	팀장	본부장	사장
	권 대리			전결

④

법인카드사용신청서				
결재	담당	팀장	본부장	사장
	권 대리			전결

⑤

법인카드사용신청서				
결재	담당	팀장	본부장	사장
	권 대리		전결	본부장

┃1~3┃ 다음 제시된 낱말의 대응 관계로 볼 때 빈칸에 들어가기에 알맞은 것을 고르시오.

1.

> 용대 : 사원 = 흔희 : (   )

① 감에(憾恚)   ② 치분(熾憤)
③ 졸렬(拙劣)   ④ 절후(節侯)
⑤ 환열(歡悅)

2.

> 달변 : 눌언 = 가녁 : (   )

① 종국(終局)   ② 최화우(崔花雨)
③ 잠정(暫定)   ④ 중심(中心)
⑤ 고착(固着)

3.

> 사자 : 동물 = 복숭아 : (   )

① 사과   ② 기계
③ 과일   ④ 고릴라
⑤ 가게

풀이종료시간 : [   ] – [   ]
풀이소요시간 : [   ]분 [   ]초

▌4~5▌ 다음 제시된 단어에서 공통으로 연상할 수 있는 단어를 고르시오.

4.

아리랑, 궤도, 환경관측

① 위성   ② 소설
③ 금고   ④ 아침
⑤ 뮤지컬

5.

COP26, 석탄, 지구

① 해킹   ② 기후
③ 동식물   ④ 치료제
⑤ 코로나19

6. 다음 짝지어진 단어 사이의 관계가 나머지와 다른 것을 고르면?

① 소 – 중 – 대   ② 1 – 2 – 3
③ 일 – 십 – 백   ④ 빨강 – 주황 – 노랑
⑤ mm – cm – m

7. 다음 글에 대한 이해로 옳지 않은 것은?

청소년 자녀를 키우는 부모의 피할 수 없는 고민 중 하나는 바로 게임일 것이다. 요즘의 청소년은 인공지능(AI)과 같은 디지털 기술을 놀이로 체험하고 증강현실에 익숙한 세대이다. 게임이라는 사이버 공간에서 친구를 사귀는 것 역시 자연스럽다.

이에 대해 기성세대들은 우려가 크다. 사이버 범죄에 고스란히 노출될 뿐만 아니라 아직은 통제능력이 부족한 청소년들이 일상생활이 불가할 정도로 자극적인 게임에 중독되기 때문이다. 실제로 청소년 게임 중독 현상이 사회적 문제로 크게 대두되어 정부에서는 이른바 '게임 셧다운제'를 도입하기도 했다. 하지만 셧다운제의 도입은 게임 산업의 위축을 야기하고 더 이상 시대 흐름에 맞지 않은 제도라는 목소리에 지난 10년간 시행하던 셧다운제를 폐지하고 자율적으로 선택하는 '게임시간 선택제'를 시행하기로 했다.

게임 이용 환경은 PC 위주의 게임에서 모바일 게임으로 변화하였다. 지난해, 청소년 345명을 대상으로 시행한 게임 이용 분야 조사에 따르면 모바일 게임이 90.1%, PC게임은 64.3%를 차지했다. 4차 산업혁명의 시대와 더불어 e-스포츠 및 게임 산업 발전은 자연스러운 시대의 흐름이며 이를 일방적으로 제한할 수는 없는 것이다.

강한 통제는 더 큰 범죄와 중독을 불러일으킬 수 있다. 실제로 셧다운제를 시행하면서 청소년들 사이에서는 타인의 명의를 빌려 게임하는 일이 적지 않았다. 이에 따른 부가적인 범죄는 물론, 자신을 통제하는 능력과 올바른 도덕적 신념 역시 지향하기 어려워질 것이다. 앞으로 계속해서 메타버스, 인공지능(AI) 등의 디지털 환경이 구축될 것이고 다양한 매체가 생겨날 텐데 더 이상 기성세대가 하지 말라고 통제하고 관리할 수 있는 부분이 아니다. 스스로 조절하는 능력을 키우는 것이 중요하다.

① 청소년들의 게임 중독 현상으로 게임 셧다운제가 도입되었다.
② PC게임에서 모바일 게임 이용자 수가 더 많아졌다.
③ 4차 산업혁명의 자연스러운 시대 흐름을 제한할 수는 없다.
④ 청소년들이 심야시간에 이용할 수 있는 매체가 다양해졌다.
⑤ 정부의 통제보다 자기조절능력을 키우는 것이 중요하다.

8. 다음은 농협의 기업 윤리이다. 잘못된 단어는 모두 몇 개인가?

기업 윤리란 일방적으로 CEO나 임직원이 기업 활동에서 갖추어야 할 윤리를 말한다. 농협은 기업 경영 및 활동 시 '윤리'를 최우선 가치로 생각하며 모든 업무활동의 기준을 '윤리규범'에 두고 투명하고 공정하며 합리적으로 업무를 수행한다. 기업 윤리를 지키는 것은 기업의 의사결정이 경제원칙에만 기초로 하는 것이 아니라 투명한 회계, 공정한 약관, 성실 납세, 환경 보호 등의 윤리적 판단을 전체 조건으로 의사결정을 하며 법이나 정부 규제 준수 이상으로 공정하고 정당하게 지키는 것을 의미한다.

① 1개
② 2개
③ 3개
④ 4개
⑤ 5개

9. 다음 중 제시된 문장에서 사용될 수 없는 단어는?

㉠ 나는 이 일을 훌륭하게 ( )했다.
㉡ 민수는 위기( ) 능력이 월등하다.
㉢ 이것은 일상생활을 ( )하기 어려운 노인 분들에게 필요한 지원이다.
㉣ 요즘 심부름 ( )업체가 큰 인기를 끌고 있다.

① 완수
② 대처
③ 대행
④ 수행
⑤ 대필

10. 다음 글의 밑줄 친 '나오다'와 가장 의미가 유사한 것은 어느 것인가?

> 리포터 : A 씨는 방송 요청이 많았는데도 불구하고 좀처럼 출연하지 않았는데요. 갑자기 방송 출연 요구
> 에 응한 이유가 있나요?
> A 씨 : 가족처럼 지낸 친구가 병원에 있어요. 지금은 코로나19로 면회가 어려워서 서로 얼굴본지도 오
> 래됐네요. 그래도 제가 방송에 <u>나오면</u> 친구는 볼 수 있을 테니까 용기내서 출연했습니다.

① 잡지에 내 친구가 찍은 사진이 <u>나왔다</u>.
② 이번에 새로 <u>나온</u> 자동차가 불티나게 팔리고 있다.
③ 이런 촌구석에서 그런 위대한 인물이 <u>나왔다니</u> 믿어지지 않는다.
④ 범수는 사장과 싸운 뒤 그 회사에서 <u>나왔다</u>.
⑤ 정희는 건강상의 이유로 활동하던 NGO 단체에서 <u>나왔다</u>.

11. 다음 중 甲, 乙, 丙, 丁, 戊 다음으로 오는 한자로 옳은 것은?

① 庚
② 辛
③ 己
④ 癸
⑤ 壬

12. 한자성어 '아치고절(雅致高節)'과 관련된 식물로 옳은 것은?

① 매화
② 국화
③ 난초
④ 대나무
⑤ 소나무

13. 다음의 설명에 가장 적절한 한자성어는?

> 지난해, A 씨는 지인의 자녀가 학교폭력을 입었음에도 불구하고 오히려 재력가인 가해학생의 부모로부터 압박을 받고 있다는 이야기를 듣고 같은 부모로써 발 벗고 나섰다. 한 온라인 커뮤니티에 이와 같은 사실을 기재하였고, 이는 방송 등 매체에 알려지면서 사회적 반향을 일으켰다. 논란이 커지자 경찰에서도 재수사에 나서며 가해학생은 다수의 혐의로 송치되었다. 이 과정에서 A 씨는 명예훼손으로 고소를 당했으나 약 1년간의 길고 긴 법정다툼 끝에 무혐의를 받아냈다.

① 사고무친(四顧無親) ② 온고지신(溫故知新)
③ 사불범정(邪不犯正) ④ 곡학아세(曲學阿世)
⑤ 혼정신성(昏定晨省)

14. 다음 글을 읽고 논리적 흐름에 따라 바르게 배열한 것을 고르시오.

> (가) 그러나 지금까지의 연구에 따르면 정보해석능력과 정치 참여가 그런 상관관계를 갖고 있다는 증거를 발견하기 힘들다. 그 이유를 살펴보자. 먼저 교육 수준이 높을수록 시민들의 정보해석능력이 향상된다.
>
> (나) 의사소통의 장애가 시민들의 낮은 정보해석능력 때문에 발생하고 그 결과 시민들의 정치 참여가 저조하다고 생각할 수 있다. 즉 정보해석능력이 향상되지 않으면 시민들의 정치참여가 증가하지 않는다는 것이다. 다른 한편으로 정보해석능력이 향상되면 시민들의 정치참여가 증가한다는 사실에는 의심의 여지가 없다. 그렇다면 정보해석능력과 시민들의 정치 참여는 양의 상관관계를 갖게 될 것이다.
>
> (다) 미국의 경우 2차 대전 이후 교육 수준이 지속적으로 향상되어 왔지만 투표율은 거의 높아지지 않았다. 우리나라에서도 지난 30여 년 동안 국민들의 평균 교육 수준은 매우 빠르게 향상되어 왔지만 투표율이 높아지지는 않았으며, 평균 교육 수준이 도시보다 낮은 농촌지역의 투표율이 오히려 높았다.
>
> (라) 예를 들어 대학교육에서는 다양한 전문적 정보와 지식을 이해하고 구사하는 훈련을 시켜주기 때문에 대학교육의 확대가 시민들의 정보해석능력의 향상을 가져다준다. 그런데 선거에 관한 국내외 연구를 보면, 시민들의 교육 수준이 높아지지만 정치 참여는 증가하지 않는다는 것을 보여주는 경우들이 있다.

① (가) － (나) － (다) － (라) ② (가) － (라) － (나) － (다)
③ (나) － (가) － (라) － (다) ④ (라) － (나) － (가) － (다)
⑤ (라) － (가) － (나) － (다)

15. 〈보기〉는 기사문을 읽고 나눈 직원들의 대화이다. 대화의 흐름상 빈칸에 들어갈 말로 가장 적절한 것은 어느 것인가?

영양과 칼로리 면에서 적절한 식량 공급보다 인간의 건강과 복지에 더 중요한 것은 없다. 지난 50년 동안 세계 인구의 상당 부분이 영양실조를 겪었지만 식량 확보에 실패한 것은 생산보다는 분배의 문제였다. 기술 발전으로 수확량을 늘린다고 해도 모든 지역의 향상 속도가 동일하지는 않을 것이며 정체되는 일부도 있을 것이다. 우리는 주요 작물의 잉여로 식량부족에 대해 걱정하지 않는다. 2013년에 생산된 수백만 톤의 가장 중요한 주요 식량은 옥수수(1,018 Mt), 논 쌀(746 Mt), 밀(713 Mt), 대두(276 Mt)였다. 이 네 가지 작물은 전 세계적으로 소비되는 칼로리의 약 2/3를 차지한다. 더욱이, 이들 작물 각각에 대한 토지 단위 면적당 평균 수확량은 1960년 이후 두 배 이상 증가했다. 그렇다면 지금 왜 식량 안보에 대해 걱정해야 할까? 한 가지 이유는 주요 작물의 이러한 전 세계적인 잉여물로 인해 식물 과학 연구 및 작물 개선에 대한 관심이 점진적으로 줄어들었기 때문이다. 이는 세계적인 수준으로 나타났다. 그러나 이러한 무관심은 현재의 세계 인구 및 식량 소비 경향에 직면하여 근시안적이다. 전 세계 인구는 오늘날 70억 명에서 2050년 95억 명까지 증가할 것으로 예상된다. 인구가 증가하는 곳은 주로 도시가 될 것이고, 식단이 구황 작물에서 가공 식품으로 점차 바뀌게 될 것이다. 그러면 많은 육류 및 유제품이 필요하고 그보다 더 많은 사료가 필요하다. 예를 들어 1kg의 소를 생산하기 위해서는 10kg의 사료가 필요하다. 도시 인구의 증가는 동물성 식품에 대한 수요 증가를 가져오고 예상되는 인구 증가에만 기초하여 추정된 것보다 훨씬 빠른 작물 생산량의 증가를 요구할 것이다. 이 추세는 계속될 것으로 예상되며, 세계는 2013년 대비 2050년까지 85% 더 많은 기본 식료품이 필요할 것으로 예측된다.

─────────── 보기 ───────────

A : 식량 문제가 정말 큰일이군. 이러다가 대대적인 식량난에 직면하게 될 지도 모르겠다.
B : 현재의 기술로 농작물 수확량을 증가시키면 큰 문제는 없지 않을까?
A : 문제는 (   )
B : 그래서 생산보다 분배가 더 문제라는 거구나.

① 과학기술이 수요량을 따라가지 못할 거라는 점이야.
② 인구의 증가가 너무 빠른 속도로 진행되고 있다는 사실이야.
③ 지구의 일부 지역에서는 농작물 수확량 향상 속도가 정체될 거라는 사실이지.
④ 지구의 모든 지역에서 식량 소비 속도가 동일하지는 않다는 점이지.
⑤ 지구의 많은 토지들이 비옥하지 않다는 점이지.

16. 다음 제시된 글의 주제로 가장 적합한 것은?

> 만약 영화관에서 영화가 재미없다면 중간에 나오는 것이 경제적일까, 아니면 끝까지 보는 것이 경제적일까? 아마 지불한 영화 관람료가 아깝다고 생각한 사람은 영화가 재미없어도 끝까지 보고 나올 것이다. 과연 그러한 행동이 합리적일까? 영화관에 남아서 영화를 계속 보는 것은 영화관에 남아 있으면서 기회비용을 포기하는 것이다. 이 기회비용은 영화관에서 나온다면 할 수 있는 일들의 가치와 동일하다. 영화관에서 나온다면 할 수 있는 유용하고 즐거운 일들은 얼마든지 있으므로, 영화를 계속 보면서 치르는 기회비용은 매우 크다고 할 수 있다. 결국 영화관에 남아서 재미없는 영화를 계속 보는 행위는 더 큰 기회와 잠재적인 이익을 포기하는 것이므로 합리적인 경제 행위라고 할 수 없다.
>
> 경제 행위의 의사 결정에서 중요한 것은 과거의 매몰비용이 아니라 현재와 미래의 선택기회를 반영하는 기회비용이다. 매몰비용이 발생하지 않도록 신중해야 한다는 교훈은 의미가 있지만 이미 발생한 매몰비용, 곧 돌이킬 수 없는 과거의 일에 얽매이는 것은 어리석은 짓이다. 과거는 과거일 뿐이다. 지금 얼마를 손해 보았는지가 중요한 것이 아니라, 지금 또는 앞으로 얼마나 이익을 또는 손해를 보게 될지가 중요한 것이다. 매몰비용은 과감하게 잊어버리고, 현재와 미래를 위한 삶을 살 필요가 있다. 경제적인 삶이란, 실패한 과거에 연연하지 않고 현재를 합리적으로 사는 것이기 때문이다.

① 돌이킬 수 없는 과거의 매몰비용에 얽매이는 것은 어리석은 짓이다.

② 경제 행위의 의사결정에서 중요한 것은 미래의 선택기회를 반영하는 기회비용이다.

③ 매몰비용은 과감하게 잊어버리고, 기회비용을 고려할 필요가 있다.

④ 실패한 과거에 연연하지 않고 현재를 합리적으로 사는 경제적인 삶을 살아가는 것이 중요하다.

⑤ 기회비용을 고려하지 않아도 된다.

17. 다음 글을 통해 답을 찾을 수 없는 질문은?

사진은 자신의 주관대로 끌고 가야 한다. 일정한 규칙이 없는 사진 문법으로 의사소통을 하고자 할 때 필요한 것은 대상이 되는 사물의 객관적 배열이 아니라 주관적 조합이다. 어떤 사물을 어떻게 조합해서 어떤 생각이나 느낌을 나타내는가 하는 것은 작가의 주관적 판단에 의할 수밖에 없다. 다만 철저하게 주관적으로 엮어야 한다는 것만은 확실하다.

주관적으로 엮고, 사물을 조합한다고 해서 소위 '만드는 사진'처럼 합성을 하고 이중촬영을 하라는 뜻은 아니다. 특히 요즈음 디지털 사진이 보편화되면서 포토샵을 이용한 합성이 많이 보이지만, 그런 것을 권하려는 것이 아니다. 사물을 있는 그대로 찍되, 주위 환경과 어떻게 어울리게 하여 어떤 의미로 살려 낼지를 살펴서 그들끼리 연관을 지을 줄 아는 능력을 키우라는 뜻이다.

사람들 중에는 아직도 사진이 객관적인 매체라고 오해하는 사람들이 퍽 많다. 그러나 사진의 형태만 보면 객관일 수 있지만, 내용으로 들어가 보면 객관성은 한 올도 없다. 어떤 대상을 찍을 것인가 하는 것부터가 주관적인 선택 행위이다. 아름다움을 표현하기 위해서 꽃을 찍는 사람이 있는가 하면 꽃 위를 나는 나비를 찍는 사람도 있을 것이고 그 곁의 여인을 찍는 사람도 있을 것이다. 이처럼 어떤 대상을 택하는가 하는 것부터가 주관적인 작업이며, 이것이 사진이라는 것을 머리에 새겨 두고 사진에 임해야 한다. 특히 그 대상을 어떻게 찍을 것인가로 들어가면 이제부터는 전적으로 주관적인 행위일 수밖에 없다. 렌즈의 선택, 셔터 스피드나 조리개 값의 결정, 대상과의 거리 정하기 등 객관적으로는 전혀 찍을 수 없는 것이 사진이다. 그림이나 조각만이 주관적 예술은 아니다.

때로 객관적이고자 하는 마음으로 접근할 수도 있기는 하다. 특히 다큐멘터리 사진의 경우 상황을 객관적으로 파악, 전달하고자 하는 마음은 이해가 되지만, 어떤 사람도 완전히 객관적으로 접근할 수는 없다. 그 객관이라는 것도 그 사람 입장에서의 객관이지 절대적 객관이란 이 세상에 있을 수가 없는 것이다. 더구나 예술로서의 사진으로 접근함에 있어서야 말할 것도 없는 문제이다. 객관적이고자 하는 시도도 과거의 예술에서 있기는 했지만, 그 역시 객관적이고자 실험을 해 본 것일 뿐 객관적 예술을 이루었다는 것은 아니다.

예술이 아닌 단순 매체로서의 사진이라 해도 객관적일 수는 없다. 그 이유는 간단하다. 사진기가 저 혼자 찍으면 모를까, 찍는 사람이 있는 한 그 사람의 생각과 느낌은 어떻게든지 그 사진에 작용을 한다. 하다못해 무엇을 찍을 것인가 하는 선택부터가 주관적인 행위이다. 더구나 예술로서, 창작으로서의 사진은 주관을 배제하고는 존재조차 할 수 없다는 사실을 깊이 새겨서, 언제나 '나는 이렇게 보았다. 이렇게 생각한다. 이렇게 느꼈다.'라는 점에 충실하도록 노력해야 할 것이다.

① 사진의 주관성을 염두에 두어야 하는 까닭은 무엇인가?
② 사진으로 의사소통을 하고자 할 때 필요한 것은 무엇인가?
③ 단순 매체로서의 사진도 객관적일 수 없는 까닭은 무엇인가?
④ 사진의 객관성을 살리기 위해서는 구체적으로 어떤 작업을 해야 하는가?
⑤ 사진을 찍을 때 사물을 주관적으로 엮고 조합하라는 것은 어떤 의미인가?

18. 다음 글을 참고할 때, '깨진 유리창의 법칙'이 시사하는 바로 가장 적절한 설명은 무엇인가?

> 1969년 미국 스탠포드 대학의 심리학자인 필립 짐바르도 교수는 아주 흥미로운 심리실험을 진행했다. 범죄가 자주 발생하는 골목을 골라 새 승용차 한 대를 보닛을 열어놓은 상태로 방치시켰다. 일주일이 지난 뒤 확인해보니 그 차는 아무런 이상이 없었다. 원상태로 보존된 것이다. 이번에는 똑같은 새 승용차를 보닛을 열어놓고, 한쪽 유리창을 깬 상태로 방치시켜 두었다. 놀라운 일이 벌어졌다. 불과 10분이 지나자 배터리가 없어지고 차 안에 쓰레기가 버려져 있었다. 시간이 지나면서 낙서, 도난, 파괴가 연이어 일어났다. 1주일이 지나자 그 차는 거의 고철상태가 되어 폐차장으로 실려 갈 정도가 되었던 것이다. 훗날 이 실험결과는 '깨진 유리창의 법칙'이라는 이름으로 불리게 된다.
>
> 1980년대의 뉴욕 시는 연간 60만 건 이상의 중범죄가 발생하는 범죄도시로 악명이 높았다. 당시 여행객들 사이에서 '뉴욕의 지하철은 절대 타지 마라'는 소문이 돌 정도였다. 미국 라토가스 대학의 켈링 교수는 '깨진 유리창의 법칙'에 근거하여, 뉴욕 시의 지하철 흉악 범죄를 줄이기 위한 대책으로 낙서를 철저하게 지울 것을 제안했다. 낙서가 방치되어 있는 상태는 창문이 깨져있는 자동차와 같은 상태라고 생각했기 때문이다.

① 범죄는 대중교통 이용 공간에서 발생확률이 가장 높다.

② 문제는 확인되기 전에 사전 단속이 중요하다.

③ 작은 일을 철저히 관리하면 큰 사고를 막을 수 있다.

④ 낙서는 가장 핵심적인 범죄의 원인이 된다.

⑤ 범죄를 막기 위해서는 지하철을 폐쇄해야 한다.

19. 다음 글의 밑줄 친 ㉠ ~ ㉣ 중, 전체 글의 문맥과 논리적으로 어울리지 않는 의미를 포함하고 있는 것은 어느 것인가?

정부의 지방분권 강화의 흐름은 에너지 정책 측면에서도 매우 시의적절해 보인다. 왜냐하면 현재 정부가 강력히 추진 중인 에너지전환정책의 성공 여부는 그 특성상 지자체의 협력과 역할에 달려 있기 때문이다.

현재까지의 중앙 정부 중심의 에너지 정책은 필요한 에너지를 값싸게 충분히 안정적으로 공급한다는 공급관리 목표를 달성하는데 매우 효율적이었다고 평가할 수 있다. 또한 중앙 정부 부처가 주도하는 현재의 정책 결정 구조는 에너지공급 설비와 비용을 최소화할 수 있으며, ㉠일관된 에너지 정책을 추구하여 개별 에너지 정책들 간의 충돌을 최소화할 수 있는 장점이 있다. 사실, 특정지역 대형설비 중심의 에너지 정책을 추진할 때는 지역 경제보다는 국가경제 차원의 비용편익 분석이 타당성을 확보할 수 있고, 게다가 ㉡사업 추진 시 상대해야 할 민원도 특정지역으로 한정되는 경우가 많기 때문에 중앙정부 차원에서의 정책 추진이 효율적일 수 있다.

그러나 신재생에너지 전원과 같이 소규모로 거의 전 국토에 걸쳐 설치되어야 하는 분산형 전원 비중이 높아지는 에너지전환정책 추진에는 사정이 달라진다. 중앙 정부는 실제 설비가 들어서는 수많은 개별 지역의 특성을 세심히 살펴 추진할 수 없어 소규모 전원의 전국적 관리는 불가능하다. 실제로 현재 태양광이나 풍력의 보급이 지체되는 가장 큰 이유로 지자체의 인허가 단계에서 발생하는 다양한 민원이 지적되고 있다. 중앙정부 차원에서 평가한 신재생에너지의 보급 잠재력이 아무리 많아도, 실제 사업단계에서 부딪치는 다양한 어려움을 극복하지 못하면 보급 잠재력은 허수에 지나지 않게 된다. 따라서 ㉢소규모 분산전원의 확대는 거시적 정책이 아니라 지역별 특성을 세심히 고려한 미시적 정책에 달려 있다고 해도 지나치지 않다. 당연히 지역 특성을 잘 살필 수 있는 지자체가 분산 전원 확산에 주도권을 쥐는 편이 에너지전환정책의 성공에 도움이 될 수 있다.

이뿐만 아니라 경제가 성장하면서 에너지소비 구조도 전력, 도시가스, 지역난방 등과 같은 네트워크에너지 중심으로 변화하다 보니 지역별 공급비용에 대한 불균형을 고려해 ㉣지역별 요금을 단일화해야 한다는 목소리도 점점 커지고 있고, 환경과 안전에 대한 국민들의 인식도 과거와 비교해 매우 높아져 이와 관련한 지역 사안에 관심도 커지고 있다. 이러한 변화는 때로는 지역 간 갈등으로 혹은 에너지시설 건설에 있어 님비(NIMBY)현상 등으로 표출되기도 한다. 모두 지역의 특성을 적극적으로 감안하고 지역주민들의 의견을 모아 해결해야 할 사안이다. 당연히 중앙정부보다 지자체가 훨씬 잘 할 수 있는 영역이다.

하지만 중앙정부의 역할이 결코 축소되어서는 안 된다. 소규모 분산전원이 확대됨에 따라 에너지공급의 안정성을 유지하기 위해 현재보다 더 많은 에너지 설비가 요구될 수 있으며 설비가 소형화되면서 공급 비용과 비효율성이 높아질 우려도 있기 때문이다. ㉤따라서 지역 간 에너지시스템을 연계하는 등 공급 효율성을 높이기 위해 지자체 간의 협력과 중앙정부의 조정기능이 더욱 강조되어야 한다. 에너지전환정책은 중앙정부와 지자체 모두의 에너지 정책 수요를 증가시키고 이들 간의 협력의 필요성을 더욱 요구할 것이다.

① ㉠

② ㉡

③ ㉢

④ ㉣

⑤ ㉤

20. 다음 글을 읽고 이에 관련한 내용으로 보기 가장 어려운 것을 고르면?

현대는 소비의 시대다. 소비가 하나의 이데올로기가 된 세상이다. 소비자들은 쏟아져 나오는 여러 상품들을 선택하는 행위를 통해 욕구 충족을 할 뿐 아니라 개인의 개성과 정체성을 형성한다. 소비가 인간을 만드는 것이다. 그뿐 아니다. 다른 사람의 소비를 보면서 그를 평가하기도 한다. 그 사람이 무엇을 소비하느냐에 따라 그 사람의 값을 매긴다.

거기서 자연스럽게 배태되는 게 바로 유행이다. 온통 소비에 신경을 쓰다 보니 유명인이나 트렌드 세터들이 만들어내는 소비패턴에 민감하다. 옷이든 장신구든 아니면 먹거리든 간에 이런 유행을 타지 않은 게 드물 정도다. 유행을 따르지 않으면 어딘지 시대에 뒤지고 소외되는 것 같은 강박관념이 사람들을 짓누르고 있다.

문제는 유행이 무척 짧은 수명을 갖는다는 것이다. 옷 같은 경우는 일 년이 멀다하고 새로운 패션이 밀려온다. 소비시장이 그만큼 다양화, 개성화, 전문화됐다는 뜻이다. 제대로 유행의 첨단에 서자면 정신이 달아날 지경일 것이다.

원래 제품 수명주기이론에서는 제품이 태어나 사라질 때까지를 보통 3~5년 정도로 본다. 즉 도입기와 성장기-성숙기-쇠퇴기를 거치는 데 몇 년 정도는 걸린다는 설명이다. 상품의 생명력이 이 정도 유지되는 게 정상이다. 그래야 생산자들도 어느 정도 이 속도에 맞춰 신상품을 개발하는 등 마케팅 전략을 세울 수 있다.

그런데 최근 풍조는 상품 수명이 1년을 넘기지 못하는 경우가 잦다고 한다. 소득이 늘면서 유행에 목을 매다보니 남보다 한 발짝이라도 빨리 가고 싶은 욕망이 생기고 그것이 유행의 주기를 앞당기는 것이다. 한때 온 나라를 떠들썩하게 했던 아웃도어 열풍도 식어가고 있다는 보도다. 업계에 따르면 국내 아웃도어 시장 규모는 2014년 7조 4000억 원을 정점으로 급격한 내림세에 접어들었다. 작년 백화점 등 유통업체들은 아웃도어에서 6~9% 마이너스 성장을 했다. 업체들은 일부 브랜드를 접고 감원에 들어가는가 하면 백화점에서도 퇴점하는 사례가 증가하고 있다.

과거에도 하얀 국물 라면 등 음식이나 패션 등 일부 상품에서 빠른 트렌드 변화가 읽혔다. 소비자 요구는 갈수록 복잡다단해지고 기업이 이에 적응하는 데는 한계가 있는 것이다. 피곤한 것은 기업 쪽이다. 한편으로는 갈수록 부박해지는 소비문화가 걱정스럽기도 하다. 환경보호 등 여러 측면에서 소비가 미덕인 시대는 아닌 것 같기 때문이다.

① 사람들은 제품구매를 통해 니즈를 충족하고 그들의 개성을 형성하게 된다.
② 현대에 들어 분야를 막론하고 유행을 좇지 않는 게 거의 없다.
③ 제품수명주기는 도입기-성장기-성숙기-쇠퇴기의 4단계를 겪게 된다.
④ 소득이 증가하면서 제품의 유행주기가 점차적으로 느리게 된다.
⑤ 빠른 트렌드의 변화로 인해 소비자들의 욕구충족이 되는 반면에 기업의 경우에는 이에 맞추기 위해 상당히 피곤해진다.

|21~25| 다음 제시된 숫자의 배열을 보고 규칙을 찾아 빈칸에 들어갈 알맞은 숫자를 고르시오.

21.

| | | 1 | 4 | 8 | 13 | 19 | 26 | 34 | ( ) |

① 40   ② 41

③ 42   ④ 43

⑤ 44

22.

| 1   3   6   4   8   32   28   34   204   ( ) |

① 195   ② 196

③ 197   ④ 198

⑤ 199

23.

| 6   8   24   28   140   146   ( ) |

① 730   ② 986

③ 1022   ④ 1168

⑤ 1280

24.

| 1   2   2   4   8   32   ( ) |

① 253   ② 254

③ 255   ④ 256

⑤ 257

25.

3	6	0	9	−3	12	( )	

① −3　　　　　　　　　　　　　② −4

③ −5　　　　　　　　　　　　　④ −6

⑤ −7

26. B기업에서는 매년 3월에 정기 승진 시험이 있다. 시험을 응시한 사람이 남자사원, 여자사원을 합하여 총 100명이고 시험의 평균이 남자사원은 70점, 여자사원은 75점이며 남녀 전체평균은 72점일 때 시험을 응시한 여자사원의 수는?

① 35명　　　　　　　　　　　　② 40명

③ 45명　　　　　　　　　　　　④ 50명

⑤ 55명

27. 甲시는 공원 조성 사업을 시작하려고 한다. 한 변의 길이가 40m인 정사각형 모양의 공원에 5m 간격으로 벚꽃나무를 심으려고 할 때 필요한 벚꽃나무는 몇 그루인가?

① 20그루　　　　　　　　　　　② 26그루

③ 27그루　　　　　　　　　　　④ 30그루

⑤ 32그루

28. 가은이와 수연이를 포함한 친구 6명이 식사 값을 내려고 한다. 가은이가 18,000원, 수연이가 21,000원을 내고 나머지 다른 친구들이 같은 값으로 나누어 냈을 때, 6명 평균 10,000원을 낸 것이 된다면 나머지 친구 중 한 명이 낸 값은?

① 5,100원　　　　　　　　　　② 5,120원

③ 5,200원　　　　　　　　　　④ 5,250원

⑤ 5,300원

29. 아버지가 8만 원을 나눠서 세 딸에게 용돈을 주려고 한다. 첫째 딸과 둘째 딸은 3:1, 둘째 딸과 막내딸은 7:4의 비율로 주려고 한다면 막내딸이 받는 용돈은 얼마인가?

① 10,000원   ② 15,000원

③ 20,000원   ④ 25,000원

⑤ 30,000원

30. 어떤 일을 하는 데 정빈이는 18일, 수인이는 14일이 걸린다. 처음에는 정빈이 혼자서 3일 동안 일하고, 그 다음은 정빈이와 수인이가 같이 일을 하다가 마지막 하루는 수인이만 일하여 일을 끝냈다. 정빈이와 수인이가 같이 일한 기간은 며칠인가?

① 3일   ② 4일

③ 5일   ④ 6일

⑤ 7일

31. 갑, 을, 병은 각각 640원, 760원, 1,100원의 저금을 가지고 있다. 매주 갑이 240원, 을이 300원, 병이 220원씩 더 저축한다고 하면, 갑과 을의 저축액의 합이 병의 저축액의 2배가 되는 것은 몇 주 후인가?

① 6주   ② 7주

③ 8주   ④ 9주

⑤ 10주

32. 부피가 210㎤, 높이가 7㎝, 밑면의 가로의 길이가 세로의 길이보다 13㎝ 긴 직육면체가 있다. 이 직육면체의 밑면의 세로의 길이는?

① 2㎝   ② 4㎝

③ 6㎝   ④ 8㎝

⑤ 10㎝

33. 다음은 A 기업의 연도별 매출 자료이다. 2021년 1분기의 판관비가 2억 원이며, 매 시기 1천만 원씩 증가했다고 가정할 때 A 기업의 매출 실적에 대한 설명으로 옳은 것은?

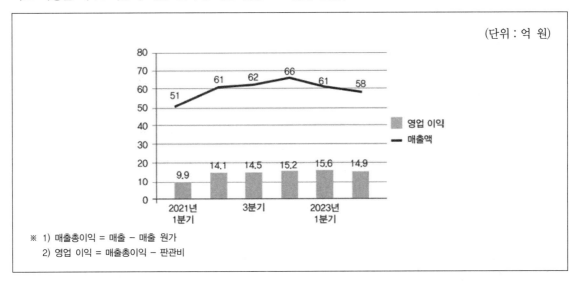

① 매출원가가 가장 큰 시기의 매출총이익도 가장 크다.
② 매출액 대비 영업이익을 나타내는 영업이익률은 2022년 1분기가 가장 크다.
③ 매출총이익에서 판관비가 차지하는 비중은 2021년 1분기가 가장 크다.
④ 매출원가와 매출총이익의 증감 추이는 영업이익의 증감 추이와 매 시기 동일하다.
⑤ 매출액 대비 매출총이익 비중은 매 시기 조금씩 증가하였다.

34. 다음은 연도별 국적(지역) 및 체류자격별 외국인 입국자 현황이다. 2019년까지의 아시아주계 외교자격 수와 2021년까지의 아시아주계 외교자격 수의 차이로 옳은 것은?

〈국적(지역) 및 체류자격별 외국인 입국자 현황〉

(단위 : 명)

구분		2018년		2019년		2020년		2021년	
		A1	A2	A1	A2	A1	A2	A1	A2
아시아주계	남	4,474	14,680	5,235	18,153	5,621	21,473	1,189	1,756
	여	2,627	6,617	3,115	7,937	3,344	9,878	816	944
북아메리카주계	남	1,372	3,653	1,441	4,196	1,973	6,473	442	847
	여	985	1,328	1,057	1,473	1,415	2,186	302	383
남아메리카주계	남	552	256	557	314	639	393	154	172
	여	395	100	421	129	431	232	113	60
유럽주계	남	2,101	1,292	2,491	1,523	2,462	1,717	587	458
	여	1,228	687	1,356	787	1,470	961	423	311
오세아니아주계	남	281	311	303	328	401	483	89	89
	여	168	153	179	157	235	213	60	28
아프리카주계	남	491	788	565	789	513	774	162	133
	여	265	205	333	261	346	335	129	68
총계	남	9,323	21,411	10,652	25,719	11,670	31,805	2,624	3,547
	여	5,688	9,348	6,485	11,014	7,282	14,122	1,843	1,844
	계	15,011	30,759	17,137	36,733	18,952	45,927	4,467	5,391

※ A1 = 외교, A2 = 공무

① 3,641

② 4,481

③ 8,729

④ 13,336

⑤ 14,103

35. 다음은 A사의 2021년 추진 과제의 전공별 연구책임자 현황에 대한 자료이다. 다음 설명 중 옳지 않은 것을 고르면?

(단위 : 명, %)

전공 \ 연구책임자	남자		여자	
	연구책임자 수	비율	연구책임자 수	비율
이학	2,833	14.8	701	30.0
공학	11,680	61.0	463	19.8
농학	1,300	6.8	153	6.5
의학	1,148	6.0	400	17.1
인문사회	1,869	9.8	544	23.3
기타	304	1.6	78	3.3
계	19,134	100.0	2,339	100.0

① 전체 연구책임자 중 공학전공의 연구책임자가 차지하는 비율이 50%를 넘는다.
② 전체 연구책임자 중 의학전공의 여자 연구책임자가 차지하는 비율은 약 1.9%이다.
③ 전체 연구책임자 중 인문사회전공의 연구책임자가 차지하는 비율은 12%를 넘는다.
④ 전체 연구책임자 중 농학전공의 남자 연구책임자가 차지하는 비율은 6%를 넘는다.
⑤ 전체 연구책임자 중 이학전공의 연구책임자가 차지하는 비율은 16%를 넘는다.

36. 다음 자료에 대한 설명으로 올바른 것은?

〈한우 연도별 등급 비율〉

(단위 : %, 두)

연도	육질 등급					합계	한우등급 판정두수
	1++	1+	1	2	3		
2008	7.5	19.5	27.0	25.2	19.9	99.1	588,003
2009	8.6	20.5	27.6	24.7	17.9	99.3	643,930
2010	9.7	22.7	30.7	25.2	11.0	99.3	602,016
2011	9.2	22.6	30.6	25.5	11.6	99.5	718,256
2012	9.3	20.2	28.6	27.3	14.1	99.5	842,771
2013	9.2	21.0	31.0	27.1	11.2	99.5	959,751
2014	9.3	22.6	32.8	25.4	8.8	98.9	839,161

① 1++ 등급으로 판정된 한우의 두수는 2010년이 2011년보다 더 많다.

② 1등급 이상이 60%를 넘은 해는 모두 3개년이다.

③ 3등급 판정을 받은 한우의 두수는 2010년이 가장 적다.

④ 전년보다 1++ 등급의 비율이 더 많아진 해에는 3등급의 비율이 매번 더 적어졌다.

⑤ 1++ 등급의 비율이 가장 낮은 해는 3등급의 비율이 가장 높은 해이며, 반대로 1++ 등급의 비율이 가장 높은 해는 3등급의 비율이 가장 낮다.

증여세는 타인으로부터 무상으로 재산을 취득하는 경우, 취득자에게 무상으로 받은 재산가액을 기준으로 하여 부과하는 세금이다. 특히, 증여세 과세대상은 민법상 증여뿐만 아니라 거래의 명칭, 형식, 목적 등에 불구하고 경제적 실질이 무상 이전인 경우 모두 해당된다. 증여세는 증여받은 재산의 가액에서 증여재산 공제를 하고 나머지 금액(과세표준)에 세율을 곱하여 계산한다.

증여재산 − 증여재산공제액 = 과세표준

과세표준 × 세율 = 산출세액

증여가 친족 간에 이루어진 경우 증여받은 재산의 가액에서 다음의 금액을 공제한다.

증여자	공제금액	증여자	공제금액
배우자	6억 원	직계비속	5천만 원
직계존속	5천만 원	기타친족	1천만 원

수증자를 기준으로 당해 증여 전 10년 이내에 공제받은 금액과 해당 증여에서 공제받을 금액의 합계액은 위의 공제금액을 한도로 한다.

또한, 증여받은 재산의 가액은 증여 당시의 시가로 평가되며, 다음의 세율을 적용하여 산출세액을 계산하게 된다.

〈증여세 세율〉

과세표준	세율	누진공제액
1억 원 이하	10%	–
1억 원 초과 ~ 5억 원 이하	20%	1천만 원
5억 원 초과 ~ 10억 원 이하	30%	6천만 원
10억 원 초과 ~ 30억 원 이하	40%	1억 6천만 원
30억 원 초과	50%	4억 6천만 원

※ 증여세 자진신고 시 산출세액의 7% 공제함

37. 위에 증여세 관련 자료를 참고할 때, 다음 〈보기〉와 같은 세 가지 경우에 해당하는 증여재산 공제액의 합은 얼마인가?

보기

- 어머니로부터 여러 번에 걸쳐 2천만 원 이상 재산을 증여받은 경우
- 성인 딸이 아버지와 어머니로부터 각각 2천만 원 이상 재산을 증여받은 경우
- 어머니와 이모로부터 2천만 원 이상 재산을 증여받은 경우

① 5천만 원

② 7천만 원

③ 1억 원

④ 1억 2천만 원

⑤ 1억 6천만 원

38. 성년인 고미리 씨는 어머니로부터 5억 7천만 원의 현금을 증여받게 되어, 증여세 납부 고지서를 받기 전 스스로 증여세를 납부하고자 세무사를 찾아 갔다. 세무사가 계산해 준 고미리 씨의 증여세 납부액은 얼마인가?

① 8,326만 원

② 8,478만 원

③ 8,827만 원

④ 8,928만 원

⑤ 9,123만 원

39. 다음은 교통사고 발생건수 현황에 대한 자료이다. 〈보기〉 중 바르게 이해한 것을 모두 고르면?

〈연도별 교통사고 발생건수 현황〉

(단위 : 건)

연도	구분	교통사고 발생건수		
		합계	서울	경기
2017	계	3,937	1,663	2,274
	시내버스	3,390	1,451	1,939
	시외버스	547	212	335
2018	계	4,139	1,630	2,509
	시내버스	3,578	1,413	2,165
	시외버스	561	217	344
2019	계	4,173	1,727	2,446
	시내버스	3,670	1,507	2,163
	시외버스	503	220	283
2020	계	4,234	1,681	2,553
	시내버스	3,723	1,451	2,272
	시외버스	511	230	281
2021	계	4,401	1,615	2,786
	시내버스	3,859	1,412	2,447
	시외버스	542	203	339

―――― 보기 ――――

㉠ 2017 ~ 2021년 동안 전체 교통사고 발생 건수는 지속적으로 증가하였다.
㉡ 경기 지역의 2017 ~ 2021년의 연간 평균 시외버스 교통사고 발생건수는 300건이 넘는다.
㉢ 2021년의 시외버스 사고건수 1건당 시내버스 사고건수는 서울지역이 더 많다.
㉣ 전체 사고건수 중 시외버스가 차지하는 비율은 2017 ~ 2021년 동안 모두 2%p 이내의 차이를 보인다.

① ㉠㉡㉢
② ㉠㉡㉢
③ ㉠㉡㉣
④ ㉡㉢㉣
⑤ ㉠㉡㉢㉣

40. 다음에 제시된 도시철도운영기관별 교통약자 편의시설에 대한 도표를 참고할 때, 이에 대한 보기와 같은 설명 중 도표의 내용을 올바르게 이해한 것은 어느 것인가? (단, 한 역에는 한 종류의 편의시설만 설치된다.)

구분	A도시철도운영기관		B도시철도운영기관		C도시철도운영기관	
	설치역수	설치대수	설치역수	설치대수	설치역수	설치대수
엘리베이터	116	334	153	460	95	265
에스컬레이터	96	508	143	742	92	455
휠체어리프트	28	53	53	127	50	135

① B도시철도운영기관은 모든 종류의 교통약자 편의시설의 개수가 A, C도시철도운영기관 보다 많다.
② 세 도시철도운영기관의 평균 휠체어리프트 설치대수는 100개 미만이다.
③ 총 교통약자 편의시설의 설치역당 설치대수는 A도시철도운영기관이 가장 많다.
④ C도시철도운영기관의 교통약자 편의시설 중, 설치역당 설치대수는 엘리베이터가 가장 많다.
⑤ 휠체어리프트의 설치역당 설치대수는 C도시철도운영기관이 가장 많다.

41. 두 가지 직업을 동시에 가지는 사람들(일명 투잡러)이 최근에 많아졌다. 지은, 수정, 효미는 각각 두 가지씩 직업을 가지고 있는데 직업의 종류는 은행원, 화가, 소설가, 교사, 변호사, 사업가 6가지이다. 세 명에 대하여 다음 사항을 알고 있을 때, 효미의 직업은 무엇인가?

> ⊙ 사업가는 은행원에게 대출 절차를 상담하였다.
> ⓒ 사업가와 소설가와 지은이는 같이 골프를 치는 친구이다.
> ⓒ 화가는 변호사에게서 법률적인 충고를 받았다.
> ② 은행원은 화가의 누이동생과 결혼하였다.
> ⑩ 수정은 소설가에게서 소설책을 빌렸다.
> ⑭ 수정과 효미는 화가와 어릴 때부터 친구였다.

① 교사, 소설가
② 은행원, 소설가
③ 변호사, 사업가
④ 교사, 변호사
⑤ 소설가, 사업가

42. 어느 하천의 A 지점에서 B 지점을 통과하여 C 지점으로 흐르는 물의 세 지점에 대한 수질 오염 정도를 측정한 결과, 아래 〈결과〉와 같은 표를 작성하였다. 다음 글의 내용을 참고할 때, 〈보기〉 중 수질 오염 결과를 올바르게 판단한 것을 모두 고른 것은 어느 것인가?

수질 오염의 정도를 알아보는 지표로 사용되는 것들은 수소 이온 농도 지수, 용존 산소량, 생화학적 산소 요구량, 화학적 산소 요구량 등이 있다.

수소 이온 농도 지수(pH)는 용액의 산성 및 알칼리성의 세기를 나타내는 값으로 중성은 7, 7보다 작을수록 산성이, 7보다 클수록 알칼리성이 강한 것을 의미한다.

용존 산소량(DO)은 물속에 녹아 있는 산소의 양을 의미하며, 수온이 높을수록, 플랑크톤 등의 생물이 이상 증식할수록 수질이 나빠지게 된다.

생화학적 산소 요구량(BOD)은 물속의 유기 물질을 호기성 박테리아가 분해하는 데 필요한 산소의 양으로, 생물학적으로 분해 가능한 유기물의 총량을 파악하는 데 유용한 지표가 된다.

화학적 산소 요구량(COD)은 물속의 유기 물질을 화학적 산화제를 사용하여 분해, 산화하는 데 필요한 산소의 양으로, 오염 물질 중 생물학적으로 분해할 수 없는 유기 물질의 양을 파악하는 데 유용한 지표로 쓰인다.

〈결과〉

	pH	DO	BOD	COD
A 지점	5.5	6.0	1.5	4.5
B 지점	8.3	5.0	5.0	4.9
C 지점	7.8	4.6	4.5	4.3

─────── 보기 ───────

㉠ A 지점은 B 지점보다 산성이 강하다.
㉡ 용존 산소량으로 판단하면, A 지점은 C 지점보다 맑고 깨끗한 물이다.
㉢ 생화학적 산소 요구량으로 판단한 수질은 B 지점이 가장 나쁘다.
㉣ 상류에서 하류로 이동하면서 생물학적으로 분해할 수 없는 유기물의 양은 증가하다가 감소하였다.

① ㉠㉡㉢㉣

② ㉡㉢㉣

③ ㉠㉢㉣

④ ㉠㉡㉣

⑤ ㉡㉢

43. 은행, 식당, 편의점, 부동산, 커피 전문점, 통신사 6개의 상점이 아래에 제시된 조건을 모두 만족하며 위치할 때, 오른쪽에서 세 번째 상점은 어느 것인가?

---

1) 모든 상점은 옆으로 나란히 연이어 위치하고 있으며, 사이에 다른 상점은 없다.
2) 편의점과 식당과의 거리는 두 번째로 멀다.
3) 커피 전문점과 편의점 사이에는 한 개의 상점이 있다.
4) 왼쪽에서 두 번째 상점은 통신사이다.
5) 식당의 바로 오른쪽 상점은 부동산이다.

---

① 식당
② 통신사
③ 은행
④ 편의점
⑤ 부동산

44. 다음에 제시된 정보를 종합할 때, 물음에 알맞은 개수는 몇 개인가?

• 홍보팀에서는 테이블, 의자, 서류장을 다음과 같은 수량으로 구입하였다.
• 테이블 5개와 의자 10개의 가격은 의자 5개와 서류장 10개의 가격과 같다.
• 의자 5개와 서류장 15개의 가격은 의자 5개와 테이블 10개의 가격과 같다.
• 서류장 10개와 의자 10개의 가격은 테이블 몇 개의 가격과 같은가?

---

① 8개
② 9개
③ 10개
④ 11개
⑤ 12개

45. 다음 조건을 따를 때, 아름이가 구입한 과일은 무엇인가?

> 민정, 아름, 소희, 주연, 재정이가 과일가게를 방문하여 과일을 구매하였다. 잠시 과일을 가게에 맡기고 다른 곳에 들른 사이 5명 모두 영수증을 잃어버리고 말았다. 각 사람당 한 가지의 과일만 구매하였다.
> • 과일가게를 방문한 5명의 구매목록은 사과, 귤, 배, 키위, 참외였다.
> • 아름이는 사과나 귤을 구입하지 않았다.
> • 민정이는 사과와 키위 알레르기가 있다.
> • 재정이는 배를 구입하지 않았다.
> • 소희는 사과를 구입했다.
> • 민정이는 귤을 구입했다.
> • 주연이는 참외와 배 알레르기가 있다.

① 사과
② 귤
③ 배
④ 키위
⑤ 참외

46. 다음 조건에 따라 진성, 세준, 성훈, 시언, 수길, 지훈 6명의 자리를 배정하려고 할 때 2번에 앉는 사람은 누구인가?

> • 친한 사람끼리는 바로 옆자리에 배정해야 하고, 친하지 않은 사람끼리는 바로 옆자리에 배정해서는 안 된다.
> • 진성과 성훈은 서로 친하지 않다.
> • 세준과 성훈은 친하다.
> • 세준과 시언이는 친하다.
> • 수길과 지훈이는 친하지 않다.
> • 수길은 진성과 친하며 6번 자리에 앉아야 한다.

① 지훈
② 세준
③ 성훈
④ 진성
⑤ 수길

47. 다음으로부터 추론한 것으로 옳은 것은?

> 갑, 을, 병, 정이 문구점에서 산 학용품에 대해서 다음과 같은 사실이 있다.
> - 갑은 연필, 병은 지우개, 정은 샤프심을 샀다.
> - 을은 매직을 사지 않았다.
> - 갑이 산 학용품을 을도 샀다.
> - 갑과 병은 같은 학용품을 사지 않았다.
> - 갑, 을, 병은 각각 2종류의 학용품을 샀다.
> - 갑은 매직을 사지 않았다.
> - 갑, 을, 병, 정은 연필, 지우개, 샤프심, 매직 외의 학용품을 사지 않았다.

① 을은 연필을 사지 않았다.
② 을과 병이 공통으로 산 학용품이 있다.
③ 병은 사지 않았지만 정이 산 학용품이 있다.
④ 3명이 공통으로 산 학용품은 없다.
⑤ 갑은 지우개를 구입했다.

48. 민희, 수영, 진희, 선영은 창가, 책장 맞은편, 화장실 옆, 구석자리가 있는 카페에 도착하여 각각 네 곳 중 한 곳을 선택하여 앉았다. 다음 중 앉은 사람과 자리가 바르게 연결된 것은?

> - 처음 도착한 민희는 창가 테이블에 앉았다.
> - 가장 늦게 도착한 선영은 화장실 옆 테이블 또는 책장 맞은편 테이블에 앉았다.
> - 구석 테이블에 앉은 사람보다 먼저 도착한 수영은 화장실 옆 테이블에 앉았다.

① 진희 – 구석자리
② 진희 – 책장 맞은편
③ 선영 – 화장실 옆
④ 수영 – 창가
⑤ 선영 – 구석자리

49. 다음 조건을 참고할 때, 4명이 입고 있는 옷의 색깔을 올바르게 설명하고 있는 것은?

> • A, B, C, D 4명은 각기 노란색, 초록색, 검정색, 흰색 옷을 입고 있다.
> • A는 검정색 옷을 입지 않았다.
> • C는 검정색 옷을 입지 않았다.
> • B는 노란색 옷을 입었다.

① A가 흰색 옷을 입었다면 C는 노란색 옷을 입고 있다.

② C가 흰색 옷을 입었다면 A는 검정색 옷을 입고 있다.

③ A가 흰색 옷을 입었다면 C는 초록색 옷을 입고 있다.

④ B가 노란색 옷을 입었다면 D는 초록색 옷을 입고 있다.

⑤ C가 초록색 옷을 입었다면 D는 흰색 옷을 입고 있다.

50. 6명이 앉을 수 있는 원탁에 총 6명이 참여하고 식사를 하고 있다. 다음 〈조건〉을 통해 A와 마주보고 앉아 있는 사람은?

> 〈조건〉
> • A, B, C, D, E, F가 식사를 하고 있다.
> • A의 양 옆에는 C와 E가 앉아 있다.
> • B와 C는 마주보고 있다.
> • D와 E사이에는 B가 있다.

① B

② C

③ D

④ E

⑤ F

51. 다음은 ○○전시회의 입장료와 할인 사항에 관한 내용이다. 〈보기〉의 사항 중 5인 식사권을 사용하는 것이 유리한 경우를 모두 고르면?

〈전시회 입장료〉

구분	평일(월~금)	주말(토·일 및 법정공휴일)
성인	25,800	28,800
청소년(만 13세 이상 및 19세 미만)	17,800	18,800
어린이(만 13세 미만)	13,800	13,800

- 평일에 성인 3명 이상 방문 시 전체 요금의 10% 할인
  ※ 평일은 법정공휴일을 제외한 월~금요일을 의미함
- 성인, 청소년, 어린이를 구분하지 않는 5인 입장권을 125,000원에 구매 가능
  ※ 요일 구분 없이 사용 가능하며, 5인 입장권 사용 시 다른 할인 혜택은 적용되지 않음
- 주말에 한하여 통신사 할인 카드 사용 시 전체 요금의 15% 할인
  ※ 단, 통신사 할인 카드는 乙과 丙만 가지고 있음

─────── 보기 ───────

㉠ 甲이 3월 1일(법정공휴일)에 자신을 포함한 성인 4명 및 청소년 3명과 전시회 관람
㉡ 乙이 법정공휴일이 아닌 화요일에 자신을 포함한 성인 6인과 청소년 2인과 전시회 관람
㉢ 丙이 토요일에 자신을 포함한 성인 5명과 청소년 2명과 전시회 관람
㉣ 丁이 법정공휴일이 아닌 목요일에 자신을 포함한 성인 5명 및 어린이 1명과 전시회 관람

① ㉠
② ㉡
③ ㉡㉢
④ ㉢
⑤ ㉢㉣

52. 다음은 G팀의 해외지사 발령자 선발 방식에 대한 설명이다. 다음에 대한 설명으로 옳지 않은 것은?

G팀은 지망자 5명(A ~ E) 중 한 명을 해외지사 발령자로 추천하기 위하여 각각 5회의 평가를 실시하고, 그 결과에 바탕을 둔 추천을 하기로 했다. 평가 및 추천 방식과 현재까지 진행된 평가 결과는 아래와 같다.

- 매 회 10점 만점으로 1점 단위의 점수를 매기며, 10점을 얻은 지망자에게는 5장의 카드, 9점을 얻은 지망자에게는 2장의 카드, 8점을 얻은 지망자에게는 1장의 카드를 부여한다. 7점 이하를 얻은 지망자에게는 카드를 부여하지 않는다.
- 5회차 평가 이후 각 지망자는 자신이 받은 모든 카드에 본인의 이름을 적고, 추첨함에 넣는다. 다만 5번의 평가의 총점이 40점 미만인 지망자는 본인의 카드를 추첨함에 넣지 못한다.
- G팀장은 추첨함에서 한 장의 카드를 무작위로 뽑아 카드에 이름이 적힌 지망자를 G팀의 해외지사 발령자로 추천한다.

구분	1회	2회	3회	4회	5회
A	9	9	9	9	
B	8	8	7	7	
C	9	7	9	7	
D	7	7	7	7	
E	8	8	9	8	

① 5회차에서 B만 10점을 받는다면 적어도 D보다는 추천될 확률이 높다.
② C가 5회차에서 9점만 받아도 E보다 추천될 확률이 높아진다.
③ D는 5회차 평가 점수와 관계없이 추첨함에 카드를 넣지 못한다.
④ 5회차에 모두가 같은 점수를 받는다면 A가 추천될 확률이 가장 높다.
⑤ 5회차에 모두 8점을 받는다면 2명 이상이 추첨함에 카드를 넣지 못한다.

53. 다음은 직원들을 대상으로 대중교통을 이용하는 횟수에 대한 설문 조사를 한 결과를 나타낸 자료이다. 설문에 참여한 총 인원의 월 평균 대중교통을 이용하는 횟수가 65회라면, 빈 칸에 들어갈 알맞은 인원수는 몇 명인가?

월 평균 대중교통 이용 횟수(회)	인원 수(명)
0 ~ 20	10
20 ~ 40	20
40 ~ 60	30
60 ~ 80	( )
80 ~ 100	25
100 ~ 120	20

① 30
② 32
③ 35
④ 38
⑤ 40

54. 다음은 A지역의 '이웃에 대한 신뢰도'를 나타낸 자료이다. 자료에 대한 분석으로 적절하지 못한 것은?

(단위 : %, 10점 만점)

구분		신뢰하지 않음	보통	신뢰함	평균(10점)
전체		18.9	41.1	40.0	5.54
성	남성	18.5	42.2	39.3	5.54
	여성	19.2	40.1	40.7	5.54
연령	10대	22.6	38.9	38.5	5.41
	20대	21.8	41.6	36.5	5.35
	30대	18.9	42.8	38.2	5.48
	40대	18.8	42.4	38.8	5.51
	50대	17.0	42.0	41.1	5.65
	60세 이상	17.2	38.2	44.6	5.70

① A지역 주민 10명 중 4명은 이웃을 신뢰한다.
② 이웃을 신뢰하는 사람의 비중과 평점의 연령별 증감 추이는 동일하지 않다.
③ 20대 이후 연령층에서는 고령자일수록 이웃을 신뢰하는 사람의 비중이 더 높다.
④ 남성과 여성은 같은 평점을 주었으나, 이웃을 신뢰하는 사람의 비중은 남성이 1%p 이상 낮다.
⑤ 이웃을 신뢰하지 않는 사람의 비중은 10대에서 가장 높게 나타나고 있다.

▌55~56▐ S기업 재무팀에서는 2022년도 예산을 편성하기 위해 2021년에 시행되었던 A ~ F 프로젝트에 대한 평가를 실시하여, 아래와 같은 결과를 얻었다. 물음에 답하시오.

〈프로젝트 평가 결과〉

(단위 : 점)

프로젝트	계획의 충실성	계획 대비 실적	성과지표 달성도
A	90	84	75
B	92	83	74
C	93	90	81
D	82	91	76
E	95	84	88
F	87	85	79

• 프로젝트 평가 영역과 각 영역별 기준 점수는 다음과 같다.
−계획의 충실성 : 기준 점수 90점
−계획 대비 실적 : 기준 점수 85점
−성과지표 달성도 : 기준 점수 80점
• 평가 점수가 해당 영역의 기준 점수 이상인 경우 '통과'로 판단하고 기준 점수 미만인 경우 '미통과'로 판단한다.
• 모든 영역이 통과로 판단된 프로젝트에는 전년과 동일한 금액을 편성하며, 2개 영역이 통과로 판단된 프로젝트에는 전년 대비 10% 감액, 1개 영역만 통과로 판단된 프로젝트에는 15% 감액하여 편성한다. 다만 '계획 대비 실적' 영역이 미통과인 경우 위 기준과 상관없이 15% 감액하여 편성한다.
• 2021년도 S기업의 A~F 프로젝트 예산은 각각 20억 원으로 총 120억 원이었다.

55. 전년과 동일한 금액의 예산을 편성해야 하는 프로젝트는 총 몇 개인가?

① 1개   ② 2개
③ 3개   ④ 4개
⑤ 5개

56. S기업의 2022년도 A ~ F 프로젝트 예산 총액은 전년 대비 얼마나 감소하는가?

① 15억 원   ② 13억 원
③ 11억 원   ④ 10억 원
⑤ 14억 원

57. 다음은 어느 회사의 성과상여금 지급기준이다. 다음 기준에 따를 때 성과상여금을 두 번째로 많이 받는 사원의 금액은 얼마인가?

〈성과상여금 지급기준〉

지급원칙
• 성과상여금은 적용대상사원에 대하여 성과(근무성적, 업무난이도, 조직 기여도의 평점 합) 순위에 따라 지급한다.

성과상여금 지급기준액

5급 이상	6급 ~ 7급	8급 ~ 9급	계약직
500만 원	400만 원	200만 원	200만 원

지급 등급 및 지급률
• 5급 이상

지급등급	S등급	A등급	B등급	C등급
성과 순위	1위	2위	3위	4위 이하
지급률	180%	150%	120%	80%

• 6급 이하 및 계약직

지급등급	S등급	A등급	B등급
성과 순위	1 ~ 2위	3 ~ 4위	5위 이하
지급률	150%	130%	100%

지급액 산정방법
• 개인별 성과상여금 지급액은 지급기준액에 해당 등급의 지급율을 곱하여 산정한다.

사원	평점			직급
	근무성적	업무난이도	조직기여도	
수현	9	6	10	계약직
이현	4	8	9	4급
서현	8	9	5	계약직
진현	9	9	6	5급
준현	9	7	7	7급
지현	8	10	8	8급

〈소속사원 성과 평점〉

① 500만 원
② 510만 원
③ 520만 원
④ 530만 원
⑤ 540만 원

58. K사는 사내 식사 제공을 위한 외식 업체를 선정하기 위해 다음과 같이 5개 업체에 대한 평가를 실시하였다. 다음 평가 방식과 평가 결과에 의해 외식 업체로 선정될 업체는 어느 곳인가?

〈최종결과표〉

(단위 : 점)

구분	A업체	B업체	C업체	D업체	E업체
제안가격	85	95	80	93	92
위생도	93	90	81	92	91
업계평판	94	91	91	91	93
투입인원	90	92	85	90	90

1) 각 평가항목별 다음과 같은 가중치를 부여하여 최종 점수 고득점 업체를 선정한다.
   - 투입인원 점수 15%
   - 업계평판 점수 15%
   - 위생도 점수 30%
   - 제안가격 점수 40%
2) 어느 항목이라도 5개 업체 중 최하위 득점이 있을 경우(최하위 점수가 90점 이상일 경우 제외), 최종 업체로 선정될 수 없다.
3) 동점 시, 가중치가 높은 항목 순으로 고득점 업체가 선정

① A업체
② B업체
③ C업체
④ D업체
⑤ E업체

59. 다음 팀별 성과 지표와 조건에 따라서 팀별로 점수를 매기고자 할 때, 총점이 가장 높은 팀은?

〈팀별 성과 지표〉

팀	오류발생률	영업실적	고객만족	목표달성
A	1.5	9	8	7
B	1.3	6	10	6
C	0.4	7	4	8
D	0.6	10	9	10
E	0.7	8	7	9

〈조건〉
- 오류발생률은 낮은 순서대로, 그 밖의 항목들은 높은 순서대로 1순위부터 5순위까지 순위를 정한다.
- 각 항목의 1순위에 5점, 2순위에 4점, 3순위에 3점, 4순위에 2점, 5순위에 1점을 각각 부여한다.
- 오류발생률이 1 미만인 팀에게는 1점의 가산점을 부여한다.
- 다른 팀과 비교하여 가장 많은 항목에서 1위를 한 팀에게는 5점의 가산점을 부여한다.
- 오류발생률을 제외하고 그 밖의 항목에서 측정값이 5 미만의 값이 있는 팀은 3점을 감점한다.

① A

② B

③ C

④ D

⑤ E

60. U회사에서 사원 김씨, 이씨, 정씨, 박씨 4인을 대상으로 승진시험을 치뤘다. 다음에 따라 승진이 결정된다고 할 때 승진하는 사람은?

- U회사에서 김씨, 이씨, 정씨, 박씨 네 명의 승진후보자가 시험을 보았으며, 상식 30문제, 영어 20문제가 출제되었다.
- 상식은 정답을 맞힌 개수당 5점씩, 틀린 개수당 −3점씩을 부여하고, 영어의 경우 정답을 맞힌 개수 당 10점씩, 틀린 개수당 −5점씩을 부여한다.
- 채점 방식에 따라 계산했을 때 250점 이하이면 승진에서 탈락한다.
- 각 후보자들이 정답을 맞힌 문항의 개수는 다음과 같고, 이 이외의 문항은 모두 틀린 것이다.

	상식	영어
김씨	24	16
이씨	20	19
정씨	28	15
박씨	23	17

① 김씨와 이씨

② 김씨와 정씨

③ 이씨와 정씨

④ 정씨와 박씨

⑤ 모두 승진

┃61~62┃ 다음은 B팀이 출장 시 교통수단을 고르기 위한 자료이다. 물음에 답하시오.

5명으로 구성된 B팀은 해외출장을 계획하고 있다. B팀은 출장지에서의 이동수단 한 가지를 결정하려 한다. 이때 A팀은 경제성, 용이성, 안전성의 총 3가지 요소를 고려하여 최종점수가 가장 높은 이동수단을 선택한다.
- 각 고려요소의 평가결과 '상' 등급을 받으면 3점을, '중' 등급을 받으면 2점을, '하' 등급을 받으면 1점을 부여한다. 단, 안전성을 중시하여 안전성 점수는 2배로 계산한다.
  ※ 안전성 '하' 등급 2점
- 경제성은 각 이동수단별 최소비용이 적은 것부터 상, 중, 하로 평가한다.
- 각 고려요소의 평가점수를 합하여 최종점수를 구한다.
- 최종점수가 동률일 경우 경제성이 높은 순으로 결정한다.

〈이동수단별 평가표〉

이동수단	경제성	용이성	안전성
렌터카	?	상	하
택시	?	중	중
대중교통	?	하	중

〈이동수단별 비용계산식〉

이동수단	비용계산식
렌터카	(렌트비+유류비) × 이용 일수 − 렌트비 = $50/1일(5인승 차량) − 유류비 = $10/1일(5인승 차량)
택시	거리당 가격($1/1마일) × 이동거리(마일) − 최대 5명까지 탑승가능
대중교통	대중교통패스 3일권($40/1인) × 인원수

〈해외출장 일정〉

출장일정	6월 1일	6월 2일	6월 3일
이동거리(마일)	100	50	50

61. 이동수단의 경제성이 높은 순서대로 나열한 것은?

① 대중교통 > 렌터카 > 택시
② 대중교통 > 렌터카 = 택시
③ 렌터카 > 택시 = 대중교통
④ 렌터카 > 택시 > 대중교통
⑤ 택시 > 렌터카 > 대중교통

62. B팀이 최종적으로 선택하게 될 최적의 이동수단의 종류와 그 비용으로 옳게 짝지은 것은?

① 렌터카, $180

② 렌터카, $160

③ 택시, $200

④ 대중교통, $200

⑤ 택시, $170

63. 다음과 같은 조직의 특징으로 바르지 않은 것은?

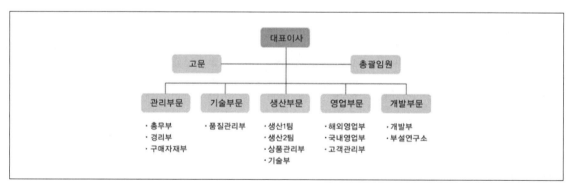

① 이 조직구조는 기능조직이다.

② 이 구조는 소기업과 중기업에 적합하다.

③ 기술전문성과 내적효율성을 추구한다.

④ 단점으로는 유동적인 환경변화에 대한 늦은 대응이 있다.

⑤ 규모의 경제를 획득할 수 없다.

64. 다음과 같은 조직의 특징으로 옳은 것은?

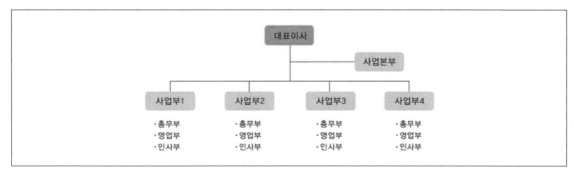

① 이 구조는 소기업에 적합하다.

② 재무적 · 전략적 통제가 약화된다.

③ 기업 성장을 약화시킨다.

④ 이 구조는 제품의 다각화를 추구한다.

⑤ 관리비용이 감소한다.

65. 다음이 설명하고 있는 말은 무엇인가?

> 한 조직체의 구성원들이 모두 공유하고 있는 가치관과 신념, 이데올로기와 관습, 규범과 전통 및 지식과 기술 등을 모두 포함한 종합적인 개념으로 조직전체와 구성원들의 행동에 영향을 미친다. 새로운 직장으로 옮겼을 때 그 기업의 이것을 알지 못하여 조직적응에 실패하는 경우도 종종 발생한다.

① 조직전략

② 조직규범

③ 조직문화

④ 조직행동

⑤ 조직가치

▌66~67 ▌ 다음은 어느 회사의 사내 복지 제도와 지원내역에 관한 자료이다. 물음에 답하시오.

〈2021년 사내 복지 제도〉

주택 지원
• 주택구입자금 대출
• 전보자 및 독신자를 위한 합숙소 운영

자녀학자금 지원
• 중고생 전액지원, 대학생 무이자융자

경조사 지원
• 사내근로복지기금을 운영하여 각종 경조금 지원

기타
• 사내 동호회 활동비 지원
• 상병 휴가, 휴직, 4대보험 지원
• 생일 축하금(상품권 지급)

〈2021년 1/4분기 지원 내역〉

이름	부서	직위	내역	금액(만원)
김민준	총무팀	과장	대학생 학자금 무이자융자	–
박민지	편집팀	대리	부친상	20
박서준	기획팀	사원	본인 결혼	20
이솔아	디자인팀	대리	생일(상품권 지급)	10
이예준	마케팅팀	차장	고등학생 학자금 전액지원	200
조수아	재무팀	대리	독신자 합숙소 지원	–
서지후	영업팀	대리	휴직(병가)	–
홍서현	인사팀	사원	사내 동호회 활동비 지원	15
김시우	물류팀	부장	주택구입자금 대출	–
박하린	전산팀	인턴	사내 동호회 활동비 지원	15

66. 인사팀에서 근무하고 있는 담당자는 2021년 1분기에 지원을 받은 사원들을 정리했다. 다음 중 분류가 잘못된 사원은?

주택 지원	자녀학자금 지원	경조사 지원	기타
• 조수아 • 김시우	• 김민준 • 이예준	• 박민지 • 박서준 • 이솔아	• 서지후 • 홍서현 • 박하린

① 조수아

② 이예준

③ 박민지

④ 이솔아

⑤ 홍서현

67. 담당자는 위의 복지제도와 지원 내역을 바탕으로 2022년에도 사원들을 지원하려고 한다. 지원한 내용으로 옳지 않은 것은?

① 이예준 차장이 모친상을 당해서 경조금 20만 원을 지원하였다.

② 박서준 사원이 동호회에 참여하게 되어서 활동비 15만 원을 지원하였다.

③ 박하린 인턴이 생일이라 상품권 10만 원을 지원하였다.

④ 이솔아 대리가 결혼을 해서 20만 원을 지원하였다.

⑤ 홍서현 사원이 병가로 인한 휴가를 내서 휴가비 5만 원을 지원하였다.

68. 다음은 관리조직의 일반적인 업무내용을 나타내는 표이다. 다음 표를 참고할 때, E 사원은 〈보기〉와 같은 업무를 처리하기 위하여 연관되어 있는 팀만으로 나열된 것은 어느 것인가?

부서명	업무내용
총무팀	집기비품 및 소모품의 구입과 관리, 사무실 임차 및 관리, 차량 및 통신시설의 운영, 국내외 출장 업무 협조, 사내외 홍보 광고업무, 회의실 및 사무 공간 관리, 사내·외 행사 주관
인사팀	조직기구의 개편 및 조정, 업무분장 및 조정, 인력수급계획 및 관리, 노사관리, 평가관리, 상벌관리, 인사발령, 교육체계 수립 및 관리, 임금제도, 복리후생제도 및 지원업무, 복무관리, 퇴직관리
기획팀	경영계획 및 전략 수립, 전사기획업무 종합 및 조정, 경영정보 조사 및 기획보고, 경영진단업무, 종합예산수립 및 실적관리, 단기사업계획 종합 및 조정, 사업계획, 손익추정, 실적관리 및 분석
외환팀	수출입 외화자금 회수, 외환 자산 관리 및 투자, 수출 물량 해상 보험 업무, 직원 외환업무 관련 교육 프로그램 시행, 영업활동에 따른 환차손익 관리 및 손실최소화 방안 강구
회계팀	회계제도의 유지 및 관리, 재무상태 및 경영실적 보고, 결산 관련 업무, 재무제표 분석 및 보고, 법인세, 부가가치세, 국세 지방세 업무자문 및 지원, 보험가입 및 보상업무, 고정자산 관련 업무

──────── 보기 ────────

E 사원은 오늘 매우 바쁜 하루를 보내야 한다. 회사에서 중요한 회의가 있는 날이라 팀에서 막내인 E 사원은 회의실을 빌려야 하고, 회의에 필요한 자료를 정리해 회의실에 비치해 두어야 한다. 또한 E 사원은 곧 있을 여름휴가를 위해 휴가계를 작성해 제출해야 한다. 오후에는 이번년도와 전년도 1/4분기 경영실적 자료를 입수해 보고서를 작성해야 하고, 그 이후에는 외환업무 관련 교육 프로그램에 참여해야 한다.

① 인사팀, 기획팀
② 총무팀, 기획팀, 회계팀
③ 총무팀, 인사팀, 기획팀, 회계팀
④ 총무팀, 인사팀, 회계팀, 외환팀
⑤ 총무팀, 인사팀, 기획팀, 외환팀

69. 다음은 W사의 경력평정에 관한 규정의 일부이다. 다음 중 규정을 올바르게 이해하지 못한 설명은 어느 것인가?

제15조(평정기준)
직원의 경력평정은 회사의 근무경력으로 평정한다.

제16조(경력평정 방법)
① 평정기준일 현재 근무경력이 6개월 이상인 직원에 대하여 별첨 서식에 의거 기본경력과 초과경력으로 구분하여 평정한다.
② 경력평정은 당해 직급에 한하되 기본경력과 초과경력으로 구분하여 평정한다.
③ 기본경력은 3년으로 하고, 초과경력은 기본경력을 초과한 경력으로 한다.
④ 당해 직급에 해당하는 휴직, 직위해제, 정직기간은 경력기간에 산입하지 아니한다.
⑤ 경력은 1개월 단위로 평정하되, 15일 이상은 1개월로 계산하고, 15일 미만은 산입하지 아니한다.

제17조(경력평정 점수)
평가에 의한 경력평정 총점은 30점으로 하며, 다음 각 호의 기준으로 평정한다.
① 기본경력은 월 0.5점씩 가산하여 총 18점을 만점으로 한다.
② 초과경력은 월 0.4점씩 가산하여 총 12점을 만점으로 한다.

제18조(가산점)
① 가산점은 5점을 만점으로 한다.
 • 정부포상 및 자체 포상 등(대통령 이상 3점, 총리 2점, 장관 및 시장 1점, 사장 1점, 기타 0.5점)
 • 회사가 장려하는 분야에 자격증을 취득한 자(자격증의 범위와 가점은 사장이 정하여 고시한다)
② 가산점은 당해 직급에 적용한다.

---

① 과장 직급으로 3년간 근무한 자가 대통령상을 수상한 경우, 경력평정 점수는 21점이다.
② 주임 직급 시 정직기간이 2개월 있었으며, 장관상을 수상한 자가 대리 근무 2년을 마친 경우 경력평정 점수는 12점이다.
③ 차장 직급으로 4년 14일 근무한 자의 경력평정 점수는 23.2점이다.
④ 차장 직책인 자는 과장 시기의 경력을 인정받을 수 없다.
⑤ 회사가 장려하는 분야 자격증을 취득한 자는 경력평정 점수가 30점을 넘을 수 있다.

70. 매트릭스 조직에 대한 설명으로 옳은 것은?

① 이중적인 명령 체계를 갖고 있다.
② 시장의 새로운 변화에 유연하게 대처하기 어렵다.
③ 기능적 조직과 사업부제 조직을 결합한 형태이다.
④ 단일 제품을 생산하는 조직에 적합한 형태이다.
⑤ 조직의 복잡성이 감소한다.

┃1~3┃ 다음 제시된 낱말의 대응 관계로 볼 때 빈칸에 들어가기에 알맞은 것을 고르시오.

1.

동양 : 서양 = 스승 : ( )

① 변호사   ② 선생님
③ 학교   ④ 제자
⑤ 연설

2.

누룩 : 막걸리 = ( ) : 장

① 메주   ② 음식
③ 발효   ④ 재료
⑤ 가지

3.

함구 : 개구 = 화사 : ( )

① 미사(美辭)   ② 가사(嘉事)
③ 여사(麗辭)   ④ 꽃말
⑤ 꽃실

풀이종료시간 : [   ] – [   ]
풀이소요시간 : [   ]분 [   ]초

| 4~5 | 다음 제시된 단어 중 의미가 다른 것을 고르시오.

4.
① 마구
② 사뭇
③ 들입다
④ 내리
⑤ 각근

5.
① 간열
② 숙열
③ 검점
④ 사열
⑤ 열구

| 6~8 | 다음 제시된 단어에서 공통으로 연상할 수 있는 단어를 고르시오.

6.

생일, 생크림, 촛불

① 가구
② 우산
③ 젤리
④ 기도
⑤ 케이크

7.

해외, 기차, 신혼

① 공항
② 시간표
③ 여행
④ 샴페인
⑤ 립스틱

8.

선인장,　생선,　장미

① 드라마
② 가시
③ 결혼
④ 화분
⑤ 저금통

9. 다음 중 (　) 안에 들어갈 단어로 적절한 것은?

프로그램 제작자들은 높은 시청률을 제시하며 자신들이 시청자들의 욕구에 (　　)하는 프로그램을 만들고 있다는 믿음을 갖고 싶어 한다.

① 부응
② 응답
③ 응대
④ 호응
⑤ 응수

10. 다음 중 밑줄 친 부분과 같은 의미로 쓰인 것은?

그가 라디오를 <u>틀자</u> 윗집의 떠드는 소리가 들리지 않았다.

① 그는 예고도 없이 차를 <u>틀어</u>버렸다.
② 동료는 일을 시작하기 전에는 항상 머리를 <u>틀어</u> 올렸다.
③ 언니가 의견을 <u>틀어</u>버려도 동생은 군소리 없이 그 말을 따랐다.
④ 딸은 아빠의 잔소리에 오디오를 <u>틀고</u> 문을 닫아버렸다.
⑤ 뱀이 똬리를 <u>틀고</u> 있는 모습이 신기한지 한참을 바라보았다.

┃11~12┃ 다음 제시문을 읽고 이어지는 물음에 답하시오.

서울특별시 농업기술센터에서는 「도시농업의 육성 및 지원에 관한 법률」에 의거하여 서울시민의 농업에 대한 이해를 돕고 도시농업을 활성화하기 위하여 도시농업전문가 양성교육을 추진하고 있다. 도시농업 육성 정책의 일환인 도시농업전문가 양성교육은 2012년에 처음 도시농업 원년을 선포하며 개설되어 현재까지 운영되고 있다.

교육과정은 도시농업전문가로서 활동하는 데 필요한 농업 기초(토양과 비료, 농약과 농산물의 안전성, 병해충 방제 등), 분야별 친환경 농업기술(채소, 화훼, 과수, 벼, 특용작물, 기타) 등을 습득할 수 있도록 비대면 교육과 현장실습으로 이루어진다.

구체적인 신청 자격은 주민등록상 서울특별시에 거주하며 「도시농업의 육성 및 지원에 관한 법률」 관련 도시 농업 관련 국가기술자격 소지자, 또는 「국가기술자격법」 관련 농림어업(농업, 임업) 직무분야 국가기술자격 소지자, 농업기관 주관 농업교육 50시간 이상 이수자, 농업계 학교 출신자, 3년 이상 농업경력자, 서울시 소재 농업 관련기관 또는 농업관련단체 1년 이상 근무경력자를 대상으로 하며 농업기술센터 귀농창업교육, 양봉전문가교육, 곤충산업전문인력 양성교육 등 교육대상자 중복 시 선발에서 제외한다.

11. 위 제시문을 작성할 때 유의할 사항으로 적절한 것은?

① 상황에 적합한 내용이며 곧바로 업무 진행이 가능하도록 지시 내용을 포함해야 한다.

② 업무와 관련한 요청사항이나 필요사항을 명시해야 한다.

③ 대외문서이며 장기간 보관되므로 정확하게 기술해야 한다.

④ 정보 제공을 위한 문서이므로 내용이 정확해야 한다.

⑤ 전체 내용을 한눈에 파악할 수 있도록 목차구성을 신중히 한다.

12. 위 제시문에서 확인할 수 없는 사항은?

① 서울시 도시농업 육성 정책 프로그램의 커리큘럼을 알 수 있다.

② 코로나로 인해 교육은 비대면으로 이루어진다.

③ 주민등록상 서울시에 거주하면 신청 자격이 된다.

④ 서울시 소재 농업관련기관 1년 이상의 경력자는 대상에 포함된다.

⑤ 교육대상자 중복 시 선발에서 제외된다.

13. 다음이 설명하는 한자성어로 옳은 것은?

> 긴 취업 준비 끝에 국내 영업팀에 입사한 A 씨는 합격의 기쁨도 잠시, 걱정으로 잠을 이루지 못하고 있다. 바로 자신의 상사의 무리한 일 욕심 때문이다. 해외 영업팀이 코로나19로 자가격리하는 팀원이 많아지자, 국내 영업팀 甲 과장은 실적 욕심에 해외 영업팀의 계약건을 A 씨에게 몰래 맡기려고 한다. 엄연히 다른 팀 업무를 몰래 맡긴다는 것뿐만 아니라 해외 영업팀은 기본적으로 영어가 되어야 하는데 A 씨는 영어회화와는 거리가 멀다. 甲과장은 삼주만 영어공부하면 다 된다고 말하지만, 당장 한 달 뒤에 있을 미팅에서 계약은 고사하고 망신당할 것을 생각하니 A 씨는 스트레스와 부담감에 눈물이 나올 것만 같다. 심지어 다른 팀 업무라 아무리 잘해봐야 본전도 못 찾을 텐데…

① 전패비휴(顚沛匪虧)
② 육지행선(陸地行船)
③ 기욕난량(器欲難量)
④ 철중쟁쟁(鐵中錚錚)
⑤ 수불석권(手不釋卷)

14. 제시된 글에서 유래한 한자성어로 적절한 것은?

> 사람이란 곤경에 처했을 때라야 비로소 절의가 나타나는 법이다. 평소 평온하게 살아갈 때는 서로 그리워하고 기뻐하며 때로는 놀이나 술자리를 마련하여 부르곤 한다. 또 흰소리를 치기도 하고 지나친 우스갯소리도 하지만 서로 양보하고 손을 맞잡기도 한다. 어디 그뿐인가. 서로 간과 쓸개를 꺼내 보이며 해를 가리켜 눈물짓고 살든 죽든 서로 배신하지 말자고 맹세한다. 말은 제법 그럴듯하지만 일단 털끝만큼이라도 이해관계가 생기는 날에는 눈을 부릅뜨고 언제 봤냐는 듯 안면을 바꾼다. 더욱이 함정에 빠져도 손을 뻗쳐 구해 주기는커녕 오히려 더 깊이 빠뜨리고 위에서 돌까지 던지는 인간이 이 세상 곳곳에 널려 있는 것이다.

① 건곤일척(乾坤一擲)
② 명경지수(明鏡止水)
③ 고장난명(孤掌難鳴)
④ 마부위침(磨斧爲針)
⑤ 간담상조(肝膽相照)

15. 다음 글의 밑줄 친 부분의 한자어의 표기가 바르지 않은 것은?

> 위로부터의 조직화에 의한 ㉠<u>여론(輿論)</u> 형성은 여러 문제점을 ㉡<u>내포(內包)</u>하게 되는데, 그 하나가 여론 과정이 고전적 이론의 예정된 통합적 기능보다도 ㉢<u>분열(分裂)</u>과 대립의 기능을 보다 많이 수행하게 되는 위험성이다. 즉 그곳에서는 예리하게 대립하는 주도적 의견을 중심으로 하여 그 동조자가 결집하는 결과 상호 간의 대화와 매개가 더 한층 ㉣<u>곤란(困亂)</u>하게 되는 ㉤<u>경향(傾向)</u>이 나타난다는 점이다.

① ㉠

② ㉡

③ ㉢

④ ㉣

⑤ ㉤

16. 다음 글의 진술 방식과 같은 것은?

> 빈센트 반 고흐의 대표작 중 하나인 「별이 빛나는 밤(사이프러스와 마을」은 별이 총총 박혀 있는 밤하늘 아래 프로방스 지방의 풍경을 그린 그림이다. 가로 29인치, 세로 36인치의 이 그림은 소용돌이가 치는 하늘과 구름 그리고 밝은 별과 달이 특히 두드러져 보인다. 수직으로 높게 뻗어 하늘과 연결하는 사이프러스는 오묘한 인상을 준다.

① 영화는 스크린이라는 공간 위에 시간적으로 흐르는 예술이며, 연극 또한 무대라는 공간 위에 시간적으로 형상화한 예술의 한 분야이다.

② 5년 전 교양수업에서 알게 된 A를 오랜만에 만났을 때, 최 씨는 왠지 모를 불길함을 느꼈다. 다음날 최 씨는 그 낯설고 불편한 느낌을 무시해선 안 됐었다고 후회했다.

③ 핵분열은 양성자와 중성자로 구성된 밀도 높은 원자의 핵이 여러 파편으로 쪼개지는 것이다. 쪼개진 파편들의 질량을 모두 합해도 원래의 질량보다 작다.

④ 라스코 동굴 벽화 속 동물들은 검은 윤곽으로 그려져 있다. 단연 장관을 이루는 방은 '황소의 전당'인데, 벽을 따라 왼쪽에서 오른쪽으로 들소 떼를 쫓고 포획하는 장면이 그려져 있다.

⑤ 비발디의 사계 중 봄은 마장조로 활기가 넘치고 유쾌함을 느낄 수 있다. 반면에 여름은 사단조 곡으로 근엄함을 느끼게 한다.

17. 다음 글을 읽고, 문단을 논리적 순서대로 알맞게 배열한 것은?

> (가) 양입위출은 대동법 실시론자뿐만 아니라 공안(貢案) 개정론자도 공유하는 원칙이었으나, 공납제의 폐단을 두고 문제의 해법을 찾는 방식은 차이가 있었다. 공안 개정론자는 호마다 현물을 거두는 종래의 공물 부과 기준과 수취 수단을 유지하되 공물 수요자인 관료들의 절용을 강조함으로써 '위출'의 측면에 관심을 기울였다. 반면 대동법 실시론자들은 공물가를 한 번 거둔 후 다시 거두지 않도록 제도화할 것을 주장하여 '양입'의 측면을 강조하였다.
>
> (나) 대동법의 핵심 내용으로, 공물을 부과하는 기준이 호(戶)에서 토지[田結]로 바뀐 것과, 수취 수단이 현물에서 미(米)·포(布)로 바뀐 것을 드는 경우가 많다. 하지만 양자는 이미 대동법 시행 전부터 각 지방에서 광범위하게 시행되고 있었기 때문에 이를 대동법의 본질적 요소라고 볼 수는 없다. 대동법의 진정한 의미는 공물 부과 기준과 수취 수단이 법으로 규정됨으로써, 공납 운영의 원칙인 양입위출(수입을 헤아려 지출을 행하는 재정 운영 방식)의 객관적 기준이 마련되었다는 점에 있다.
>
> (다) 현물을 호에 부과하는 방식으로는 공납제 운영을 객관화하기 어려웠음에도 불구하고, 공안 개정론자는 공물 수요자의 자발적 절용을 강조하는 것 외에 그것을 강제할 수 있는 별도의 방법을 제시하지 못하였다. 이에 반해 대동법 실시론자는 공물 수요자 측의 절용이 필요하다고 보면서도 이들의 '사적 욕망'에서 빚어진 폐습을 극복하기 위해서는 이를 규제할 '공적 제도'가 필요하다고 믿었다.
>
> (라) 요컨대 양입위출에 대한 이런 강조점의 차이는 문제에 대한 해법을 개인적 도덕 수준을 제고하는 것으로 마련하는가, 아니면 제도적 보완이 필요하다고 보고 그 방안을 강구하는가의 차이였다. 공물 수취에 따른 폐해들을 두고 공안 개정론자는 공물 수요자 측의 사적 폐단, 즉 무분별한 개인적 욕망에서 비롯된 것으로 보았다. 반면 대동법 실시론자는 중앙정부 차원에서 공물세를 관리할 수 있는 합리적 근거와 기준이 미비하였기 때문이라고 보았다.

① (가) - (다) - (라) - (나)

② (나) - (가) - (라) - (다)

③ (나) - (다) - (가) - (라)

④ (다) - (나) - (가) - (라)

⑤ (다) - (라) - (나) - (가)

18. 주어진 글을 통해 알 수 있는 내용이 아닌 것은?

> 농협 하나로유통이 창립 50주년을 맞이해 농협하나로유통의 캐릭터인 '나로'를 이용한 카카오톡 이모티콘을 출시했다.
>
> '나로'는 고객의 소리를 큰 귀로 귀담아 듣고 빠른 발로 언제나 고객을 신속하게 응대하겠다는 농협하나로유통의 모토를 담아 토끼를 형상화한 캐릭터다. 이모티콘은 사람들이 자주 사용하는 메시지 총 16종을 선정하여 제작되었으며, 캐릭터와 국산 농산물을 활용하여 언어유희적인 요소를 담아낸 것이 특징이다.
>
> 이모티콘은 선착순으로 농협하나로유통 카카오채널을 친구 추가하는 고객 4만 명에게 무료로 지급된다. 카카오채널 친구 추가는 카카오 친구 찾기 검색란에 '농협하나로유통'을 검색한 후 친구 추가 버튼을 누르면 된다. 농협하나로유통은 이번 창립 50주년 맞이 이모티콘 출시를 시작으로 캐릭터 '나로'를 활용한 다양한 굿즈를 선보임으로써 기존 농협하나로유통 고객층과 더불어 젊은 세대를 대상으로 친숙한 농협 이미지를 구축할 계획이다.
>
> 농협하나로유통 대표이사는 "이번 이모티콘 출시뿐만 아니라 하나로마트 대표 캐릭터인 '나로'를 활용하여 다양한 마케팅을 선보일 것"이라면서 "50주년 기념 '나로' 이모티콘 출시로 고객들과 더 소통하고 지속적으로 고객에게 다가가는 유통기업이 될 수 있도록 노력하겠다"고 밝혔다.

① 하나로유통에서 창립기념일을 위한 이벤트를 준비하였다.
② '나로'는 고객에 대한 기업의 서비스 정신을 담은 캐릭터이다.
③ 새롭게 출시된 이모티콘에는 우리 농산물을 이용한 아이디어가 담겨있다.
④ 이모티콘은 특정 메신저에 가입하면 받을 수 있다.
⑤ 이모티콘 출시 이벤트는 고객과 적극적인 소통을 위한 기업의 노력이다.

▌19~20▐ 다음 글을 읽고 물음에 답하시오.

〈농협상호금융, 모바일 전용 「주머니(Money) 통장/적금」 출시〉

농협상호금융이 비대면 수신상품 주머니(Money) 통장과 주머니 적금을 출시하고 대고객 이벤트를 실시한다고 밝혔다. 주머니 통장과 적금은 2030세대를 주요 가입대상으로 ⓐ <u>개발한</u> 상품으로 재미있는 저축(Fun Saving)을 모토로 의식적인 저축 활동 없이도 쉽게 재테크를 하는 데 주안점을 뒀다.

주머니 통장은 입출금이 ⓑ <u>자유로운통장</u>에 여유자금 목표금액(마이포켓)을 설정한 후 일정기간 목표금액(평잔 기준)을 달성하면 최고 연1.5%의 금리를 받을 수 있다. 입출금의 편리함과 정기예치 효과를 동시에 누리는 ⓒ <u>장점이다.</u> 주머니 ⓓ <u>적금도</u> 모계좌에서 미리 설정한 잔돈을 적금으로 매일 적립해 주는 스윙(Swing)서비스를 통해 최고 연 5%대의 금리를 받을 수 있다.

농협상호금융은 상품 출시를 기념해 9월 28일까지 '주머니에 쏙쏙' 이벤트를 펼친다. 주머니 통장과 적금을 동시 가입하는 고객을 대상으로 무작위 ⓔ <u>추첨</u>을 통해 갤럭시북 플렉스, 아이패드 프로, 다이슨 에어랩스타일러, 에어팟 프로 등 다양한 상품을 제공한다.

상호금융대표이사는 "주머니 통장·적금을 통해 고객들에게 편리하게 재테크 할 수 있는 기회가 되길 기대한다"며 "친근하고 간편한 농협, 고객과 함께하는 농협이 되도록 노력하겠다"고 말했다.

---

19. 다음 중 윗글을 바르게 이해한 것을 모두 고르면?

> ㉠ 주머니 통장과 주머니 적금은 은행에 가지 않고 만들 수 있는 금융상품이다.
> ㉡ 주머니 통장에 가입하여 통해 최고 연 5%대의 금리를 받을 수 있다.
> ㉢ 농협상호금융은 매월 28일 이벤트를 통해 고객에게 다양한 상품을 제공한다.
> ㉣ 주머니 통장과 주머니 적금은 재테크에 진입장벽은 낮춘 펀세이빙의 일종으로 기획된 상품이다.

① ㉠㉡

② ㉡㉢

③ ㉡㉢㉣

④ ㉠㉣

⑤ ㉠㉢㉣

20. 윗글에서 밑줄 친 ⓐ~ⓔ를 우리말 어법에 맞고 언어 순화에 적절하도록 고치려고 할 때, 다음 중 가장 적절하지 않은 것은?

① ⓐ 개발한 → 개발된

② ⓑ 자유로운통장에 → 자유로운 통장에

③ ⓒ 장점이다 → 장점이 있다.

④ ⓓ 적금도 → 적금은

⑤ ⓔ 추첨 → 추천

▌21~25▐ 일정한 규칙으로 수나 문자를 나열할 때, 빈칸에 들어갈 알맞은 것을 고르시오.

21.

8 9 13 22 38 63 (   )

① 89

② 93

③ 99

④ 102

⑤ 111

22.

12 24 20 40 36 72 68 (   )

① 122

② 136

③ 139

④ 142

⑤ 151

23.

댜 베 죠 튜 개 ( )

① 뎌

② 혜

③ 더

④ 레

⑤ 려

24.

2 6 8 14 22 36 58 (   )

① 79

② 83

③ 87

④ 90

⑤ 94

25.

24 30 33 39 51 57 (   )

① 64

② 69

③ 71

④ 73

⑤ 79

26. A사의 진급 테스트에서 20문제 중 한 문제를 맞추면 3점을 얻고, 틀리면 2점을 감점한다고 한다. 甲이 20문제를 풀어 40점의 점수를 얻었을 때, 甲이 틀린 문제 수는?

① 2개

② 3개

③ 4개

④ 15개

⑤ 16개

27. 강 대리와 유 대리가 가위바위보를 하여 이긴 사람은 2계단씩 올라가고 진 사람은 1계단씩 내려가기로 하였다. 가위바위보 게임을 하여 처음보다 강대리는 7계단을 올라가 있었고 유대리는 2계단 내려와 있었을 때 강대리가 이긴 횟수는? (단, 비기는 경우는 생각하지 않는다.)

① 1회

② 2회

③ 3회

④ 4회

⑤ 5회

28. 5%의 소금물과 8%의 소금물을 섞어서 7%의 소금물 600g을 만들려고 한다. 이때 5%의 소금물은 몇 g 섞어야 하는가?

① 100g

② 200g

③ 300g

④ 400g

⑤ 500g

29. 甲과 乙은 18km 떨어진 지점에서 동시에 출발하여 서로 마주 보고 걷다가 만났다. 甲은 시속 4km, 乙은 시속 5km로 걸었다고 할 때, 乙은 甲보다 몇 km를 더 걸었는가?

① 1km

② 1.5km

③ 2km

④ 2.5km

⑤ 3km

30. 주 대리는 집에서 3km 떨어진 회사까지 가는데 처음에는 시속 3km로 걷다가 늦을 것 같아서 시속 6km로 뛰어서 40분 만에 회사에 도착하였다. 주 대리가 걸어간 거리는?

① 1km

② 1.5km

③ 2km

④ 2.5km

⑤ 3km

31. 금이 70% 포함된 합금과 금이 85% 포함된 합금을 섞어서 금이 80% 포함된 합금 600g을 만들었다. 이때 금이 85% 포함된 합금은 몇 g을 섞어야 하는가?

① 200g

② 250g

③ 300g

④ 350g

⑤ 400g

32. 5명의 사원 A, B, C, D, E가 김밥, 만두, 쫄면 중에서 서로 다른 2종류의 음식을 표와 같이 선택하였다. 이 5명 중에서 임의로 뽑힌 한 사원이 만두를 선택한 학생일 때, 이 사원이 쫄면도 선택하였을 확률은?

구분	A	B	C	D	E
김밥	○	○		○	
만두	○	○	○		○
쫄면			○	○	○

① $\dfrac{1}{4}$ ② $\dfrac{1}{3}$

③ $\dfrac{1}{2}$ ④ $\dfrac{2}{3}$

⑤ $\dfrac{3}{4}$

33. ○○사의 디자인 공모 대회에 윤 사원이 참가하였다. 참가자는 두 항목에서 점수를 받으며, 각 항목에서 받을 수 있는 점수는 표와 같이 3가지 중 하나이다. 윤 사원이 각 항목에서 점수 A를 받을 확률은 $\dfrac{1}{2}$, 점수 B를 받을 확률은 $\dfrac{1}{3}$, 점수 C를 받을 확률은 $\dfrac{1}{6}$이다. 관객 투표 점수를 받는 사건과 심사 위원 점수를 받는 사건이 서로 독립일 때, 윤 사원이 받는 두 점수의 합이 70일 확률은?

항목＼점수	점수 A	점수 B	점수 C
관객 투표	40	30	20
심사 위원	50	40	30

① $\dfrac{1}{3}$ ② $\dfrac{11}{36}$

③ $\dfrac{5}{18}$ ④ $\dfrac{1}{4}$

⑤ $\dfrac{2}{9}$

| 34~35 | 다음 〈표〉는 2020년과 2021년 甲사의 창업아이디어 공모자를 대상으로 직업과 아이디어 진행 단계를 조사한 자료이다. 물음에 답하시오.

〈창업아이디어 공모자의 직업 구성〉

(단위 : 명, %)

직업	2020		2021		합계	
	인원	비율	인원	비율	인원	비율
교수	34	4.2	183	12.5	217	9.6
연구원	73	9.1	118	8.1	ⓐ	8.4
대학생	17	2.1	74	5.1	91	4.0
대학원생	31	3.9	93	6.4	ⓑ	5.5
회사원	297	37.0	567	38.8	864	38.2
기타	350	43.6	425	29.1	775	34.3
계	802	100.0	1,460	100	2,262	100

〈창업아이디어 공모자의 아이디어 진행단계〉

(단위 : 명, %)

창업단계	2020	2021	합계	
			인원	비중
구상단계	79	158	237	10.5
기술개발단계	291	668	959	42.4
시제품제작단계	140	209	ⓒ	15.4
시장진입단계	292	425	717	31.7
계	802	1,460	1,913	100

※ 복수응답 및 무응답은 없음

34. 주어진 자료에 대한 설명으로 옳은 것은?

① 2021년 회사원 공모자의 전년대비 증가율은 90%를 넘지 못한다.

② 창업아이디어 공모자의 직업 구성의 1위와 2위는 2020년과 2021년 동일하다.

③ 2020년에 기술개발단계에 공모자수의 비중은 40% 이상이다.

④ 기술개발단계에 있는 공모자수 비중의 연도별 차이는 시장진입단계에 있는 공모자수 비중의 연도별 차이보다 크다.

⑤ 2021년에 시제품제작단계인 공모자수 비중과 시장진입단계인 공모자수 비중의 합은 전체의 50% 이상이다.

35. 제시된 자료에서 ⓐ ~ ⓒ에 들어갈 수의 합은?

① 436

② 541

③ 664

④ 692

⑤ 712

36. 기업이 각 문항의 긍정 답변에 대해 백분율을 산출하였을 때, 백분율 ㉠ ~ ㉢의 총 합은 몇인가? (단, 단위는 생략한다.)

> 기업은 직원 120명을 대상으로 회사 복지에 대한 만족도 설문조사를 실시하였다. 설문 문항은 4문항이며, 자기계발 지원비 지급, 휴가 및 인센티브 지급, 편의시설, 사내행사에 대해 '매우 그렇다', '그렇다', '보통이다', '그렇지 않다', '매우 그렇지 않다'로 답변할 수 있도록 구성하였다. 다음은 각 문항에 대해 '매우 그렇다', '그렇다'라고 답변한 빈도와 백분율을 나타낸 것이다.

〈2021년도 만족도 조사 결과(긍정 답변)〉

구분	빈도	백분율
1. 자기계발 지원비 지급에 대해 만족하였다.	30	㉠
2. 휴가 및 인센티브 지급에 대해 만족하였다.	48	㉡
3. 편의시설에 대해 만족하였다.	46	㉢
4. 사내행사에 만족하였다.	30	㉣

① 109

② 128

③ 134

④ 154

⑤ 157

| 37~38 | 다음 자료는 친환경인증 농산물의 생산 현황에 관한 자료이다. 물음에 답하시오.

〈종류별 친환경인증 농산물 생산 현황〉

(단위 : 톤)

구분	2018				2017
	합	인증형태			
		유기농산물	무농약농산물	저농약농산물	
곡류	343,380	54,025	269,280	20,075	371,055
과실류	341,054	9,116	26,850	305,088	457,794
채소류	585,004	74,750	351,340	158,914	753,524
서류	41,782	9,023	30,157	2,602	59,407
특용작물	163,762	6,782	155,434	1,546	190,069
기타	23,253	14,560	8,452	241	20,392
계	1,498,235	168,256	841,513	488,466	1,852,241

〈지역별 친환경인증 농산물 생산 현황〉

(단위 : 톤)

구분	2018				2017
	합	인증형태			
		유기농산물	무농약농산물	저농약농산물	
서울	1,746	106	1,544	96	1,938
부산	4,040	48	1,501	2,491	6,913
대구	13,835	749	3,285	9,801	13,852
인천	7,663	1,093	6,488	82	7,282
광주	5,946	144	3,947	1,855	7,474
대전	1,521	195	855	471	1,550
울산	10,859	408	5,142	5,309	13,792
세종	1,377	198	826	353	0
경기도	109,294	13,891	71,521	23,882	126,209
강원도	83,584	17,097	52,810	13,677	68,300
충청도	159,495	29,506	64,327	65,662	65,662
전라도	611,468	43,330	43,330	124,217	922,641
경상도	467,259	52,567	176,491	238,201	457,598
제주도	20,148	8,924	8,855	2,369	16,939
계	1,498,235	168,256	841,513	488,466	1,852,241

37. 주어진 자료에 대한 설명으로 옳은 것은?

① 친환경인증 농산물의 전 종류는 전년도에 비해 생산량이 감소하였다.

② 2018년 친환경인증 농산물의 종류별 생산량에서 유기 농산물의 비중은 채소류보다 곡류가 더 높다.

③ 2018년 각 지역 내에서 인증 형태별 생산량 순위가 서울과 같은 지역은 인천뿐이다.

④ 2018년 친환경인증 농산물의 전년대비 생산 감소량이 가장 큰 종류는 과실류이다.

⑤ 제주도에서 생산된 친환경인증 농산물 중 저농약 농산물의 비중은 10% 이하다.

38. 2018년 친환경인증 농산물의 생산량이 전년대비 30% 이상 감소한 지역을 모두 포함한 것은?

① 부산, 전라도

② 서울, 부산

③ 광주, 강원도

④ 강원도, 충청도

⑤ 충청도, 전라도

| 39~40 | 다음은 행정서비스 이용 방법별 선호도를 나타낸 자료이다. 물음에 답하시오.

〈행정서비스 이용 방법 선호도〉

(단위 : %)

특성	이용방법	직접 방문	인터넷 홈페이지, 웹사이트	모바일 앱	이메일	SMS 문자 메시지	공공 무인 민원 발급기
성별	남성	16.6	49.7	15.3	1.5	0.9	0.7
	여성	16.6	48.1	15.0	1.5	2.0	0.4
교육 수준별	중졸이하	45.7	20.8	9.0	0.1	1.9	0.0
	고졸	18.5	45.8	12.0	1.6	1.1	1.1
	대졸이상	10.7	55.6	18.6	1.7	1.7	0.1

39. 주어진 자료를 바르게 이해한 것만 고른 것은?

> ㉠ 직접방문을 선호하는 남성과 여성의 수가 같다.
> ㉡ 교육수준이 높을수록 인터넷 홈페이지, 웹사이트 이용을 선호하는 경향이 있다.
> ㉢ 어느 특성을 가진 집단에서도 공공 무인 민원발급기 이용 선호도가 2%를 넘지 않는다.
> ㉣ 모바일 앱 이용 선호도는 교육수준이 낮을수록 높다.

① ㉡㉣　　　　　　　　　　　② ㉡㉢
③ ㉠㉢　　　　　　　　　　　④ ㉠㉣
⑤ ㉢㉣

40. 조사에 참여한 남성의 수가 18,000명이라면 이메일을 선호하는 남성은 몇 명인가?

① 240명　　　　　　　　　　② 250명
③ 270명　　　　　　　　　　④ 280명
⑤ 290명

41. 다음 〈조건〉이 모두 참이라고 할 때, 논리적으로 항상 거짓인 것은?

〈조건〉
- 비가 오면 사무실이 조용하다.
- 사무실이 조용하거나 복도가 깨끗하다.
- 복도가 깨끗한데 비가 오지 않으면, 주차장이 넓고 비가 오지 않는다.
- 사무실이 조용하지 않다.

① 사무실이 조용하지 않으면 복도가 깨끗하다.
② 주차장이 넓지만 눈이 오지 않는다.
③ 복도가 깨끗하지 않다.
④ 비가 오지 않는다.
⑤ 비가 오지 않으면, 사무실이 조용하지 않고 주차장이 넓다.

42. 다음 글의 내용이 모두 참일 때, 타 지점에서 온 직원들의 지역으로 옳은 것은?

(가) 직원들은 전국 지점 직원들이 모인 캠프에서 만난 세 사람에 대한 이야기를 하고 있다. 이들은 캠프에서 만난 타 지점 직원들의 이름은 정확하게 기억하고 있다. 하지만 그들이 어느 지역에서 일하고 있는지에 대해서는 그렇지 않다.

(나) 이 사원 : 甲은 대구, 乙이 울산에서 일한다고 했지. 丙이 부산 지점이라고 했고.
김 사원 : 甲이랑 乙이 울산에서 일한다고 했지. 丙은 부산이 맞고.
정 사원 : 다 틀렸어. 丙이 울산이고 乙이 대구에서, 甲이 부산에서 일한다고 했어.

(다) 세 명의 직원들은 캠프에서 만난 직원들에 대하여 각각 단 한 명씩의 일하는 지역을 알고 있으며 캠프에서 만난 직원들이 일하는 지역은 부산, 울산, 대구 지역 외에는 없고, 모두 다른 지역에서 일한다.

	甲	乙	丙
①	대구	울산	부산
②	대구	부산	울산
③	울산	부산	대구
④	부산	울산	대구
⑤	부산	대구	울산

43. 다음 글의 내용이 참일 때, 반드시 거짓인 것은?

> 똑똑한 사람 중에서 믿음직스러운 여자는 모두 인기가 많다. 착한 사람 중에서 미소가 예쁜 남자는 모두 인기가 많다. "인기가 많지 않지만 멋진 남자가 있다."라는 말은 거짓이다. 이숙은 멋지지는 않지만 믿음직스러운 여자다. 지훈이는 인기는 많지 않지만 미소가 예쁜 남자이다. 여자든 남자든 당연히 사람이다.

① 이숙이 인기가 많지 않다면 그녀는 똑똑하지 않은 것이다.

② 이숙이 똑똑해진다면 인기가 많아 질 것이다.

③ 지훈이는 미소가 예쁜 멋진 남자이다.

④ 지훈이는 착하지 않다.

⑤ 착한 사람 중에 인기가 많지 않은 사람이 있다.

44. 다음 글의 내용이 참일 때, 반드시 참인 것은?

> 신메뉴 개발에 성공한다면, 가게에 손님이 늘거나 신메뉴와 함께 먹을 수 있는 메뉴들의 판매량이 늘어날 것이다. 만일 가게의 매출이 상승한다면, 신메뉴 개발에 성공한 것이다. 그리고 만일 가게의 매출이 상승한다면, 새직원을 뽑지 않는다는 전제하에서 가게의 순수입이 늘어난다. 손님이 늘진 않았지만 가게의 매출은 상승했다. 그러나 새직원을 뽑는다면, 인건비 상승으로 순수입은 늘지 않는다. 반드시 새직원을 뽑아야 한다.

① 다른 메뉴들의 판매량이 늘어난다.

② 순수입이 늘어난다.

③ 신메뉴 개발에 성공한다면, 순수입이 늘어난다.

④ 신메뉴 개발에 성공한다면, 새직원을 뽑지 않아도 된다.

⑤ 신메뉴 개발에 성공한다고 해도 매출이 상승하지 않을 수 있다.

45. 카페에서 메뉴를 정하는데, A ~ G는 커피와 주스 중 하나를 고르기로 하였다. 이들의 의견이 다음과 같을 때 주스를 주문할 사람의 최소 인원은?

> ⊙ A나 B가 커피를 주문하면, C와 D도 커피를 주문한다.
> ⓒ B나 C가 커피를 주문하면, E도 커피를 주문한다.
> ⓒ D는 주스를 주문한다.
> ② E와 F가 커피를 주문하면, B나 D 중 적어도 하나는 커피를 주문한다.
> ⑩ G가 주스를 주문하면, F는 커피를 주문한다.

① 2명

② 3명

③ 4명

④ 5명

⑤ 6명

46. 놀이기구 이용과 관련한 다음 명제들을 통해 추론한 설명으로 올바른 것은 어느 것인가?

> • 우주특급을 타 본 사람은 공주의 모험도 타 보았다.
> • 공주의 모험을 타 본 사람은 자이로스핀도 타 보았다.
> • 자이로스핀을 타 본 사람은 번지번지를 타 보지 않았다.
> • 번지번지를 타 본 사람은 기차팡팡을 타 보지 않았다.
> • 기차팡팡을 타 본 사람은 우주특급을 타 보지 않았다.

① 자이로스핀을 타 보지 않은 사람은 우주특급을 타 보았다.

② 번지번지를 타 본 사람은 우주특급을 타 보지 않았다.

③ 기차팡팡을 타 보지 않은 사람은 자이로스핀을 타 보았다.

④ 공주의 모험을 타 본 사람은 기차팡팡을 타 보았다.

⑤ 자이로스핀을 타 보지 않은 사람은 번지번지를 타 보았다.

47. 다음은 국가시험에 대한 자료이다. 시험의 일부 면제 대상이 되지 않는 경우는?

○ 응시자격
제한 없음

○ 시험 과목
- 1차 시험 : 「상법」 보험편, 「농어업재해보험법령」 및 농업재해보험손해평가요령(농림축산식품부고시 제2015-20호), 농학 개론 중 재배학 및 원예작물학
- 2차 시험 : 농작물재해보험 이론과실무, 농작물재해보험 손해평가 이론과 실무

○ 합격자 결정방법
- 매 과목 100점을 만점으로 하여 매 과목 40점 이상과 전 과목 평균 60점 이상인 사람을 합격자로 결정

○ 시험의 일부면제
- 시험에 의한 제1차 시험 면제
  제1차 시험에 합격한 사람에 대해서는 다음 회에 한정하여 제1차 시험을 면제함.(단 경력서류제출로 제1차 시험 면제된 자는 농어업재해보험법령이 개정되지 않는 한 계속 면제)
- 손해평가인으로 위촉된 기간이 3년 이상인 사람으로서 손해평가 업무를 수행한 경력이 있는 사람(「농어업재해보험법」 제11조 제1항)
- 손해사정사(「보험업법」 제186조)
- 아래 인정기관에서 손해사정 관련 업무에 3년 이상 종사한 경력이 있는 사람
- -「금융위원회의 설치 등에 관한 법률」에 따라 설립된 금융감독원
- -농업협동조합중앙회
- -「보험업법」 제4조에 따른 허가를 받은 손해보험회사
- -「보험업법」 제175조에 따라 설립된 손해보험협회
- -「보험업법」 제187조 제2항에 따른 손해사정을 업(業)으로 하는 법인
- -「화재로 인한 재해보상과 보험가입에 관한 법률」 제11조에 따라 설립된 한국화재보험협회

---

① 농업협동조합중앙회에서 4년 전부터 일하고 있는 A 씨
② 손해사정사 자격으로 1년간 일한 경력이 있는 B 씨
③ 직전 회차 1차 시험에서 과목별로 55점, 62점, 72점을 받은 C 씨
④ 손해평가 업무를 해본 적은 없지만 손해평가인으로 위촉된 기간이 5년 이상인 D 씨
⑤ 법에 따라 설립된 한국화재보험협회에서 4년간 일한 경력이 있는 E 씨

▎48~49 ▎ 아래의 글을 보고 물음에 답하시오.

A : 이번 조 작가님의 소설이 20주 동안 판매율 1위입니다. 이 소설을 영화화하는 건 어떨까요?

B : 영화화하긴 무리가 있는 것 같습니다.

A : 왜요? 소설을 읽어 보셨나요?

B : 소설을 읽어 본 것은 아니지만 지난번 강 작가의 소설도 영화로 만들다가 흥행은커녕 손익분기점도 넘기지 못했지 않습니까. 소설로 만들어진 작품은 영상으로 옮기는 데에 한계가 있어요.

C : 아무래도 그렇죠. 강 작가님 소설도 오랫동안 베스트셀러였는데, 아무래도 대중들은 소설을 영화화한 작품을 좋아하지 않는 것 같아요.

---

48. 주어진 대화에 나타난 논리적 오류의 유형은?

    ① 인신공격의 오류

    ② 성급한 일반화의 오류

    ③ 힘에 의존하는 오류

    ④ 논점 일탈의 오류

    ⑤ 감정에 호소하는 오류

49. 위 대화에서 나타난 논리적 오류와 다른 유형의 오류가 나타나고 있는 것은?

    ① 내 친구들은 20살이 넘어서는 만화를 안 봐. 만화는 어린이들만 보는 거야.

    ② 내가 A대학 학생과 토론을 해봤는데 별로 아는 게 없더라. A대학생들은 무식한 것 같아.

    ③ 쟤 머리색 좀 봐봐. 저것만 봐도 쟤네 집안이 어떤 집안인지 알겠다.

    ④ 이 대리는 나랑 친하니까 이따 내 기획안에 찬성해 줘.

    ⑤ 지난주에 골목에서 교복을 입고 담배를 피는 애들을 봤어. 요즘 애들은 다 버릇이 없다니까.

50. 다음은 상습체납자에 대한 자료이다. 이에 대한 설명으로 옳지 않은 것은?

제00조(포상금의 지급) 국세청장은 체납자의 은닉재산을 신고한 자에게 그 신고를 통하여 징수한 금액에 다음 표의 지급률을 적용하여 계산한 금액을 포상금으로 지급할 수 있다. 다만 포상금이 20억 원을 초과하는 경우, 그 초과하는 부분은 지급하지 아니한다.

징수금액	지급률
2,000만 원 이상 2억 원 이하	100분의 15
2억 원 초과 5억 원 이하	3,000만 원+2억 원 초과 금액의 100분의 10
5억 원 초과	6,000만 원+5억 원 초과 금액의 100분의 5

제00조(고액·상습체납자 등의 명단 공개) 국세청장은 체납발생일부터 1년이 지난 국세가 5억 원 이상인 체납자의 인적사항, 체납액 등을 공개할 수 있다. 다만 체납된 국세가 이의신청·심사청구 등 불복청구 중에 있거나 그 밖에 대통령령으로 정하는 사유가 있는 경우에는 그러하지 아니하다.

제00조(관허사업의 제한)
① 세무서장은 납세자가 국세를 체납하였을 때에는 허가·인가·면허 및 등록과 그 갱신 (이하 '허가 등' 이라 한다)이 필요한 사업의 주무관서에 그 납세자에 대하여 그 허가 등을 하지 아니할 것을 요구할 수 있다.
② 세무서장은 허가 등을 받아 사업을 경영하는 자가 국세를 3회 이상 체납한 경우로서 그 체납액이 500만 원 이상일 때에는 그 주무관서에 사업의 정지 또는 허가 등의 취소를 요구할 수 있다.
③ 제1항 또는 제2항에 따른 세무서장의 요구가 있을 때에는 해당 주무관서는 정당한 사유가 없으면 요구에 따라야 하며, 그 조치결과를 즉시 해당 세무서장에게 알려야 한다.

제00조(출국금지 요청 등) 국세청장은 정당한 사유 없이 5,000만 원 이상 국세를 체납한 자에 대하여 법무부장관에게 출국금지를 요청하여야 한다.

① 甲은 다른 팀 권 부장이 2억 원 상당의 은닉자산이 있는 것을 신고하여 포상금 3,000만 원을 받았다.
② 乙은 허가를 받아 사업을 경영하는 중에 법에서 정한 정당한 사유 없이 국세 1억 원을 1회 체납한 자로 세무서장은 주무관서에 乙의 허가의 취소를 요구할 수 있다.
③ 丙은 7억 원 상당의 국세를 2018년 1월 12일부터 2020년 8월 10일 현재까지 체납하고 있으므로 국세청장은 丙의 체납자의 인적사항, 체납액 등을 공개할 수 있다.
④ 丁은 법에서 정한 정당한 사유 없이 6,500만 원이 국세를 체납하여 출국금지 대상이 되었다.
⑤ 주무관서는 세무서장의 요구에 따라 고액상습 체납자의 허가 등을 취소한 후 그 결과를 즉시 해당 세무서장에게 알려야 한다.

▌51~52▐ 다음은 △△보일러의 소비자 분쟁해결기준이다. 물음에 답하시오.

분쟁유형	해결기준	비고
1) 구입 후 10일 이내에 정상적인 사용상태에서 발생한 성능·기능상의 하자로 중요한 수리를 요할 때	제품교환 또는 구입가 환급	교환 및 환급에 따른 비용계산 : 제설비에 따른 시공비용 포함
2) 구입 후 1개월 이내에 정상적인 사용상태에서 발생한 성능·기능상의 하자로 중요한 수리를 요할 때	제품교환 또는 무상 수리	
3) 품질보증기간 이내에 정상적인 사용상태에서 발생한 성능·기능상의 하자발생 – 하자 발생 시 – 수리 불가능 시 – 교환 불가능 시 – 교환제품이 1개월 이내 수리를 요할 때	 무상수리 제품교환 또는 구입가 환급 구입가 환급 구입가 환급	품질보증기간 이내에 동일 하자에 대해 2회까지 수리하였으나 하자가 재발하는 경우 또는 여러 부위 하자에 대해 4회까지 수리하였으나 하자가 재발하는 경우는 수리 불가능한 것으로 봄
4) 수리용 부품을 보유하고 있지 않아 (부품의무 보유기간 이내) 발생한 피해 – 품질보증기간 이내 • 정상적인 사용상태에서 성능·기능상의 하자로 인해 발생한 경우 • 소비자의 고의·과실로 인한 고장인 경우 – 품질보증기간 경과 후	 제품교환 또는 환급 정액감가상각비 공제 후 환급 또는 제품교환 정액감가상각 한 잔여금액에 구입가의 10%를 가산하여 환급	감가상각 한 잔여금의 계산은 구입가 – 감가상각비
5) 품질보증기간 이내에 시공 상의 하자가 있는 경우	무상수리 또는 배상 (시공업자책임)	

51. 다음은 △△보일러의 소비자상담센터에 올라온 글이다. 문의사항에 대한 적절한 대응은?

> 제목 : 제품 A/S 문의
> 작성일 : 20XX년 8월 7일
>
> 올해 봄에 △△보일러를 샀습니다. 제품을 정상적으로 사용하고 있던 중에 같은 문제로 세 번이나 수리를 했는데 또 고장이 났습니다. 품질보증기간은 2년인데, 더는 고쳐도 고쳐질 것 같지도 않은데 그냥 환불 받을 수는 없나요?

① 해당 제품은 품질 보증기간을 경과하였으므로 유상수리만이 가능합니다.

② 같은 하자사항에 대해서는 4회까지 수리받으시면 동일 상품으로 교환 가능합니다.

③ 해당 제품의 경우 소비자의 고의 · 과실로 인한 고장으로 정액감가상각한 잔여금액에 구입가의 10%를 가산하여 환급 가능합니다.

④ 품질보증기간 이내에 동일 하자에 대해 2회 이상 수리하셨으므로 수리 불가능한 것으로 보아 구입가 환불 가능합니다.

⑤ 해당 제품의 경우 제설비에 따른 시공비용만 지불하시면 다시 수리 받으실 수 있습니다.

52. 소비자의 고의 · 과실로 보일러가 망가졌다. 품질보증기간과 부품의무보유기간 내에 수리를 요구했지만 해당 제품의 부품이 존재하지 않아 수리가 불가능하게 되었다. 소비자가 환불을 원할 때, 소비자는 해당 제품을 50만 원에 구매하였고, 감가상각비는 12만 원이다. 소비자에게 얼마를 환불해 줘야 해야 하는가?

① 54만 원

② 51만 원

③ 49만 원

④ 41만 원

⑤ 38만 원

53. 甲사의 인사 담당자 김 대리는 최종 선발을 앞두고 지원자 A 씨가 작년에 음주운전 교통사고로 인해 집행유예 6개월을 선고받은 사실을 알게 되었다. 채용 규정에 따라 A 씨의 채용 취소 사유를 써낼 때 ㉠ ~ ㉤ 중 해당하는 사유는?

〈2022년 상반기 신입사원 채용 안내문〉

1. 채용 분야 및 인원

분야	인원	비고
일반	지역별 10명	지역 단위
IT(전산)	13명	전국 단위
IT(기술)	5명	

2. 지원 자격
• 학력 및 전공 : 제한 없음
• 연령 및 성별 : 제한 없음
• 병역 : 남자의 경우 병역필 또는 면제자(22.1.31.까지 병역필 가능한자 포함)

3. 신규 채용 결격 사유
• 피성년후견인 · 피한정후견인 · 피특정후견인
• ㉠ 파산자로서 복권되지 아니한 자
• ㉡ 금고 이상의 형을 선고 받고 그 집행이 종료되거나 집행을 받지 아니하기로 확정된 후 3년이 경과되지 아니한 자
• ㉢ 금고 이상의 형을 선고 받고 그 집행유예의 기간이 만료된 날부터 1년이 경과 되지 아니한 자
• ㉣ 금고 이상의 형의 선고유예를 받고 그 선고유예기간 중에 있는 자
• ㉤ 징계 해직의 처분을 받고 2년이 경과되지 아니한 자
• 법원의 판결 또는 법률에 의하여 자격이 상실 또는 정지된 자
• 병역의무를 기피 중인 자
• 부정한 채용 청탁을 통해 합격된 사실이 확인된 자
• 그 외 채용 전 파렴치 범죄, 폭력 및 경제 관련 범죄, 기타 불량한 범죄를 범하여 직원으로 부적당하다고 인정되는 자

4. 전형 절차

단계	구분	문항 수	시간	비고
2차 필기	인 · 적성평가	객관식 325문항	45분	–
	직무능력평가	객관식 50문항	70분	–
	직무상식평가	객관식 30문항	25분	–
3차 면접	집단 면접	–	–	5 ~ 6명이 1조를 이루어 多대多 면접으로 진행
	토의 면접	–	–	주어진 주제 및 상황에 대하여 지원자 간, 팀 간 토의 형식으로 진행

※ 상기 내용은 일부 변경될 수 있음

① ㉠

② ㉡

③ ㉢

④ ㉣

⑤ ㉤

54. 다음은 귀휴 허가를 위한 지침의 일부이다. 다음 중 귀휴를 허가 할 수 없는 수형자는 누구인가? (단, 수형자 甲～戊의 교정성적은 모두 우수하고, 귀휴를 허가할 수 있는 일수는 남아있다)

제00조

① 교도소・구치소 및 그 지소의 장(이하 '소장'이라 한다)은 6개월 이상 복역한 수형자로서 그 형기의 3분의 1(21년 이상의 유기형 또는 무기형의 경우에는 7년)이 지나고 교정성적이 우수한 사람이 다음 각 호의 어느 하나에 해당하면 1년 중 20일 이내의 귀휴를 허가할 수 있다.
   1. 가족 또는 배우자의 직계존속이 위독한 때
   2. 질병이나 사고로 외부의료시설에의 입원이 필요한 때
   3. 천재지변이나 그 밖의 재해로 가족, 배우자의 직계존속 또는 수형자 본인에게 회복할 수 없는 중대한 재산상의 손해가 발생하였거나 발생할 우려가 있는 때
   4. 직계존속, 배우자, 배우자의 직계존속 또는 본인의 회갑일이나 고희일인 때
   5. 본인 또는 형제자매의 혼례가 있는 때
   6. 직계비속이 입대하거나 해외유학을 위하여 출국하게 된 때
   7. 각종 시험에 응시하기 위하여 필요한 때
② 소장은 다음 각 호의 어느 하나에 해당하는 사유가 있는 수형자에 대하여는 제1항에도 불구하고 5일 이내의 귀휴를 특별히 허가할 수 있다.
   1. 가족 또는 배우자의 직계존속이 사망한 때
   2. 직계비속의 혼례가 있는 때

---

① 징역 1년을 받고 5개월 동안 복역 중인 甲의 장인어른이 위독한 경우
② 징역 3년을 받고 1년 3개월 동안 복역 중인 乙의 둘째 아들이 입대하는 경우
③ 징역 15년을 받고 6년 동안 복역 중인 丙의 회갑일인 경우
④ 징역 30년을 받고 8년 동안 복역 중인 丁의 딸이 결혼을 하는 경우
⑤ 무지징역을 받고 10년 동안 복역 중인 戊가 폐질환으로 외부의료시설에 입원이 필요한 경우

55. 다음의 자료를 보고 A사가 서비스센터를 설립하는 방식과 위치에 대한 설명으로 옳은 것은?

- 휴대폰 제조사 A는 B국에 고객서비스를 제공하기 위해 1개의 서비스센터 설립을 추진하려고 한다.
- 설립방식에는 ㈎ 방식과 ㈏ 방식이 있다.
- A사는 {(고객만족도 효과의 현재가치) − (비용의 현재 가치)}의 값이 큰 방식을 선택한다.
- 비용에는 규제비용과 로열티비용이 있다.

구분		㈎ 방식	㈏ 방식
고객만족도 효과의 현재가치		5억 원	4.5억 원
비용의 현재가치	규제 비용	3억 원(설립 당해 년도만 발생)	없음
	로열티 비용	없음	− 3년간 로열티 비용을 지불함 − 로열티 비용의 현재가치 환산 : 설립 당해 연도는 2억 원 그 다음 해부터는 직전년도 로열티 비용의 1/2씩 감액한 금액

※ 고객만족도 효과의 현재가치는 설립 당해년도를 기준으로 산정된 결과이다.

〈설립위치 선정 기준〉

- 설립위치로 B국의 甲, 乙, 丙 3곳을 검토 중이며, 각 위치의 특성은 다음과 같다.

위치	유동인구(만 명)	20 ~ 30대 비율(%)	교통혼잡성
甲	80	75	3
乙	100	50	1
丙	75	60	2

- A사는 {(유동인구) × (20 ~ 30대 비율)/(교통혼잡성)} 값이 큰 곳을 선정한다. 다만 A사는 제품의 특성을 고려하여 20 ~ 30대 비율이 50% 이하인 지역은 선정대상에서 제외한다.

① B국은 유동인구가 많을수록 20 ~ 30대 비율이 높다.

② A사는 丙위치에 서비스 센터를 선정한다.

③ ㈎ 방식은 로열티 비용이 없으므로 '(고객만족도 효과의 현재가치) − (비용의 현재 가치)'는 5억 원이다.

④ A는 교통혼잡성이 가장 낮은 곳을 선택하게 된다.

⑤ A사는 ㈏ 방식을 선택할 수 있다.

56. 甲 사무관은 빈곤과 저출산 문제를 해결하기 위한 대안을 분석 중이다. 이에 대해 마련한 대안 중 예산의 규모가 가장 큰 대안은 무엇인가?

> - 전체 1,500가구는 자녀 수에 따라 네 가지 유형으로 구분할 수 있는데, 그 구성은 무자녀 가구 300가구, 한 자녀 가구 600가구, 두 자녀 가구 500가구, 세 자녀 이상 가구 100가구이다.
> - 전체 가구의 월 평균 소득은 200만 원이다.
> - 각 가구 유형의 30%는 맞벌이 가구이다.
> - 각 가구 유형의 20%는 빈곤 가구이다.

① 모든 빈곤 가구에게 전체 가구 월 평균 소득의 25%에 해당하는 금액을 가구당 매월 지급한다.

② 한 자녀 가구에는 10만 원, 두 자녀 가구에는 20만 원, 세 자녀 이상 가구에는 30만 원을 가구당 매월 지급한다.

③ 자녀가 있는 모든 맞벌이 가구에 자녀 1명당 30만 원을 매월 지급한다. 다만, 세 자녀 이상의 맞벌이 가구에는 일률적으로 가구당 100만 원을 매월 지급한다.

④ 자녀가 2명 이상인 맞벌이 가구에는 40만 원을, 세 자녀 이상인 맞벌이 가구에는 80만 원을 매월 지급하며, 빈곤 가구에 가구당 매월 10만 원씩 추가 지급한다.

⑤ 자녀가 있는 가구 중 빈곤 가구에게 월 평균 소득의 30%에 해당하는 금액을 가구당 매월 지급한다.

┃57~58┃ 다음을 신사업 추진을 위해 도시를 선정하기 위한 기준에 대한 자료이다. 이어지는 물음에 답하시오.

〈선정기준〉

• 심사의 평가지표는 '지원평가'와 '실적점수' 두 부문으로 구분된다.
• 지원평가는 7가지 조건(조례안, 중장기 수립계획, 여론호감도, 전담부서, 협의회 운영, 기술지원, 결의문 채택) 중 5개 이상이 충족되어야 하고, 대응투자액으로 1억 원 이상을 확보해야 통과된다.
• 실적점수는 기술력 추진 전략·기획에 대한 평가를 중심으로 하며, 심사위원(ㄱ, ㄴ, ㄷ, ㄹ, ㅁ)별 점수 중 최고점과 최저점을 제외한 나머지 점수의 합계로 산출한다.
• 지원평가를 통과한 도시 중 실적점수가 높은 순으로 5개의 도시가 선정되나, 실적점수가 같은 도시가 있을 경우 모두 선정하고 권역별 안배를 고려하여 각 권역별 최소 1개 이상의 도시가 선정되어야 한다.

〈지원평가 : 지원도시별 현황〉 (단위 : 천 원)

권역	도시	대응 투자액	기반평가 조건 충족 여부						
			조례안	중장기 수립계획	여론 호감도	전담 부서 유무	협의회 운영	기술 지원	결의문 채택
I	A	52,383	○	×	×	○	×	○	×
	B	191,300	○	○	○	○	○	×	○
	C	432,423	×	○	×	×	○	○	○
II	D	300,000	○	○	○	○	×	○	○
	E	100,000	○	○	○	○	○	○	○
	F	160,000	○	×	○	×	○	○	×
III	G	150,000	○	○	×	×	○	○	○
	H	100,000	○	○	○	○	×	×	○
IV	I	70,000	○	○	×	○	○	○	×
	J	123,000	×	○	○	○	○	×	○

〈실적점수〉 (단위 : 점)

도시	ㄱ	ㄴ	ㄷ	ㄹ	ㅁ
A	97	87	90	80	60
B	86	90	87	70	95
C	46	55	61	43	87
D	97	60	55	80	65
E	91	90	57	50	55
F	67	90	77	40	80
G	55	87	65	45	95
H	81	40	67	55	78
I	90	96	60	80	80
J	95	90	56	70	55

57. 주어진 자료에 따라 선정된 5개의 도시를 실적점수가 높은 순으로 나열한 것으로 바른 것은?

① B, A, F, J, G

② B, A, J, G, D

③ B, J, G, D, E

④ B, F, J, G, D

⑤ B, A, I, F, J

58. 제시된 조건에서 전 도시에 대응투자액이 3,000만 원씩 증액 되었을 때 선정된 5개의 도시를 실적점수가 높은 순으로 나열한 것으로 바른 것은?

① B, A, F, J, G

② B, I, J, G, D

③ B, J, G, D, E

④ B, F, J, G, D

⑤ B, A, I, F, J

59. 다음은 〈미혼모 자립 지원 사업 보조금 지급 기준〉과 〈미혼모 보호시설 현황〉에 대한 자료이다. 이를 기준으로 지급받을 수 있는 보조금의 총액이 가장 큰 시설과 가장 작은 시설을 순서대로 나열한 것은? (단, 4개 보호시설의 종사자에는 각 1명의 시설장(長)이 포함되어 있다.)

〈미혼모 자립 지원 사업 보조금 지급 기준〉

1. 미혼모 보호시설 운영비
   - 종사자 1 ~ 2인 시설 : 240백만 원
   - 종사자 3 ~ 4인 시설 : 320백만 원
   - 종사자 5인 이상 시설 : 400백만 원

   ※ 단, 평가등급이 1등급인 보호시설에서는 해당 지급액의 100%를 지급하지만, 2등급인 보호시설에는 80%, 3등급인 보호시설에는 60%를 지급한다.

2. 미혼모 보호시설 사업비
   - 종사자 1 ~ 3인 시설 : 60백만 원
   - 종사자 4인 이상 시설 : 80백만 원

3. 미혼모 보호시설 종사자 장려수당
   - 종사자 1인당 50만 원

   ※ 단 종사자가 5인 이상인 보호시설의 경우 시설장에게는 장려수당을 지급하지 않는다.

4. 미혼모 보호시설 입소자 간식비
   - 입소자 1인당 1백만 원

〈미혼모 보호시설 현황〉

보호시설	종사자 수(인)	입소자 수(인)	평가등급
A	4	7	1
B	2	8	1
C	4	10	2
D	5	12	3

① B, D

② C, D

③ C, B

④ D, A

⑤ D, B

60. N사에서 5개의 프로젝트를 진행하려고 한다. 다음 주어진 조건과 상황에 따라 5개 프로젝트가 완료되기까지의 총 소요시간은 얼마겠는가?

- 5개의 프로젝트에 투입할 수 있는 전문가는 총 7명이다.
- 전문가는 모든 프로젝트에 참여할 수 있지만, 동시에 한 개의 프로젝트에만 참여할 수 있으며 참여한 프로젝트가 종료되면 다음 날 다른 프로젝트에 투입된다.
- 프로젝트에는 필요한 인원이 동시에 투입되어야 한다. 예를 들어, 3명이 필요한 프로젝트에는 프로젝트 시작점에 3명이 동시에 투입되어야 한다.
- 모든 전문가의 생산성은 동일하다.

프로젝트명	甲	乙	丙	丁	戊
투입 인원	3명	4명	3명	2명	4명
소요시간	2일	3일	5일	4일	2일

① 8일
② 9일
③ 10일
④ 11일
⑤ 12일

61. 귀하는 기업 홍보 담당자이다. 아래의 자료를 근거로 판단할 때 선택할 광고 수단은?

- 주어진 예산은 월 3천만 원이며, 담당자는 월별 공고 효과가 가장 큰 광고 수단 하나만을 선택한다.
- 광고비용이 예산을 초과하면 해당 광고 수단은 선택하지 않는다.
- 광고 효과는 아래와 같이 계산한다.

$$광고\ 효과 = \frac{총광고횟수 \times 회당광고노출자수}{광고비용}$$

- 광고 수단은 한 달 단위로 선택한다.

광고 수단	광고 횟수	회당 광고 노출자 수	월 광고 비용(천 원)
TV	월 3회	100만 명	30,000
버스	일 1회	10만 명	20,000
지하철	일 60회	2천 명	25,000
SNS	일 50회	5천명	30,000
포털사이트	일 70회	1만 명	35,000

① TV
② 버스
③ 지하철
④ SNS
⑤ 포털사이트

62. 다음 글과 〈A상담소 별점 산정 기초자료〉를 근거로 판단할 때, 2018년 1월 최우수사원으로 뽑힐 사원은?

A상담소는 상담업무 시 서비스 능률을 올리기 위해 2018년 1월부터 별점을 부과하여 인사고과에 반영하려 한다. 이를 위해 매달 직원들의 고객평가 점수를 조사하여 다음과 같은 〈별점 산정 방식〉에 따라 별점을 부과한다. 2018년 1월 한 달 동안 직원들의 업무처리 건수는 1인당 100건으로 동일하다.

〈별점 산정 방식〉
- 고객만족도 중상은 1건당 10점, 고객만족도 상은 1건당 20점씩 별점을 부여하여 이를 합산한다.
- 전월 고객 클레임 건수가 10회 이상인 경우 합산한 별점에서 80점을 차감하여 월별 최종 별점을 계산한다.
- 별점 부과 대상은 월별 최종 별점이 400점 이상이면서 월별 우수고객평가 건수(상, 중상) 발생 비율이 30% 이상인 직원이다.
- 월별 별점이 가장 높은 사원이 최우수사원으로 선정된다.

※ 우수고객평가 건수 발생 비율(%) = $\dfrac{\text{우수고객평가 건수}}{\text{업무처리 건수}} \times 100$

〈A기관 별점 산정 기초자료〉

직원	우수고객평가 건수(건)		전월 클레임 건수(건)
	고객평가 중상	고객 평가 상	
甲	5	20	5
乙	10	20	7
丙	15	15	11
丁	20	10	4
戊	30	10	13

① 甲
② 乙
③ 丙
④ 丁
⑤ 戊

63. 정 대리가 〈보기〉와 같은 업무를 처리하기 위하여 연관되어 있는 팀만으로 나열된 것은 어느 것인가?

보기

　정 대리는 오늘 안에 반드시 처리해야 할 사안들을 정리하고 있다. 정 대리는 오늘 오전 회의에 들어가기 전에 전년도 경영실적 관련 자료를 받아서 정리해야 하고 회의가 끝나면 팀의 새로운 프로젝트의 기획안을 관련 부서에 보내야 한다. 오후에는 다음 주에 본사를 방문할 예정인 해외 바이어의 차량일정을 확인하여 상사에게 보고 해야 하며, 오늘 안에 자신의 지난 분기 상벌점 점수도 확인해야 한다.

① 인사팀, 기획팀, 외환팀

② 회계팀, 기획팀, 총무팀, 인사팀

③ 회계팀, 기획팀, 외환팀, 총무팀

④ 총무팀, 인사팀, 기획팀, 회계팀

⑤ 기획팀, 인사팀, 회계팀, 총무팀

64. 다음 빈칸에 들어갈 조직 형태는 무엇인가?

S금융, 계열사 IB · 글로벌 (　　　) 조직화

　S금융그룹이 S은행, S생명, S캐피탈, S금융투자, S카드 등 각 계열사 IB부문과 글로벌 부문을 통합해 (　　　) 조직화한다.

　(　　　) 조직이란 프로젝트 조직과 기능식 조직을 절충한 방식으로 구성원 개인을 원래의 종적 계열과 함께 횡적 또는 프로젝트 팀의 일원으로서 임무를 수행하게 하는 조직 형태다. 한 사람의 구성원이 동시에 두 개 부문에 속하게 된다. (　　　) 조직은 프로젝트가 끝나면 원래 조직 업무를 수행한다는 특징이 있다.

　22일 금융업계에 따르면 S금융은 조만간 계열사별 IB, 글로벌 부문을 통합 관리하는 조직을 확대 개편할 예정이다. 우선 IB부문은 기존 S은행과 S금투의 IB부문이 합쳐진 CIB그룹에 S생명, S캐피탈의 IB부문을 결합해 GIB(group investbank)로 확대할 계획이다. S금융지주는 GIB (　　　) 조직 규모를 3개 본부 이상으로 키울 것으로 알려졌다.

　글로벌 부문도 S은행, S카드, S금융투자, S생명, S캐피탈 내 글로벌 조직을 (　　　) 형태로 바꿔 그룹 해외 전략을 총괄하게 될 전망이다. S금융지주는 다음 주 조직개편안을 확정하고 다음 달 조직개편을 단행할 전망이다.

① 네트워크　　　　　　　　　② 사업부

③ 수평구조　　　　　　　　　④ 기능구조

⑤ 매트릭스

NCS기반 채용 직무 설명자료 : 정보기술

[채용분야]

대분류	중분류	소분류	세분류
20. 정보통신	01. 정보기술	02. 정보기술개발	02. 응용SW엔지니어링 03. DB엔지니어링
		03. 정보기술운영	01. IT시스템 관리
		04. 정보기술관리	01. IT프로젝트 관리

[공단 주요 사업]
• 능력개발, 자격검정, 외국인고용지원, 해외취업/국제교육협력, 숙련기술 진흥/기능경기대회, 국가직무능력표준(NCS)

[직무수행내용]
• (응용SW엔지니어링) 요구사항 확인, 어플리케이션 설계 및 구현, 화면 구현, 데이터입출력 및 통합구현, 개발자 테스트, 정보시스템 이행, 소프트웨어 패키징 등
• (DB엔지니어링) 데이터베이스 요구사항 분석, 개념데이터 모델링, 논리 및 물리 데이터베이스 설계, 데이터베이스 구현 및 성능 확보, 데이터 품질관리 · 표준화 등
• (IT시스템 관리) IT시스템운영기획, 자원획득관리, 서비스 수준관리, 통합관리, 응용SW 운영관리, HW · NW · DB운영관리, 보안관리 및 시스템 사용자 지원 등
• (IT프로젝트 관리) IT프로젝트 기획 · 통합 · 범위 · 일정 · 원가 · 인적자원 · 품질 · 위험 · 의사소통 · 조달 · 변경 · 보안 · 구축 · 성과 관리 등

[필요기술]
• (응용SW엔지니어링) 개발에 필요한 프로그래밍 언어 및 도구 활용능력, 기술 영역별 미들웨어/솔루션 활용, 데이터 연계/이관 도구 활용 능력, 소스 코드 인스펙션 능력, 애플리케이션 모니터링 도구 활용 능력 등
• (DB엔지니어링) 현행 정보시스템 모델 분석기술, 요구사항 정의서 작성 기술, 단일행 함수와 집계함수를 사용하여 데이터를 조회하는 select 명령문 작성기술, 데이터베이스 물리 구조에 대한 생성 및 관리 기술, 내부조인 · 외부조인 · 셀프조인을 구분하여 사용하는 능력 등
• (IT시스템 관리) 어플리케이션 환경 이해 및 운영 기술, 의사소통 능력, 정보 수집 및 관리 능력, 네트워크분석· 운영관리 기술, 데이터 복구 프로그램 사용 기술, 문서화 작성 및 발표 능력, 위험요인 사전식별 및 장애조치 능력, 침해사고 대응 및 복구 절차 능력 등
• (IT프로젝트 관리) 프로젝트 계획 능력, 사용자 기능 · 비기능 요구사항을 기술할 수 있는 능력, 커뮤니케이션 기술, 프로젝트 상황분석 및 미래예측 기술, 위험 대응 전략에 따른 대응계획 수립 능력, 단계별 외주 개발처의 성과를 평가할 수 있는 능력, 보안관리 프로세스의 준수여부를 평가할 수 있는 능력 등

[필요자격]
• 정보기술(IT) 관련 전문지식 및 경험 보유자

65. 위의 채용 직무설명 자료를 정확하게 이해한 사람을 모두 고르면?

> 갑 : W공단에서 채용하는 정보기술 분야는 세분류로 응용SW엔지니어링, DB엔지니어링, IT시스템 관리,
> IT프로젝트 관리 등과 관련이 있네.
> 을 : W공단은 외국인고용지원, 해외취업/국제교육협력, 숙련기술 진흥/기능경기대회 등을 진행하는 공단
> 이야.
> 병 : 정보기술 분야에 지원하기 위해선 정보기술 관련 전문 자격증이 있어야 해.
> 정 : IT프로젝트 관리에는 단순히 기획이나 품질 관리뿐만 아니라 IT프로젝트 통합 · 범위 · 일정 · 원가 ·
> 인적자원 · 위험 · 의사소통 · 조달 · 변경 · 보안 · 구축 · 성과 관리 등 다양한 직무를 수행해야 하네.

① 갑, 을
② 갑, 정
③ 갑, 을, 병
④ 을, 병
⑤ 갑, 을, 정

66. 위의 채용공고를 참고하여 유추할 수 있는 내용으로 올바른 것은?

① 어플리케이션 설계 및 구현, 화면 구현 등은 IT시스템 관리를 위한 직무이다.
② 현행 정보시스템 모델 분석기술, 요구사항 정의서 작성 기술 등을 이용하여 데이터베이스 요구사항 분석,
논리 및 물리 데이터베이스 설계 등을 수행할 수 있다.
③ IT시스템 관리, IT프로젝트 관리는 정보기술운영에 관한 역량이다.
④ NCS 기반 채용이기 때문에 대분류, 중분류, 소분류, 세분류에 따라 각각 지원자들을 구분하여 채용한다.
⑤ 지원자들은 '필요기술'에 나타난 기술을 모두 보유하고 있어야 한다.

67. 맥킨지 7S 모형에서 조직의 구성요소에 해당하는 것을 모두 고른 것은?

㉠ 진취	㉡ 전략
㉢ 조직구조	㉣ 구성원
㉤ 지도자	㉥ 시스템

① ㉠㉢㉤㉥

② ㉠㉡㉢

③ ㉡㉢㉣㉥

④ ㉡㉢㉤

⑤ ㉠㉢㉣㉥

68. 다음은 ◇◇ 기업의 조직도이다. 주어진 자료를 바르게 해석하지 못한 것은?

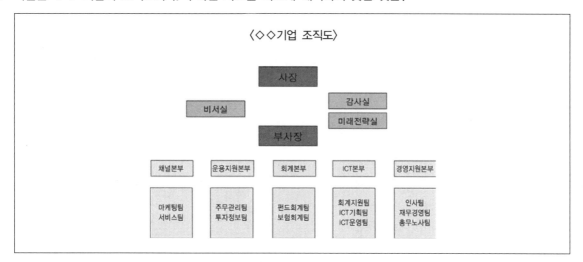

〈◇◇기업 조직도〉

① 비서실은 따로 소속이 없으며 사장에게 직접 보고를 한다.

② 인사팀은 부사장 산하의 경영지원본부에 속해있다.

③ 사장과 직접 업무라인이 연결되어 있는 조직원은 4명이다.

④ 마케팅팀과 서비스팀은 모두 채널본부에 소속되어 있다.

⑤ 펀드회계팀과 회계지원팀은 본부장 결재 사항인 직원 경조사비에 대한 결제를 회계본부장에게 받는다.

┃69~70┃ 다음 甲기업의 〈결재규정〉을 보고 이어지는 물음에 답하시오.

〈결재규정〉

• 결재를 받으려는 업무에 대해서는 최고결재권자(사장)를 포함한 이하 직책자의 결재를 받아야 한다.
• '전결'이라 함은 회사의 경영활동이나 관리활동을 수행함에 있어 의사 결정이나 판단을 요하는 일에 대하여 최고결재권자의 결재를 생략하고, 자신의 책임하에 최종적으로 의사 결정이나 판단을 하는 행위를 말한다.
• 전결사항에 대해서도 위임 받은 자를 포함한 이하 직책자의 결재를 받아야 한다.
• 표시내용 : 결재를 올리는 자는 최고결재권자로부터 전결 사항을 위임 받은 자가 있는 경우 결재란에 전결이라고 표시하고 결재가 불필요한 직책자의 결재란은 상향대각선으로 표시한다.
• 최고결재권자의 결재사항 및 최고결재권자로부터 위임된 전결사항은 아래의 표에 따른다.

〈전결규정〉

구분	내용	금액기준	결재서류	팀장	본부장	사장
출장비	출장 유류비, 출장 식대비	30만 원 이하	출장계획서, 청구서	■	●	
		30만 원 초과			■	●
교육비	교육비, 외부교육비 포함	50만 원 이하	기안서, 법인카드 신청서	● ■		
		50만 원 초과			● ■	
접대비	영업처 식대비, 문화접대비	40만 원 이하	접대비지출품의서, 지출결의서	■	●	
		40만 원 초과		■		●
경조사비	직원 경조사비	20만 원 이하	기안서, 경조사비지출품의서		● ■	
		20만 원 초과			■	●

● : 지출결의서, 법인카드신청서, 각종 신청서 및 청구서

■ : 기안서, 출장계획서, 접대비지출품의서, 경조사비지출품의서

69. 다음은 위 결재규정을 바르게 이해하지 못한 것은?

① 영업팀 강 사원은 영업처 식대비로 50만원 상당의 접대비지출품의서를 팀장님께 결재받았다.

② 서비스팀장은 시간당 20만 원을 지불해야 하는 강사를 초청하여 3시간 교육을 받을 예정이며 기안서를 작성해 본부장님께 최종 결재를 받았다.

③ 보험회계팀 윤 대리는 35만 원을 상당의 문화접대비 지출결의서를 본부장님께 결재를 받았다.

④ 주문관리팀 이 사원의 부친상으로 법인카드신청서와 지출결의서를 본부장님께 최종 전결 받았다.

⑤ 박 사원은 지방출장으로 유류비 15만 원과 식대비 10만 원 지불하고 본부장님께 청구서를 제출하였다.

70. 기획팀 사원인 슬기 씨는 지방출장으로 유류비 10만 원과 식대비 30만 원을 지불하였다. 다음의 결제규정에 따라 슬기 씨가 작성한 결재 양식으로 옳은 것은?

①

출장계획서			
결재	담당	팀장	본부장	최종결재
	슬기	전결		팀장

②

출장계획서			
결재	담당	팀장	본부장	최종결재
	슬기		전결	본부장

③

출장계획서			
결재	담당	팀장	본부장	최종결재
	슬기		전결	사장

④

청구서			
결재	담당	팀장	본부장	최종결재
	슬기	전결		팀장

⑤

청구서			
결재	담당	팀장	본부장	최종결재
	슬기		전결	본부장

1. 다음에서 밑줄 친 단어와 의미상의 쓰임이 같은 것을 고르면?

> 일 년이 지난 오늘, 왜 갑자기 나를 찾아왔는지 감을 <u>잡을 수 없었다.</u>

① 우리 가족은 10월로 이사 날짜를 <u>잡았다.</u>
② 지난 행적들을 샅샅이 뒤져, 실마리를 <u>잡았다.</u>
③ 마음은 급한데 택시를 <u>잡기가</u> 하늘의 별따기다.
④ 한 고등학생이 도둑을 <u>잡아</u> 용감한 시민상을 수상하였다.

2. 다음 밑줄 친 한자어의 음으로 옳은 것은?

> 재해를 당한 농민에게는 조세를 <u>減免</u>해 주었다.

① 감액
② 감면
③ 절감
④ 절약

	풀이종료시간 : [ ] − [ ]
	풀이소요시간 : [ ]분 [ ]초

3. 다음 글의 밑줄 친 ㉠ ∼ ㉣ 중 의미상 어색하지 않은 것은?

> 저소득층을 비롯한 취약가구에 대한 에너지 지원사업은 크게 소득지원, 가격할인, 효율개선 등의 세 가지 ㉠범위로 구분할 수 있으며, 현재 다양한 사업들이 시행되고 있다. 에너지 지원사업의 규모도 지속적으로 확대되어 왔는데, 최근 에너지 바우처 도입으로 현재 총지원규모는 연간 5천억 원을 넘는 것으로 ㉡추정된다. 이처럼 막대한 지원규모에도 불구하고 에너지 지원사업의 성과를 종합적으로 평가할 수 있는 지표는 부재한 실정이다. 그동안 에너지복지와 관련된 연구의 대부분은 기존 지원사업의 문제점을 검토하고 개선방안을 ㉢표출하거나, 필요한 새로운 사업을 개발하고 설계하는 데 중점을 두고 시행되어 왔다. 에너지 지원사업의 효과와 효율성을 제고하기 위해서는 에너지복지의 상태는 어떠한지 그리고 지원사업을 통해 어떤 성과가 있었는지를 체계적이고 합리적으로 평가할 수 있는 다양한 지표의 개발이 필요함에도 불구하고, 이러한 분야에 대한 연구는 상대적으로 ㉣미비하였던 것이 사실이다.

① ㉠

② ㉡

③ ㉢

④ ㉣

4. 다음 중 밑줄 친 단어의 맞춤법이 옳은 문장은?

① 하늘이 뚫린 것인지 <u>몇 날 몇 일</u>을 기다려도 비는 그치지 않았다.

② 스승이란 모름지기 제자들의 마음을 어루만져 줄 수 있는 사람이 <u>되야</u> 한다.

③ 신제품을 <u>선뵀어도</u> 매출에는 큰 영향이 없을 것이다.

④ 나는 미로처럼 <u>얽히고설킨</u> 비탈길을 몇 번이고 오르락내리락했다.

5. 다음 ㉠과 ㉡에 해당하는 접속사로 옳은 것은?

> 복싱은 사각의 링 안에서 손으로 상대방의 신체 전면(前面) 벨트 위쪽을 가격하여 승패를 겨루는 스포츠이다. 복싱은 공이나 다른 기구를 이용하는 경기와는 다르게 몸과 몸이 순간적으로 부딪치면서 이루어지기 때문에 여느 경기보다 민첩성과 순발력이 중요한 경기이다. 초기 형태의 복싱에 관한 기록은 기원전 2500년경부터 나타나기 시작했으며 당시 그리스에서는 오늘날의 복싱과 레슬링을 혼합시킨 판크라치온이라는 경기와 함께 고대 올림픽의 한 종목으로 복싱을 채택하였다. (㉠) 로마시대에는 직업적인 선수들이 등장하여 잔혹한 시합을 벌인 까닭에 로마 황제에 의해 공식적으로 금지되기도 했다. (㉡) 비공식적으로는 계속 행해졌다. 그리고 16세기에 들어 영국에서 복싱이 재현되어 마침내 1865년 퀸즈베리규칙을 통해 현대 복싱경기 규칙의 기초가 마련되었다.

    ㉠   ㉡

① 하지만   그러나

② 반면에   그러므로

③ 또   그래서

④ 그러나   드디어

6. 다음은 '고령화 사회'에 관한 글을 쓰기 위해 작성한 개요이다. 수정 의견 및 보완 사항으로 적절하지 않은 것은?

제목 : 고령화 대책 시급하다.
주제문 : 고령 사회에 대비한 근본 대책을 시급히 마련해야 한다.

서론 : 우리나라의 고령화 진행 양상
본론 :
1. 인구 고령화에 대응하는 정책
　(1) 재정정책 : 국민연금과 건강보험을 변화하는 인구구조에 맞출 것
　(2) 산업·인력정책 : 고령자의 생산성 향상을 통한 활용 방안 마련
2. 고령화의 개념과 원인
　• 전체 인구에서 노인의 비율이 높아지는 현상
3. 고령화가 경제에 미치는 영향
　(1) 노령 계층은 생산 계층이 아닌 소비 계층
　　-저축 감소로 인한 투자 축소
　　-세금 수입 감소와 사회 보장 비용 증가
　(2) 노동 생산성 약화
　　-산업 경쟁력 약화
　　-경제 성장의 둔화
　　-경기 침체의 장기화
결론 : 고령화 대책 마련의 시급성 강조

---

① 본론-1의 위치가 논지 전개상 어색하므로 본론의 마지막 부분으로 이동시켜 원인, 영향, 대응책 순서로 본론을 구성한다.

② 본론-2에서 고령화 현상의 원인에 대한 내용이 언급되지 않았으므로 '출산율 감소와 평균 수명의 증가로 인구 고령화'를 추가한다.

③ 본론-3-(1)에 '세금 수입 감소와 사회 보장 비용 증가'는 불필요한 내용이므로 삭제한다.

④ 고령화 대책을 시행하고 그 효과가 나타나기까지는 시간적 격차가 존재하고, 시급하게 대책을 마련하지 않을 경우 다음 세대의 부담이 커진다는 점을 시사해 결론의 논지를 구체화시킨다.

7. 다음 글을 읽고 논리적 흐름에 따라 바르게 배열한 것을 고르면?

> (개) 인간이 만들어낸 수학에 비해 자연은 훨씬 복잡할 수도 있고 오히려 단순할 수도 있다. 그럼에도 수학은 자연을 묘사하고 해석하는 데 가장 뛰어난 방법적 도구로서 건재함을 과시한다. 이는 학문이 효용성을 발휘하는 모든 영역에서 오직 수학만이 거둘 수 있는 성과이다.
>
> (내) 마치 접선이 곡선의 한 점만을 스치고 지나가듯 수학은 물리적 실체의 표피만을 건드린다. 지구는 태양을 완전한 타원 궤도를 그리면서 도는가? 그렇지 않다. 지구와 태양을 모두 점으로 간주하고 다른 항성이나 행성을 모두 무시할 때에만 그런 결론이 나온다. 지구의 사계절은 영원히 변함없이 되풀이될까? 전혀 그렇지 않다. 인간이 파악할 수 있는 매우 낮은 수준의 정확도에서만 반복이 예측될 따름이다.
>
> (대) 더욱이 수학은 인간이 아닌, 생명 없는 대상을 다룬다. 이런 대상은 반복적으로 움직이는 것처럼 보이며 수학이야말로 그런 반복적 현상을 잘 다룰 수 있는 것처럼 보인다. 하지만 과연 그런가?
>
> (래) 하지만 수학이 이룩한 성공은 응분의 대가를 치른 후에 가능했다. 그 대가란 세계를 질량, 시간과 같은 개념들로 단순하게 설명하는 것이다. 이런 설명은 풍부하고 다양한 경험을 완벽하게 반영하지 못한다. 이는 한 사람의 키를 바로 그 사람의 본질이라고 말하는 것과 마찬가지이다. 수학은 기껏해야 자연의 특수한 과정을 묘사할 따름이며, 과정 전체를 온전히 담아내지 못한다.
>
> (매) 그러나 수학이 이와 같은 한계를 지님에도 기대 이상의 성과를 거둔 것은 분명하다. 어떻게 이러한 성과가 가능했는지를 이해하지 못한다는 이유로 과연 수학을 버려야 하는가? 어떤 수학자는 소화 과정을 이해하지 못한다고 해서 저녁 식사를 거부해야 하느냐고 반문한 적이 있다. 수학은 분명 성공적인 지식 체계이다. 이는 수학이 엄밀한 내적 일관성을 지닌 체계라는 데 기인한다. 그러나 그뿐만이 아니다. 수학적 지식은 천문 현상의 예측에서, 그리고 실험실에서 일어나는 수많은 사건들에서 끊임없이 입증되고 있다.

① (개) − (내) − (대) − (래) − (매)

② (개) − (래) − (대) − (내) − (매)

③ (내) − (래) − (매) − (대) − (개)

④ (내) − (대) − (매) − (래) − (개)

8. 다음 글에서 알 수 있는 내용으로 가장 적절한 것은?

> 수사 기관이 피의자를 체포할 때 피의자에게 묵비권을 행사할 수 있고 불리한 진술을 하지 않을 권리가 있으며 변호사를 선임할 권리가 있음을 알려야 한다. 이를 '미란다 원칙'이라고 하는데, 이는 피의자로 기소되어 법정에 선 미란다에 대한 재판을 통해 확립되었다. 미란다의 변호인은 "경찰관이 미란다에게 본인의 진술이 법정에서 불리하게 쓰인다는 사실과 변호인을 선임할 권리가 있다는 사실을 말해주지 않았으므로 미란다의 자백은 공정하지 않고, 따라서 미란다의 자백을 재판 증거로 삼을 수 없다."라고 주장했다. 미국 연방대법원은 이를 인정하여, 미란다가 자신에게 묵비권과 변호사 선임권을 갖고 있다는 사실을 안 상태에서 분별력 있게 자신의 권리를 포기하고 경찰관의 신문에 진술했어야 하므로, 경찰관이 이러한 사실을 고지하였다는 것이 입증되지 않는 한, 신문 결과만으로 얻어진 진술은 그에게 불리하게 사용될 수 없다고 판결하였다.
>
> 미란다 판결 전에는 전체적인 신문 상황에서 피의자가 임의적으로 진술했다는 점이 인정되면, 즉 임의성의 원칙이 지켜졌다면 재판 증거로 사용되었다. 이때 수사 기관이 피의자에게 헌법상 권리를 알려주었는지 여부는 문제되지 않았다. 경찰관이 고문과 같은 가혹 행위로 받아낸 자백은 효력이 없지만, 회유나 압력을 행사했더라도 제때에 음식을 주고 밤에 잠을 자게 하면서 받아낸 자백은 전체적인 상황이 강압적이지 않았다면 증거로 인정되었다. 그런데 이러한 기준은 사건마다 다르게 적용되었으며 수사 기관으로 하여금 강압적인 분위기를 조성하도록 유도했으므로, 구금되어 조사받는 상황에서의 잠재적 위협으로부터 피의자를 보호해야 할 수단이 필요했다.
>
> 수사 절차는 본질적으로 강제성을 띠기 때문에, 수사 기관과 피의자 사이에 힘의 균형은 이루어지기 어렵다. 이런 상황에서 미란다 판결이 제시한 원칙은 수사 절차에서 수사 기관과 피의자가 대등한 지위에서 법적 다툼을 해야 한다는 원칙을 구현하는 첫출발이었다. 기존의 수사 관행을 전면적으로 부정하는 미란다 판결은 자백의 증거 능력에 대해 종전의 임의성의 원칙을 버리고 절차의 적법성을 채택하여, 수사 절차를 피의자의 권리를 보호하는 방향으로 전환하는 데에 크게 기여했다.

① 미란다 원칙을 확립한 재판에서 미란다는 무죄 판정을 받았다.

② 미란다 판결은 피해자의 권리에 있어 절차적 적법성보다는 임의성의 원칙이 중시되어야 한다는 점을 부각시켰다.

③ 미란다 판결은 법원이 수사 기관이 행하는 고문과 같은 가혹 행위에 대해 수사 기관의 법적 책임을 묻는 시초가 되었다.

④ 미란다 판결 전에는 수사 과정에 강압적인 요소가 있었더라도 피의자가 임의적으로 진술한 자백의 증거 능력이 인정될 수 있었다.

9. 다음 문장의 문맥상 (   ) 안에 들어갈 단어로 가장 적절한 것은?

> 고향사랑기부금에 관한 법률(이하 "고향세법")이 국회를 통과함에 따라 지자체에서는 관외 거주자로부터 기부금을 받을 수 있게 되었다. 2007년 처음으로 논의가 되었던 고향세법은 후속 작업과 정비를 거쳐 오는 2023년 1월 1일 시행을 앞두고 있다. 고향세법은 지역 경제를 활성화하기 위한 (   )로 발의된 법안으로 개인 기부액 상한은 연간 500만 원으로 제한하며 전국 지자체에 기부가 가능하다. 단, 현재 거주 지자체는 제외한다.

① 취지

② 논지

③ 이치

④ 철리

10. 다음 중 올바른 맞춤법은?

① 밥물을 걸잡는 건 쉽지 않다.

② 입을 크게 벌여봐야 저 큰 빵이 입에 들어가겠어?

③ 우표를 부쳐야 편지가 보내지지!

④ 우선 밥부터 앉히고 시작하자.

| 11~12 | 다음 글을 읽고 이어지는 물음에 답하시오.

〈깨끗하고 아름다운 농촌마을 가꾸기 경진대회〉

행정안전부·농협에서 농업의 공익적 가치 확산을 위한 「제4회 깨끗하고 아름다운 농촌마을 가꾸기 경진대회」 공모를 아래와 같이 실시하오니 관심 있는 마을의 적극적인 참여를 바랍니다.

1. **응모대상** : 사계절 깨끗하고 아름다운 마을 가꾸기를 실천하고 있는 농촌형 마을
   • 마을규모 : 읍·면 소재 20호 이상의 가구
   • 마을 가꾸기를 실천하고 있는 행정안전부 지정 '농촌형 마을기업'도 참여 가능
   • 농촌형 마을기업: 읍면에 ㉠ 소재하는 행정안전부의 마을기업 지정 단체
   • 단, 마을 가꾸기 경진대회 ㉡ 기 수상마을은 응모 제외
      ※ 기 수상마을 중 '동상' 수상마을은 수상년도 포함 3년 경과 시 응모 가능

2. **신청기간** : ㉢ 2021. 5. 1 ~ 6. 15

3. **시상내역**
   ① 상패 : 24개소(행정안전부 장관상 2개소, 농협중앙회장상 22개소)
   ② 시상금

구분	대상	금상	은상	동상
시상금	5천만 원	3천만 원	2천만 원	1천 5백만 원
수상마을 수	1개소	3개소	5개소	15개소

   ※ 시상금은 아름다운 마을공간 조성을 위한 마을숲원사업 지원금으로 활용
   ※ 들녘 가꾸기 우수마을은 전체 24개소 중 20% 내외 시상 예정
   ※ 행정안전부 장관상 : 대상(1점), 금상(1점)

4. **제출서류**
   ① 마을 공모신청서
   ② 개인정보 수집·이용·제공 동의서
   ③ 마을 추천서(추천권자 : 농축협 조합장, 시군지부장, 지역본부장)
   ※ 위 양식은 ㉣ 농협 홈페이지(www.nonghyup.com) 및 지역농축협에 비치

---

11. 위 글에 대한 이해로 적절하지 않은 것은?

① 금상을 받는 마을 3개 중에 한 마을만 행정안전부 장관상을 받는다.

② 신청서 양식을 얻는 방법은 두 가지가 있다.

③ 기 수상마을은 응모에서 제외되므로 2017년에 수상경력이 있다면 응모가 불가능하다.

④ 들녘 가꾸기 우수 마을은 약 5개소 내외에서 시상이 이루어진다.

12. 위 글의 ㉠~㉣에 대한 설명 중 옳지 않은 것은?

① ㉠은 '있는 곳'이라는 뜻으로, 所載와 같이 쓴다.

② ㉡에서 '기'는 '이미, 이전에, 벌써'라는 뜻을 가진다.

③ ㉢에서 온점은 '연, 월, 일' 표기를 대신하므로 연, 월, 일을 쓸 자리에 각각 온점을 써서 '2021. 5. 1. ~ 6. 15.'로 써야 한다.

④ ㉣은 '농협 홈페이지(www.nonghyup.com)에 게시 및 지역농축협에 비치'로 쓰는 것이 적절하다.

▌13~14▐ 일정한 규칙으로 숫자들이 나열되어 있다. 빈칸에 들어갈 알맞은 숫자는?

13.

	78 86 92 94 98 106 ( )

① 110 　　　　　　　　　　② 112

③ 114 　　　　　　　　　　④ 116

14.

55	10	→	51	6
40	25		( )	21

① 30 　　　　　　　　　　② 32

③ 34 　　　　　　　　　　④ 36

15. 가장 큰 값을 가지는 것부터 순서대로 나열한 것은?

㉠ $3 \div \dfrac{1}{2} + 17.5 \times \dfrac{1}{2}$	㉡ $21 - 8 \times 3 \times \dfrac{1}{30}$
㉢ $45 + (-15) \times 2.5$	㉣ $10 \div 3 + 2 \times 5$

① ㉠ > ㉣ > ㉡ > ㉢

② ㉡ > ㉣ > ㉠ > ㉢

③ ㉡ > ㉠ > ㉣ > ㉢

④ ㉢ > ㉠ > ㉡ > ㉣

16. 입구부터 출구까지의 총 길이가 840m인 터널을 열차가 초속 50m의 속도로 달려 열차가 완전히 통과할 때까지 걸린 시간이 25초라고 할 때, 이보다 긴 1,400m의 터널을 동일한 열차가 동일한 속도로 완전히 통과하는 데 걸리는 시간은 얼마인가?

① 34.5초

② 35.4초

③ 36.2초

④ 36.8초

17. A식품에는 단백질이 20%, 지방이 30% 들어 있고, B식품에는 단백질이 40%, 지방이 10% 들어 있다고 한다. 두 식품만 먹어 단백질 30g, 지방 10g을 섭취하려면 A와 B를 각각 몇 g씩 먹어야 하는가?

	A	B
①	10g	70g
②	40g	40g
③	30g	20g
④	50g	20g

18. 태양광 설비 설치를 위해 필요한 부품을 트럭에서 내려 설치 장소까지 리어카를 이용하여 시속 4km로 이동한 K 씨는 설치 후 트럭이 있는 곳까지 시속 8km의 속도로 다시 돌아왔다. 처음 트럭을 출발하여 작업을 마치고 다시 트럭의 위치로 돌아오니 총 4시간이 걸렸다. 작업에 소요된 시간이 1시간 30분이라면, 트럭에서 태양광 설치 장소까지의 거리는 얼마인가? (단, 거리는 반올림하여 소수 둘째 자리까지 표시한다.)

① 약 4.37km

② 약 4.95km

③ 약 5.33km

④ 약 6.67km

19. 다음은 직원 60명을 대상으로 1년 동안의 봉사활동 이수 시간을 조사한 도수분포표이다. 임의로 한 명을 뽑을 때 뽑힌 직원의 1년 동안의 봉사활동 이수 시간이 40시간 이상일 확률은?

봉사활동 이수 시간	직원 수
20시간 미만	3명
20시간 이상 ~ 30시간 미만	5명
30시간 이상 ~ 40시간 미만	19명
40시간 이상 ~ 50시간 미만	25명
50시간 이상 ~ 60시간 미만	㉠
합계	60

① $\frac{3}{5}$

② $\frac{3}{10}$

③ $\frac{11}{20}$

④ $\frac{16}{30}$

20. 다음은 A, B, C 병원에서 신속항원검사 양성을 받은 후 甲, 乙, 丙 선별진료소에서 PCR 검사를 받은 확진자 수를 나타낸 표이다. 신속항원검사 결과 양성을 받은 전체 환자들 중 甲, 乙, 丙 선별진료소에서 PCR 검사를 받은 환자 비율은 각각 얼마인가? (단, 반올림하여 소수 첫째자리까지만 표시한다.)

PCR 검사 신속항원검사	甲 선별진료소	乙 선별진료소	丙 선별진료소
A병원	23	16	20
B병원	15	20	26
C병원	18	28	22

	甲 선별진료소	乙 선별진료소	丙 선별진료소
①	32.2%	33.6%	35.2%
②	29.8%	34.0%	36.2%
③	28.6%	33.5%	37.9%
④	27.5%	35.4%	37.1%

| 21~22 | 다음 〈표〉는 2017 ~ 2021년 A기업의 직군별 사원수 현황에 대한 자료이다. 이어지는 각 물음에 답하시오.

〈2017 ~ 2021년 A기업의 직군별 사원수 현황〉

(단위 : 명)

연도 \ 직군	영업직	생산직	사무직
2021	169	105	66
2020	174	121	68
2019	137	107	77
2018	136	93	84
2017	134	107	85

※ 사원은 영업직, 생산직, 사무직으로만 구분됨

21. 제시된 자료에 대한 설명으로 옳은 것은?

① 전체 사원수는 매년 증가한다.
② 영업직 사원수는 생산직과 사무직 사원수의 합보다 적은 해는 두 해뿐이다.
③ 생산직 사원의 비중이 30% 미만인 해는 전체 사원수가 가장 적은 해와 같다.
④ 영업직 사원의 비중은 매년 증가한다.

22. 다음 문장의 ㉠ ~ ㉣에 들어갈 단어 및 숫자로 알맞은 것은? (단, 숫자는 소수점 둘째자리에서 반올림하여 나타낸다.)

생산직은 2020년에 전년대비 (㉠)%의 (㉡)을 보였으며, 2021년에는 전년대비 (㉢)%의 (㉣)을 보였다.

	㉠	㉡	㉢	㉣
①	13.1	감소	13.2	증가
②	13.2	감소	13.1	증가
③	13.2	증가	13.1	감소
④	13.1	증가	13.2	감소

∥ 23~24 ∥ 다음은 N은행에서 파악한 농촌의 유소년, 생산연령, 고령인구 연도별 추이 조사 자료이다. 이를 보고 이어지는 물음에 답하시오.

(단위 : 천 명, %)

구분		2005	2010	2015	2020
농촌	합계	9,343	8,705	8,627	9,015
	유소년	1,742	1,496	1,286	1,130
	생산연령	6,231	5,590	5,534	5,954
	고령	1,370	1,619	1,807	1,931
- 읍	소계	3,742	3,923	4,149	4,468
	유소년	836	832	765	703
	생산연령	2,549	2,628	2,824	3,105
	고령	357	463	560	660
- 면	소계	5,601	4,782	4,478	4,547
	유소년	906	664	521	427
	생산연령	3,682	2,962	2,710	2,849
	고령	1,013	1,156	1,247	1,271

23. 다음 중 농촌 전체 유소년, 생산연령, 고령 인구의 2005년 대비 2020년의 증감률을 각각 순서대로 올바르게 나열한 것은?

① 약 35.1%, 약 4.4%, 약 40.9%

② 약 33.1%, 약 4.9%, 약 38.5%

③ 약 −37.2%, 약 −3.8%, 약 42.5%

④ 약 −35.1%, 약 −4.4%, 약 40.9%

24. 다음 중 위의 자료를 올바르게 해석하지 못한 것은?

① 유소년 인구는 읍과 면 지역에서 모두 지속적으로 감소하였다.

② 생산연령 인구는 읍과 면 지역에서 모두 증가세를 보였다.

③ 고령인구의 지속적 증가로 노령화 지수는 지속 상승하였다.

④ 농촌의 전체 인구는 면 지역의 생산연령 인구와 증감 추이가 동일하다.

25. A 부서에서는 새로운 프로젝트를 위해 팀을 꾸리고자 한다. 이 부서에는 남자 직원 세현, 승훈, 영수, 준원 4명과 여자 직원 보라, 소희, 진아 3명이 소속되어 있다. 아래의 조건에 따라 이들 가운데 4명을 뽑아 프로젝트 팀에 포함시키려 한다. 다음 중 옳지 않은 것은?

〈조건〉
- 남자 직원 가운데 적어도 한 사람은 뽑아야 한다.
- 여자 직원 가운데 적어도 한 사람은 뽑지 말아야 한다.
- 세현, 승훈 중 적어도 한 사람을 뽑으면, 준원과 진아도 뽑아야 한다.
- 영수를 뽑으면, 보라와 소희는 뽑지 말아야 한다.
- 진아를 뽑으면, 보라도 뽑아야 한다.

① 남녀 동수로 팀이 구성된다.
② 영수와 소희 둘 다 팀에 포함되지 않는다.
③ 승훈과 세현은 함께 프로젝트 팀에 포함될 수 있다.
④ 준원과 보라 둘 다 팀에 포함된다.

26. 다음은 N 은행에 대한 환경 분석결과이다. 각 부분에 해당하는 내용으로 적절하지 않은 것은?

강점(Strength)	• ㉠ 지점이 전국에 고르게 분포하고 있음 • 디지털 인재 채용 확대 등 변화 모색
약점(Weakness)	• ㉡ 젊은 층 고객 확보가 어려움 • 대면거래 중심의 지점 체계
기회(Opportunity)	• 정부의 디지털 취약계층 접근 강화 대책 • ㉢ 인터넷 은행의 가파른 성장세
위협(Threat)	• 비대면 거래 시장 확대 • ㉣ 오픈뱅킹으로 인한 은행 간 경쟁구도 심화

① ㉠
② ㉡
③ ㉢
④ ㉣

27. 다음 〈상황〉과 〈자기소개〉를 근거로 판단할 때 옳지 않은 것은?

〈상황〉

　5명의 직장인(A ~ E)이 커플 매칭 프로그램에 참여했다.

1) 남성이 3명이고 여성이 2명이다.

2) 5명의 나이는 34세, 32세, 30세, 28세, 26세이다.

3) 5명의 직업은 의사, 간호사, TV드라마감독, 라디오작가, 요리사이다.

4) 의사와 간호사는 성별이 같다.

5) 라디오작가는 요리사와 매칭된다.

6) 남성과 여성의 평균 나이는 같다.

7) 한 사람당 한 명의 이성과 매칭이 가능하다.

〈자기소개〉

A : 안녕하세요. 저는 32세이고 의료 관련 일을 합니다.

B : 저는 방송업계에서 일하는 남성입니다.

C : 저는 20대 남성입니다.

D : 반갑습니다. 저는 방송업계에서 일하는 여성입니다.

E : 제가 이 중 막내네요. 저는 요리사입니다.

---

① TV드라마 감독은 B보다 네 살이 많다.

② 의사와 간호사 나이의 평균은 30세이다.

③ D는 의료계에서 일하는 두 사람 중 나이가 적은 사람보다 두 살 많다.

④ A의 나이는 방송업계에서 일하는 사람들 나이의 평균과 같다.

28. 다음과 같은 상황과 조건을 바탕으로 할 때, A가 오늘 아침에 수행한 아침 일과에 포함될 수 없는 것은?

- A는 오늘 아침 7시 20분에 기상하여 25분 후인 7시 45분에 집을 나섰다. A는 주어진 25분을 모두 아침 일과를 쉼 없이 수행하는 데 사용했다.
- 아침 일과를 수행하는 데 정해진 순서는 없으며, 같은 아침 일과를 두 번 이상 수행하지 않는다.
- 단, 머리를 감았다면 반드시 말리며, 각 아침 일과 수행 중에 다른 아침 일과를 동시에 수행할 수는 없다.
- 각 아침 일과를 수행하는 데 소요되는 시간은 다음과 같다.

아침 일과	소요 시간	아침 일과	소요 시간
샤워	10분	몸치장 하기	7분
세수	4분	구두 닦기	5분
머리 감기	3분	주스 만들기	15분
머리 말리기	5분	양말 신기	2분

① 세수

② 머리 감기

③ 구두 닦기

④ 몸치장 하기

29. '가' 은행 '나' 지점에서는 3월 11일 회계감사 관련 서류 제출을 위해 본점으로 출장을 가야 한다. 다음에 제시된 〈조건〉과 〈상황〉을 바탕으로 판단할 때, 출장을 함께 갈 수 있는 직원들의 조합으로 가능한 것은?

〈조건〉
1) 08시 정각 출발이 확정되어 있으며, 출발 후 '나' 지점에 복귀하기까지 총 8시간이 소요된다. 단, 비가 오는 경우 1시간이 추가로 소요된다.
2) 출장인원 중 한 명이 직접 운전하여야 하며, '운전면허 1종 보통' 소지자만 운전할 수 있다.
3) 출장시간에 사내 업무가 겹치는 경우에는 출장을 갈 수 없다.
4) 출장인원 중 부상자가 포함되어 있는 경우, 서류 박스 운반 지연으로 인해 30분이 추가로 소요된다.
5) 차장은 책임자로서 출장인원에 적어도 한 명 포함되어야 한다.
6) 주어진 조건 외에는 고려하지 않는다.

〈상황〉
1) 3월 11일은 하루 종일 비가 온다.
2) 3월 11일 당직 근무는 17시 10분에 시작한다.

직원	직급	운전면허	건강상태	출장 당일 사내 업무
A	차장	1종 보통	부상	없음
B	차장	2종 보통	건강	17시 15분 계약업체 담당
C	과장	없음	건강	17시 35분 고객 상담
D	과장	1종 보통	건강	당직 근무
E	대리	2종 보통	건강	없음

① A, B, C
② A, C, D
③ B, C, E
④ B, D, E

| 30~31 | A ~ E로 구성된 '갑'팀은 회식을 하고자 한다. 다음의 〈메뉴 선호 순위〉와 〈메뉴 결정 기준〉을 고려하여 회식메뉴를 정한다. 이어지는 각 물음에 답하시오.

〈메뉴 선호 순위〉

팀원 \ 메뉴	탕수육	양고기	바닷가재	방어회	삼겹살
A	3	2	1	4	5
B	4	3	1	5	2
C	3	1	5	4	2
D	2	1	5	3	4
E	3	5	1	4	2

〈메뉴 결정 기준〉

• 기준1 : 1순위가 가장 많은 메뉴로 정한다.
• 기준2 : 5순위가 가장 적은 메뉴로 정한다.
• 기준3 : 1순위에 5점, 2순위에 4점, 3순위에 3점, 4순위에 2점, 5순위에 1점을 부여하여 각각 합산한 뒤, 점수가 가장 높은 메뉴로 정한다.
• 기준4 : 기준3에 따른 합산 점수의 상위 2개 메뉴 중, 1순위가 더 많은 메뉴로 정한다.
• 기준5 : 5순위가 가장 많은 메뉴를 제외하고 남은 메뉴 중, 1순위가 가장 많은 메뉴로 정한다.

30. 제시된 자료와 함께 다음과 같은 상황이 주어졌을 때, 다음 중 옳지 않은 것은?

> • D는 바닷가재가 메뉴로 정해지면 회식에 불참한다.
> • D가 회식에 불참하면 C도 불참한다.
> • E는 양고기가 메뉴로 정해지면 회식에 불참한다.

① 기준1과 기준4 중 어느 것에 따르더라도 같은 메뉴가 정해진다.

② 기준2에 따르면 탕수육으로 메뉴가 정해진다.

③ 기준3에 따르면 모든 팀원이 회식에 참석한다.

④ 기준5에 따르면 E는 회식에 참석하지 않는다.

31. '갑'팀은 이번 달 처음 회식은 기준1에 따라, 두 번째 회식은 기준3에 따라 회식 메뉴를 결정하였다. 두 회식 모두 팀원 전원이 참석하였을 때, 이번 달에 '갑'팀에서 회식비용으로 신청해야 하는 예산 금액은 얼마인가? (단, 메뉴별 1인당 가격은 다음과 같으며, 인원수에 맞게 주문하되 그 메뉴 선호 순위를 1위로 매긴 사람만 2인분씩 주문했다고 한다.)

메뉴	탕수육	양고기	바닷가재	방어회	삼겹살
1인당 가격	9,000원	17,000원	56,000원	45,000원	13,000원

① 567,000원

② 535,000원

③ 516,000원

④ 498,000원

∥ 32~33 ∥ 다음은 농협의 금융상품 중 '함께하는 농부적금' 상품에 대한 설명이다. 다음을 참고하여 이어지는 각 물음에 답하시오.

〈함께하는 농부적금〉

1. **상품 특징** : '영농새내기의 목돈 만들기'를 지원하는 고금리 적금상품
2. **가입 대상** : 독립 영농경력 5년 이하 농업인 또는 청년농업인(1인 1계좌)
   - 독립 영농경력 5년 이하 농업인
   - 청년농업인
     - 지자체 선정 청년창업농 : 지자체 발급 '후계농업경영인 확인서(청년창업형 후계농업경영인 분야)' 또는 '청년 창업농(후계농) 대상자 확정 통보 공문서'
     - 만 40세 미만의 농업계학교졸업자(청년농부사관학교 포함) : 졸업증빙서류(졸업증명서 등) + 농업종사증빙서류(조합원증명서 등)
     - 만 40세 미만의 귀농인 : 지자체 발급 '귀농인 확인서' 또는 '귀농 농업창업 및 주택구입 지원사업 대상자 확정 통보 공문서'
3. **가입 기간** : 1년(단일)
4. **가입 금액**
   - 초입금 및 회차별 불입액 1만 원 이상, 분기 불입액 최대 300만 원
   - 계약기간 3/4 경과 후 적립할 수 있는 금액은 이전 적립금액의 1/2 이내임
5. **금리 안내**
   - 기본 금리 3.0%(단리)
   - 우대금리(중복 적용 가능)
     - 자동이체 시 : +0.5%p
     - 가입조건(독립 영농경력 5년 이하 & 청년농업인)을 모두 충족한 가입대상자 : +1.0%p
   - 농업자금특별중도해지서비스 이용 시 : 우대금리를 제외한 기본 금리 적용
   - 기존금리 및 추가 우대금리는 만기 시 적용되는 연이자율이다.
6. **해지 방법** : 영업점, 인터넷/스마트뱅킹에서 가능(신규는 영업점에서만 가능)
7. **농업자금특별중도해지서비스**
   - 인정사유 및 해당서류

인정사유	해당서류
농업인의 농·축산용 토지, 주택, 축사 등의 임차·매매	농지원부(또는 건축물관리대장 등) + 해당 계약서 확인
농기구 등 농자재, 가축 구입	관련 영수증, 낙찰관련 서류 등
농업인월급제 약정	지자체 발급 선정확인서 또는 농·축협 출하선급금 약정 서류
풍·수해, 병충해, 설해 또는 가격 하락 등으로 인한 농업 소득감소	농지세 또는 소득세 감면대상 지정, 정부 보조금 지급대상 지정, 구제역 또는 AI 피해사실 확인서 또는 예·적금 가입 농·축협에서 관련 서류로 소득 감소를 확인할 수 있는 경우

32. 다음은 농협 직원 A 씨가 고객의 '함께하는 농부적금'에 대해 문의에 대해 대응한 내용이다. 적절하지 않은 것은?

고　　객 : 안녕하세요, 제가 이번에 청년농부사관학교를 졸업했는데 농협에서 나온 '함께하는 농부적금'에 가입할 수 있을까요?

직　　원 : 실례지만 고객님의 나이가 어떻게 되는지 알 수 있을까요?

고　　객 : 올해 27살입니다. 그리고 따로 준비해야 하는 서류가 있나요?

직　　원 : 고객님은 ㉠40세 미만이므로 해당 상품에 가입 가능하며, 졸업증빙서류와 조합원증명서 등 농업종사증빙서류를 준비하셔야 합니다. 또 궁금하신 점 있으세요?

고　　객 : 저희 아버지 같은 경우도 독립해서 농사경영하신 지 3년쯤 되셨는데, 저랑 따로 상품에 가입이 가능한가요?

직　　원 : ㉡네, 독립 영농경력이 5년 미만이므로 가입 가능하시고, 1인당 1계좌가 가능하기 때문에 고객님과는 별도로 가입하실 수 있습니다.

고　　객 : 네, 감사합니다. 그럼 혹시 병충해로 소득이 줄면 중도해지가 가능할까요?

직　　원 : ㉢네, 농업자금 관련하여 특별중도해지서비스가 가능하며 이 경우 지자체 발급 선정확인서 등 소득이 감소했다는 것을 증명할 서류가 있어야 합니다.

고　　객 : 네, 알겠습니다. 그럼 이번 달부터 매달 90만 원씩 자동이체로 납입하겠습니다.

직　　원 : 네, 감사합니다. ㉣다만 계약기간 9개월 경과 후 적립할 수 있는 금액은 이전 적립금액의 1/2 이내라는 점 유의하여 주십시오.

① ㉠　　　　　　　　　　　　　　　② ㉡

③ ㉢　　　　　　　　　　　　　　　④ ㉣

33. 다음 중 1년 만기 시 적용되는 이자율이 가장 큰 사람은?

이름	해당 가입조건	납입금액	비고
김정수	독립 영농경력 5년 이하	매월 100만 원(자동이체)	농업자금특별중도해지서비스 이용
이나리	청년농업인	1분기 : 150만 원 3분기 : 170만 원	-
최태영	청년농업인	매월 40만 원(자동이체)	-
오수민	독립 영농경력 5년 이하, 청년농업인	매월 70만 원(자동이체)	-

① 김정수　　　　　　　　　　　　　② 이나리

③ 최태영　　　　　　　　　　　　　④ 오수민

▌34~36▐ 다음은 농협이 개최하는 '우리 농산물 과채류 매력 알리기 콘텐츠 공모전' 안내문이다. 이를 바탕으로 이어지는 각 물음에 답하시오.

〈우리 농산물 과채류 매력 알리기 콘텐츠 공모전〉

1. **참가대상** : 우리 농산물, 채소과일을 사랑하는 누구나

※ 1인 5점 이내로 중복접수 가능, 타 공모전 수상작 제외

2. **촬영품목** : 오이, 토마토, 애호박, 가지, 풋고추, 파프리카, 참외, 딸기(우리 농산물 8개 품목)

3. **작품 주제** : 출품자가 직접 촬영한 사진이나 동영상의 순수 창작물로 조리사진, 먹는 사진, 재배하는 사진, 뷰티 사진, 유통현장(시장, 마트 등) 우리 농산물의 우수성을 알리는 콘텐츠

4. **작품규격**
   • 사진 부문 : 디지털 카메라, 스마트폰으로 찍은 JPG 사진파일 형태
   (300dpi 이상, 가로폭 3,000픽셀 이상)
   • 동영상 부문 : avi, mkv, wmv, mp4, mpg, mpeg, flv, mov 형태의 1분 이내(110MB 이하의 동영상)

5. **접수 방법**
   • 공모 사진 및 영상 : 태그와 함께 개인 SNS에 업로드
   #농협공모전 #우리농산물과채류매력알리기
   • 참가신청서 작성 및 원본파일 온라인 접수
   – 공식 홈페이지 : www.ucc-contest.com 참고
   – 구글 홈 : http://bitly/kr/j54OQDszGRw

6. **시상 내역**

구분	사진 부문	동영상 부문	상	상금
대상	1점		농림축산식품부 장관상	농촌사랑 상품권 200만 원
최우수상	1점		농협중앙회장상	농촌사랑 상품권 150만 원
우수상	1점	1점	농협경제지주 대표이사상	농촌사랑 상품권 100만 원
장려상	3점	3점	농수축산신문 대표이사상	농촌사랑 상품권 50만 원
가작	5점	5점	–	농촌사랑 상품권 20만 원
입선	30점 내외		–	농촌사랑 상품권 10만 원

7. **심사기준(가중치)**

작품 의도	창의력	표현력	흥미성	노력도	작품 전문성
20%	20%	20%	20%	10%	10%

※ 요리사진(동영상)의 경우 표현력 대신 간편성으로 평가 대체

---

34. 다음은 위 공모전을 진행하는 팀 회의 중 발언 내용이다. 공모전과 관련하여 적절하지 <u>않은</u> 내용은?

① 총 1,350만 원에 해당하는 농촌사랑 상품권을 준비해둬야겠네.

② 고득점자 중 동점자가 나왔을 때 어떤 기준을 더 높게 평가할 것인지 정해야 할 것 같아.

③ 요리 관련된 사진이나 동영상의 경우 간편성에 대해서도 심사기준을 적용해달라고 심사위원들에게 당부 드려야겠어.

④ 6점 이상을 출품했을 경우, 그 중 어떤 작품을 출품작으로 인정할 것인지에 대한 기준도 필요해 보여.

35. 온라인으로 접수된 작품 정보가 다음과 같을 때, 위 공모전의 작품으로 선정될 수 있는 것은?

작품		품목	사진/동영상	규격	파일 형식
㉠		딸기	사진	290dpi/ 가로폭 2,150 픽셀	jpg
㉡		사과+포도	동영상	110MB	mov
㉢		오이	동영상	98MB	mpg
㉣		풋고추	사진	350dpi/ 가로폭 3,150 픽셀	png

① ㉠

② ㉡

③ ㉢

④ ㉣

36. 상위 네 개의 작품이 모두 사진 작품이며 각각의 점수가 다음과 같을 때, 출품작과 그 상금이 바르게 연결된 것은? (단, 심사영역별로 5점 만점으로 하며, 각 심사기준 영역 점수를 합산하여 총점을 구한다. 동점일 경우 '작품 의도' 점수가 높은 작품을 높은 순위로 매긴다.)

출품작	작품 의도	창의력	표현력	흥미성	노력도	작품전문성
A	4	5	3	4	5	5
B	3	5	4	2	4	5
C	4	4	5	5	5	3
D	5	4	4	4	4	4

① A : 농촌사랑 상품권 100만 원
② B : 농촌사랑 상품권 100만 원
③ C : 농촌사랑 상품권 150만 원
④ D : 농촌사랑 상품권 200만 원

37. 다음에서 의미하는 가치들 중 직무상 필요한 가장 핵심적인 네 가지 자원에 해당하지 않는 설명은 어느 것인가?

① 민간 기업이나 공공단체 및 기타 조직체는 물론이고 개인의 수입·지출에 관한 것도 포함하는 가치
② 인간이 약한 신체적 특성을 보완하기 위하여 활용하는, 정상적인 인간의 활동에 수반되는 많은 자원들
③ 기업이 나아가야 할 방향과 목적 등 기업 전체가 공유하는 비전, 가치관, 사훈, 기본 방침 등으로 표현되는 것
④ 매일 주어지며 똑같은 속도로 흐르지만 멈추거나 빌리거나 저축할 수 없는 것

38. 전략적 인적자원관리에 대한 설명으로 옳지 않은 것은?

① 장기적이며 목표·성과 중심적으로 인적자원을 관리한다.
② 개인의 욕구는 조직의 전략적 목표달성을 위해 희생해야 한다는 입장이다.
③ 인사업무 책임자가 조직 전략 수립에 적극적으로 관여한다.
④ 조직의 전략 및 성과와 인적자원관리 활동 간의 연계에 중점을 둔다.

39. 다음은 N사의 부서별 추가 인원 요청사항과 새로 배정된 신입사원 5명의 인적사항이다. 적재적소의 원리에 의거하여 신입사원들을 배치할 경우 가장 적절한 것은?

〈신입사원 인적사항〉

성명	성별	전공	자격 및 기타
이나정	여	컴퓨터공학과	논리적 · 수학적 사고력 우수함
장하윤	여	회계학과	인사 프로그램 사용 가능
권도진	남	소프트웨어학과	SW융합 인재 온라인 경진대회 수상경력
김성준	남	경영학과	광고심리학 공부, 강한 호기심, 창의력 대회 입상
오수연	여	경영학과	노무사 관련 지식 보유

〈부서별 인원 요청 사항〉

부서명	필요인원	필요자질
인사총무부	2명	대인관계 원만한 자, 조직에 대한 이해가 높은 자
IT기획부	2명	프로그램 및 시스템 관련 능통자
홍보실	1명	외향적인 성격, 창의적 사고

	인사총무부	IT기획부	홍보실
①	장하윤, 권도진	오수연, 김성준	이나정
②	김성준, 오수연	이나정, 권도진	장하윤
③	장하윤, 오수연	이나정, 권도진	김성준
④	권도진, 김성준	이나정, 장하윤	오수연

40. 합리적인 인사관리의 원칙 중 다음 ㉠과 ㉡에서 설명하고 있는 것은 무엇인가?

> • ___㉠___ : 근로자의 인권을 존중하고 공헌도에 따라 노동의 대가를 공정하게 지급
> • ___㉡___ : 직장 내에서 구성원들이 소외감을 갖지 않도록 배려하고, 서로 협동·단결할 수 있도록 유지

	㉠	㉡
①	공정 인사의 원칙	종업원 안정의 원칙
②	공정 인사의 원칙	단결의 원칙
③	공정 보상의 원칙	종업원 안정의 원칙
④	공정 보상의 원칙	단결의 원칙

41. 다음은 예산에서 비용의 구성요소를 나타낸 것이다. 보기 중 직접비용으로만 묶인 것은?

> • 재료비   • 광고비
> • 통신비   • 인건비
> • 출장비   • 건물관리비

① 재료비, 광고비, 통신비

② 통신비, 출장비, 건물관리비

③ 광고비, 인건비, 건물관리비

④ 재료비, 인건비, 출장비

42. 다음 글을 근거로 판단할 때, 서연이가 구매할 가전제품과 구매할 상점을 옳게 연결한 것은?

> 서연는 가전제품 A~E를 1대씩 구매하기 위하여 상점 '갑, 을, 병'의 가전제품 판매가격을 알아보았다.
>
> 〈상점별 가전제품 판매가격〉
>
> (단위 : 만 원)
>
> | 구분 | A | B | C | D | E |
> |------|-----|----|----|----|----|
> | 갑 | 150 | 50 | 50 | 20 | 20 |
> | 을 | 130 | 45 | 60 | 20 | 10 |
> | 병 | 140 | 40 | 50 | 25 | 15 |
>
> 서연이는 각각의 가전제품을 세 상점 중 어느 곳에서나 구매할 수 있으며, 아래의 〈혜택〉을 이용하여 총 구매 금액을 최소화하고자 한다.
>
> 〈혜택〉
>
> 1. '갑' 상점 : 200만 원 이상 구매 시 전 품목 10% 할인
> 2. '을' 상점 : A를 구매한 고객에게는 C, D를 20% 할인
> 3. '병' 상점 : C, D를 모두 구매한 고객에게는 E를 5만 원에 판매

① 갑 : A
② 을 : E
③ 병 : C
④ 갑 : D

43. 2020년 한국농촌경제연구원 조사에서 도시민이 생각하는 '살고 싶은 농촌'의 조건으로 다양한 일자리 창출 및 소득기회(35.7%), 쾌적하고 편리한 주거 및 생활환경(25.3%)이 각각 1, 2위로 꼽혔다. '지역사회와 협력하여 살고 싶은 농촌'을 만들기 위해 다음 과제를 수행한다고 할 때, 자원관리의 기본 과정의 순서에 맞게 나열한 것은?

> ㉠ 청년 농업인 육성을 위한 교육을 실시하고, 영농정착을 지원한다.
> ㉡ 지방자치단체의 협력 자금을 유치한다.
> ㉢ 지역별 자율성을 높이는 방향으로 예산을 배정하고, 사업시행 계획을 세운다.
> ㉣ 농업·농촌의 미래 주체를 육성하기 위한 사업에 어떤 자원이 얼마큼 필요한지 조사·예측한다.

① ㉡ - ㉢ - ㉣ - ㉠
② ㉢ - ㉠ - ㉣ - ㉡
③ ㉣ - ㉠ - ㉢ - ㉡
④ ㉣ - ㉡ - ㉢ - ㉠

44. 다음은 영업사원인 N 씨가 오늘 미팅해야 할 거래처 직원들과 방문해야 할 업체에 관한 정보이다. 다음의 정보를 모두 반영하여 일정을 정한다고 할 때 순서가 올바르게 배열된 것은? (단, 장소 간 이동 시간은 없는 것으로 가정한다)

〈거래처 직원들의 요구 사항〉

1) A 거래처 과장 : 회사 내부 일정으로 인해 미팅은 10시~12시 또는 16 ~ 18시까지 2시간 정도 가능합니다.
2) B 거래처 대리 : 12시부터 점심식사를 하거나 18시부터 저녁식사를 하시죠. 시간은 2시간이면 될 것 같습니다.
3) C 거래처 사원 : 외근이 잡혀서 오전 9시부터 10시까지 1시간만 가능합니다.
4) D 거래처 부장 : 외부 일정으로 18시부터 저녁식사만 가능합니다.

〈방문해야 할 업체와 가능한 시간〉

1) E 서점 : 14 ~ 18시, 2시간 소요
2) F 은행 : 12 ~ 16시, 1시간 소요
3) G 미술관 : 하루 3회(10시, 13시, 15시), 1시간 소요

---

① C 거래처 사원 – A 거래처 과장 – B 거래처 대리 – E 서점 – G 미술관 – F 은행 – D 거래처 부장
② C 거래처 사원 – A 거래처 과장 – F 은행 – B 거래처 대리 – G 미술관 – E 서점 – D 거래처 부장
③ C 거래처 사원 – G 미술관 – F 은행 – B 거래처 대리 – E 서점 – A 거래처 과장 – D 거래처 부장
④ C 거래처 사원 – A 거래처 과장 – B 거래처 대리 – F 은행 – G 미술관 – E 서점 – D 거래처 부장

▌45~46 ▌ N사에서는 시간제 돌봄서비스를 이용하는 직원 가정에 지원금을 지급하려고 한다. 이어지는 각 물음에 답하시오.

<table>
<tr><td colspan="5" align="center">〈시간제 돌봄서비스 이용단가 및 지원〉</td></tr>
<tr><td>유형</td><td>소득 기준</td><td>이용단가</td><td>지원율</td><td>본인부담률</td></tr>
<tr><td>가</td><td>3인 가족 기준 월 380만 원 이하</td><td>8,000원</td><td>70%</td><td>30%</td></tr>
<tr><td>나</td><td>3인 가족 기준 월 410만 원 이하</td><td>8,000원</td><td>60%</td><td>40%</td></tr>
<tr><td>다</td><td>3인 가족 기준 월 450만 원 이하</td><td>8,000원</td><td>50%</td><td>50%</td></tr>
<tr><td>라</td><td>3인 가족 기준 월 450만 원 초과</td><td>8,000원</td><td>45%</td><td>55%</td></tr>
</table>

※ 1) 이용요금 : 시간당 8,000원(야간 및 휴일에는 시간당 3,000원 추가, 휴일 야간은 서비스 이용 불가)
  2) 추가 요금 시에도 지원금액과 본인부담 금액으로 배분

45. 지난 9월 N사에서는 다음에 나타난 A ~ C 세 가구에게 지원금을 지급했다고 할 때, 한 달간 각 가구에 지원한 금액은 얼마인가? (단, A 소득은 월 420만 원, B 소득은 월 390만 원, C 소득은 월 380만 원이다.)

일	월	화	수	목	금	토
		1 A : 주3	2	3	4	5 A : 주2
6	7	8 B : 야2	9	10 C : 주2	11	12
13 B : 주3	14	15	16 B : 야2	17	18 B : 야2	19
20	21	22	23	24 A : 야2	25 A : 야2	26
27 C : 주1	28 C : 야2	29 C : 주3	30			

	A	B	C
①	45,000원	51,100원	59,400원
②	45,000원	59,400원	51,100원
③	61,400원	59,400원	49,200원
④	49,200원	61,400원	59,400원

46. N사에서는 다음 달 1일부터 모든 직원들의 월급을 10% 인상하기로 하였다. A~C 가구의 현재 구성원별 월 소득과 각 가구의 다음 달 시간제 돌봄서비스 이용계획이 다음과 같을 때 N사에서 부담해야 할 총 지원금의 변화(9월 대비)로 알맞은 것은? (단, N은 N사 직원임을 나타내며 다른 조건은 변화가 없다고 가정한다.)

| 가구 | 가구 구성원별 현재 소득 | | | 다음 달 돌봄서비스 이용계획 |
	구성원1	구성원2	구성원3	
A	220만 원(N)	200만 원(N)	–	평일 주간 5시간, 평일 야간 2시간, 주말 3시간
B	390만 원(N)	–	–	평일 주간 1시간, 주말 6시간
C	250만 원(N)	130만 원	–	평일 야간 8시간, 주말 2시간

① 9,750원 감소

② 10,250원 증가

③ 15,000원 감소

④ 20,000원 증가

❚ 47~48 ❚ 다음 자료를 읽고 이어지는 물음에 답하시오.

〈등급별 성과급 지급액〉

성과평가 종합점수	성과 등급	등급별 성과급
95점 이상	S	기본급의 30%
90점 이상 ~ 95점 미만	A	기본급의 25%
85점 이상 ~ 90점 미만	B	기본급의 20%
80점 이상 ~ 85점 미만	C	기본급의 15%
75점 이상 ~ 80점 미만	D	기본급의 10%

〈항목별 평가점수〉

	영업1팀	영업2팀	영업3팀	영업4팀	영업5팀
수익 달성률	90	90	72	84	80
매출 실적	92	78	94	86	84
근태 및 부서평가	90	88	82	92	92

※ 성과평가 종합점수는 '수익 달성률' 점수의 40%, '매출 실적' 점수의 40%, '근태 및 부서평가' 점수의 20%를 합산해서 구함

47. 성과등급에서 'A'와 'B'를 받은 팀은 각각 어느 팀인가?

	A등급	B등급
①	영업1팀	영업3팀
②	영업1팀	영업4팀
③	영업4팀	영업3팀
④	영업5팀	영업1팀

48. 다음 중 가장 많은 성과급을 받는 상위 3명을 순서대로 나열한 것으로 옳은 것은? (단, 각 개인에게 팀 등급에 따른 성과급이 지급된다.)

이름	소속 팀	기본급
이승훈	영업 1팀	200만 원
최원준	영업 2팀	260만 원
신영희	영업 3팀	280만 원
남준혁	영업 4팀	230만 원
권영철	영업 5팀	320만 원

① 이승훈 – 신영희 – 권영철
② 최원준 – 남준혁 – 이승훈
③ 남준혁 – 권영철 – 신영희
④ 이승훈 – 권영철 – 남준혁

49. 다음은 농협의 '비전 2025'를 나타낸다. ㉠ ~ ㉣에 들어갈 말로 알맞게 연결된 것은?

___㉠___이 대우받고 ___㉡___이 희망이며 ___㉢___이 존경받는 함께하는 ___㉣___ 농협

	㉠	㉡	㉢	㉣
①	농촌	농업	농업인	50년
②	농업	농촌	농업인	50년
③	농촌	농업인	농업	100년
④	농업	농촌	농업인	100년

50. 농협의 5대 핵심가치 중 ⊙과 ⓒ에 해당하는 것으로 옳은 것은?

> - _____⊙_____ : 4차 산업혁명 시대에 부응하는 디지털 혁신으로 농업·농촌·농협의 미래 성장동력 창출
> - _____ⓒ_____ : 소비자에게 합리적인 가격으로 더 안전한 먹거리를, 농업인에게 더 많은 소득을 제공하는 유통개혁 실현

	⊙	ⓒ
①	경쟁력 있는 농업, 잘사는 농업인	지역과 함께 만드는 살고 싶은 농촌
②	미래 성장동력을 창출하는 디지털 혁신	농업인과 소비자가 함께 웃는 유통 대변화
③	정체성이 살아 있는 든든한 농협	경쟁력 있는 농업, 잘사는 농업인
④	미래 성장동력을 창출하는 디지털 혁신	경쟁력 있는 농업, 잘사는 농업인

51. 농협의 'NH'는 고객과의 커뮤니케이션을 위해 농협의 이름과 별도의 영문 브랜드로서, 미래지향적이고 글로벌한 농협의 이미지를 표현하고 있다. 다음 중 농협 커뮤니케이션 브랜드로서 NH의 의미로 쓰이지 않는 것은?

① National Honor
② New Happiness
③ Nature & Human
④ New Hope

52. 농협은 농업인의 복지 증진과 지역사회 발전을 위해 '무료 법률구조사업'에서부터 '아름다운 마을 가꾸기'까지 '나눔 경영'을 지속적으로 실천해 왔다. 다음에서 설명하고 있는 나눔 경영을 실천하기 위한 조직은 무엇인가?

> - '농업인이 행복한 농협'을 넘어 '국민의 농협'을 구현하기 위해 2019년에 신설되었다.
> - 이를 통해 범농협적으로 지역사회의 발전을 위한 체계적이고 유기적인 지원활동을 펼칠 수 있게 되었다.

① 농촌인력지원부
② 농업인 행복콜센터
③ 지역사회공헌부
④ 농촌주거환경개선사업부

53. 다음은 농협이 신뢰받는 조직으로 발돋움하기 위해 정립한 '농협의 인재상'이다. ㉠ ~ ㉣에 해당하는 인재상으로 바르게 연결된 것은?

인재상	내용
㉠	항상 열린 마음으로 계통 간, 구성원 간에 존경과 협력을 다하여 조직 전체의 성과가 극대화될 수 있도록 시너지 제고를 위해 노력하는 인재
㉡	프로다운 서비스 정신을 바탕으로 농업인과 고객을 가족처럼 여기고 최상의 행복 가치를 위해 최선을 다하는 인재
최고의 전문가	꾸준히 자기 계발을 통해 자아를 성장시키고, 유통·금융 등 맡은 분야에서 최고의 전문가가 되기 위해 지속적으로 노력하는 인재
㉢	매사에 혁신적인 자세로 모든 업무를 투명하고 정직하게 처리하여 농업인과 고객, 임직원 등 모든 이해관계자로부터 믿음과 신뢰를 받는 인재
㉣	미래지향적 도전정신과 창의성을 바탕으로 새로운 사업과 성장동력을 찾기 위해 끊임없이 변화와 혁신을 추구하는 역동적이고 열정적인 인재

① ㉠ : 오픈 마인더(open-minder)

② ㉡ : 행복의 파트너

③ ㉢ : 가치추구형 인재

④ ㉣ : 열정적인 창조인

54. 다음은 농협미래경영연구소에서 실시한 '함께하는 농협 구현을 위한 임직원 설문조사' 내용 중 일부이다. 조사 결과와 관련 있는 농협의 핵심가치로 옳은 것은?

조사 내용	조사 결과
미래 먹거리 발굴을 위해 가장 중요한 것은 무엇이라고 생각합니까?	• 1위 : 스마트팜 등 농업기술혁신(31.8%) • 2위 : 지자체·기업체 등과의 대외협력 강화(19.2%)
농축산물 유통혁신을 위해 가장 중요한 것은 무엇이라고 생각합니까?	• 1위 : 온라인 채널 육성 및 강화(21.75) • 2위 : 산지 조직화·규모화(21.4%)
농협금융의 지속 발전을 위해 가장 중요한 것은 무엇이라고 생각합니까?	• 1위 : 디지털 금융 등 4차 산업혁명 대응(47.9%) • 2위 : 중장기 경영체질 강화 KPI 확대(17.9%)

① 농업인과 소비자가 함께 웃는 유통 대변화

② 정체성이 살아 있는 든든한 농협

③ 경쟁력 있는 농업, 잘사는 농업인

④ 미래 성장동력을 창출하는 디지털 혁신

55. 다음은 어느 지역 농협의 조직도를 나타낸 것이다. 보기 중 옳지 않은 것은?

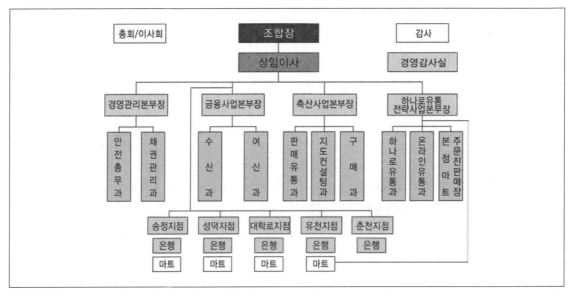

① 각 지점에 있는 마트는 하나로유통 전략사업본부장 소속으로 되어 있다.

② 5개 지점 모두 금융사업본부장 소속이다.

③ 경영검사실은 독립적인 위치에 있다.

④ 4개 본부 아래 9개 과로 구성되어 있다.

56. 조직의 규모에 대한 설명으로 가장 옳은 것은?

① 조직의 규모가 클수록 공식화 수준이 낮아진다.

② 조직의 규모가 클수록 조직 내 구성원의 응집력이 강해진다.

③ 조직의 규모가 클수록 분권화되는 경향이 있다.

④ 조직의 규모가 클수록 복잡성이 낮아진다.

57. 조직문화의 일반적 기능에 관한 설명으로 가장 옳지 않은 것은?

① 조직문화는 조직구성원들에게 소속 조직원으로서의 정체성을 제공한다.

② 조직문화는 조직구성원들의 행동을 형성시킨다.

③ 조직이 처음 형성되면 조직문화는 조직을 묶어 주는 접착제 역할을 한다.

④ 조직이 성숙 및 쇠퇴 단계에 이르면 조직문화는 조직혁신을 촉진하는 요인이 된다.

58. 분업에 대한 설명으로 옳지 않은 것은?

① 분업의 심화는 작업도구·기계와 그 사용방법을 개선하는 데 기여할 수 있다.

② 작업전환에 드는 시간을 단축할 수 있다.

③ 분업이 고도화되면 조직구성원에게 심리적 소외감이 생길 수 있다.

④ 분업은 업무량의 변동이 심하거나 원자재의 공급이 불안정한 경우에 더 잘 유지된다.

59. 다음에서 설명하고 있는 조직의 원리로 옳은 것은?

> 한 사람의 상관이 감독하는 부하의 수는 그 상관의 통제 능력 범위 내에 한정되어야 한다는 원리

① 계층제의 원리

② 통솔범위의 원리

③ 명령통일의 원리

④ 조정의 원리

60. 다음에서 설명하고 있는 조직 유형은?

> • 구성원의 능력을 최대한 발휘하게 하여 혁신을 촉진할 수 있다.
> • 동태적이고 복잡한 환경에 적합한 조직구조이다.
> • 낮은 수준의 공식화를 특징으로 하는 유기적 조직구조이다.

① 애드호크라시(Adhocracy)

② 사업단위 조직

③ 계층적 조직

④ 네트워크 조직

1. 다음 중 ㉠, ㉡의 대응 관계와 동일한 것은?

> 영국의 ㉠소설가이자 문학비평가 버지니아 울프는 가장 영향력 있는 모더니즘 작가 중 한 명이다. 신경쇠약과 우울증을 앓고 있었음에도 그녀는 많은 작품을 ㉡집필했고 작은 출판사를 차리기도 했다.

① 학자 : 연구
② 아시아 : 대한민국
③ 존함 : 함자
④ 악기 : 드럼

2. 다음 글에서 논리 전개상 불필요한 문장은?

> ㉠유엔(UN)이 정한 기준에 의하면 고령인구 비율이 7%를 넘으면 고령화 사회, 14%를 넘으면 고령사회, 20% 이상이면 초고령사회로 분류한다. ㉡통계청 발표에 따르면 우리나라는 2017년부터 고령인구 비율 14%를 넘기며 고령사회에 진입했다. 2000년 고령화 사회에 들어선 지 17년 만이다. 이는 세계에서 가장 빠른 고령화 속도다. ㉢고령화 속도가 가장 빠른 것으로 알려진 일본도 1970년 고령화 사회에서 1994년 고령사회로 들어서는 데 24년이 걸렸다. 프랑스는 115년, 미국은 73년, 독일은 40년 등이 걸렸는데 다른 선진국들과 비교하면 한국의 고령사회 진입 속도는 무척 빠른 편이다. 통계청은 2019년 장래인구추계에서 2025년 초고령사회가 될 것으로 내다보았다. ㉣교외·농촌의 도시계획과는 무관하게 땅값이 저렴한 지역을 찾아 교외로 주택이 침식하는 스프롤 현상은 토지이용 면에서나 도시시설 정비면에서 극히 비경제적이다.

① ㉠　　　　　　　　　　　　　② ㉡
③ ㉢　　　　　　　　　　　　　④ ㉣

3. 다음 문장에서 밑줄 친 단어를 한자로 바꾸면?

> 주식의 주가가 오르면 채권을 주식으로 바꾸는 권리행사를 통해 차익을 실현할 수 있어, 주가 상승과 권리 행사는 같은 방향으로 증감하는 것이 일반적이다.

① 增減
② 比例
③ 增價
④ 循環

4. 다음 글을 읽고 '면역 억제제'와 가장 관련된 한자성어를 고르시오.

> 이식은 신체의 세포·조직·장기가 손상되어 더 이상의 기능을 하지 못할 때에 이를 대체하기 위해 실시한다. 이때 이식으로 옮겨 붙이는 세포, 조직, 장기를 이식편이라 한다. 자신이나 일란성 쌍둥이의 이식편을 이용할 수 없다면 다른 사람의 이식편으로 '동종 이식'을 실시한다. 그런데 우리의 몸은 자신의 것이 아닌 물질이 체내로 유입되면 면역반응에 의한 거부반응이 일어난다. 이를 막기 위해 면역 억제제를 사용하는데, 이는 면역 반응을 억제하여 질병 감염의 위험성을 높인다.

① 고장난명(孤掌難鳴)
② 양인지검(兩刃之劍)
③ 어부지리(漁父之利)
④ 가급인족(家給人足)

5. 다음 글의 빈칸에 들어갈 말로 적절하지 않은 것을 고르시오.

BIS 비율은 은행의 재무 건전성을 유지하는 데 필요한 최소한의 자기자본 비율을 설정하여 궁극적으로 예금자와 금융 시스템을 보호하기 위해 바젤위원회에서 도입한 것이다. 바젤위원회에서는 이 기준에 따라 적용대상은행은 위험자산에 대하여 최소 8% 이상의 자기자본을 유지하도록 하였다. 즉, 은행이 거래기업의 도산으로 부실채권이 늘어나 경영위험에 빠지게 될 경우 최소 8%의 자기자본을 가지고 있어야 위기상황에 대처할 수 있다는 것이다. BIS 비율의 산출공식은 '자기자본비율=(자기자본/위험가중자산)×100%>8%'이다. 위험증가자산이란 빌려준 돈을 위험에 따라 다시 계산한 것으로, 은행의 자산을 신용도에 따라 분류하여 위험이 높을수록 높은 위험가중치를 적용한다. BIS 비율을 높이기 위해서는 위험도가 높은 자산을 줄이거나 자기자본을 늘려야 하는데, 위험자산을 갑자기 줄이는 것은 불가능하므로 대부분 자기자본을 늘려 BIS 비율을 맞춘다. BIS 비율이 떨어지면 (   ).

---

① 은행의 신임도가 하락하여 고객의 이탈이 발생한다.

② 자기자본을 늘려 손실을 충당해야 한다.

③ 금융제도의 안정성 유지를 위해 노력해야 한다.

④ 위기상황에 대하여 은행의 대처수준이 향상된다.

【6~7】 다음은 도시민이 응답한 농협의 가장 중요한 역할과 그에 따른 농협의 핵심과제이다. 다음을 보고 물음에 답하시오.

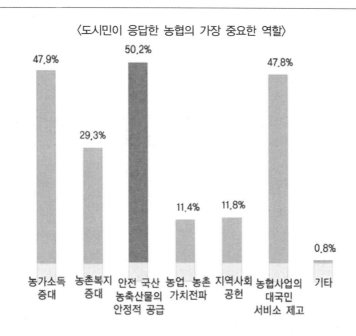

〈도시민이 응답한 농협의 가장 중요한 역할〉

〈농협의 핵심과제〉

유통사업은 농업인과 국민이 가치를 공유할 수 있는 농협의 가장 중요한 사업입니다. 국민들은 안전한 국산 농축물의 안정적 공급을 농협의 가장 중요한 역할로 인식하고 있으며, 농업인들은 농협의 유통사업을 통해 안정적인 판로를 확보하고 소득을 증대시킬 수 있기를 희망합니다.

(1) 유통단계별 효율성 제고 및 전문성 강화
 • 농축협 하나로마트의 다양한 운영모델 개발 및 지원 확대 … ㉠
 • 농축산물 대외마케팅 역량 강화
 • 농업인과 소비자가 상생하는 로컬푸드 활성화 … ㉡
(2) 선제적 수급 및 가격 안정 시스템 구축
 • 10대 농작물「수급예측 정보시스템」구축
 • 농업인 실익제고를 위한 채소가격안정제 개편 … ㉢
 • 축산물 수급 예측 시스템 구축
(3) 농가소득 증대와 소비자 편익제고에 기여하는 신사업 확대
 • 농협 식품사업 경쟁력 강화로 농산물 소비 확대
 • 소비자 맞춤형 축산 간편식품 개발·공급
 • 신성장동력 확충으로 축산경제 미래 준비
 • 경제지주 생산·유통부문 전문성 및 책임경영 강화 … ㉣

6. ㉠ ~ ㉣ 중 핵심과제에 따른 내용이 알맞지 않은 것은?

① ㉠ ② ㉡

③ ㉢ ④ ㉣

7. 〈농협의 핵심과제〉의 이어질 내용으로 〈도시민이 응답한 농협의 가장 중요한 역할〉에 따라 농협이 우선적으로 대응할 부분이 순차적으로 작성된다면 가장 먼저 작성될 글의 내용은?

① 농자재 가격 인하

② 농축산물 판매사업 강화

③ 농협 조합원의 지도 · 교육 사업 확대

④ 대정부 농정활동 강화

▌8~9▌ 다음은 경기도교육청의 '학생가정 식재료 지원'에 대한 내용이다. 다음을 읽고 물음에 답하시오.

학생가정 식재료 지원 – 농협몰 포인트

1. **포인트 사용기간** : 적립 ~ 9월 말까지
2. **구매 가능 상품** : 농협몰 내 7개 카테고리 한정
 –쌀/잡곡, 과일/견과, 채소/버섯, 축산, 생선/해산물, 김치, 가공식품
3. **포인트 적립 금액** : 5만원 (단, 안산 · 용인 ㉠ 34000원)
4. **농협몰 포인트 적립 및 배송 안내 … ㉡**
 (1) 기 신청 및 2차 신청자 포인트 지급 : ~7.31
  • 농협 → 학부모
 (2) 3차 신청(신규추가) : ~8.6
  • 학교 → 지역청
 (3) 3차 신청송부(신규추가) : ~8.7
  • 지역청 → 농협
 (4) 3차 신청자 및 오류자 검증, 포인트 지급 : ~8.14
  • 농협 → 학부모
 (5) 지원도움자 자료검증 및 배송시작 : ~8월 말
  • 농협 → 학부모

---

1) 신규 추가는 반드시 학교를 통해 신청

2) 일정은 변경될 수 있으며, 신청자 분들 중 적립 기한(ⓒ) 경과 후 포인트 미적립자는 농협에서 검증을 통해 빠짐없이 적립 예정(학교와 교육청은 검증을 하지 않음)

3) 포인트 미적립 시 '1:1문의'수정 요청 방법

• [경기도 00시(군) 00학교 학부모 오류 정보 수정 요청]기존 정보(오류)ID, 이름, HP번호 → 수정 정보 ID, 이름, HP번호

5. 지원도움(식재료 꾸러미 배송) 안내 − 방학, 휴가철 고려하여 (ⓔ) 배송 예정

※ 지원도움 신청자분에게는 문자나 전화 등을 통해 주소지 확인예정

8. 위 글에 대한 이해로 적절하지 않은 것은?

① 안내문은 7월 31일 이전에 공지되었을 것이다.

② 경기도의 학생가정 식재료 지원은 농협몰 포인트 5만 원으로 제공된다.

③ 기존정보 수정을 원하는 사람은 '1:1문의'에 수정정보를 작성하면 된다.

④ 포인트는 총 5단계를 거쳐 적립된다.

9. ㉠ ~ ㉣에 대한 내용으로 바르지 않은 것은?

① ㉠ : 숫자를 표시할 때 세 자리씩 끊어서 사용하므로 ','를 사용하여 '34,000원'으로 수정한다.

② ㉡ : 날짜를 표기할 때, 온점은 '연·월·일'표기를 대신하므로 월, 일을 쓸 자리에 온점을 써서 '7.31.'처럼 수정한다.

③ ㉢ : '미리 한정하여 놓은 시기'라는 뜻으로 괄호 안에 '飢限'을 작성한다.

④ ㉣ : 농협몰 포인트 적립 및 배송안내의 지원도움자 자료검증 및 배송시작에 따라 '8월 말'을 작성한다.

10. 다음은 시대별 농협의 성장을 나타낸 글이다. 이 글을 바탕으로 각 시대에 대한 신문 기사를 쓸 때, 기사 제목을 1960년대부터 2000년대까지 순서대로 나열한 것은?

[1960년대] 해방과 한국전쟁이라는 격동의 시대 속에서 국토는 황폐화되었고, 삶의 터전은 희망이 보이지 않는 불모지와 다름없었습니다. 가장 시급한 문제는 굶주림에서 벗어나기 위해 식량 생산량을 늘리는 일이었습니다. 1962년 정부는 농협이 비료와 농약을 전담 공급하도록 했습니다. 이를 통해 농협은 영농자재를 적기에 보다 편리하게 공급하고, 시비 합리화, 경종법 개선, 병충해 등 식량증산을 위한 지도사업을 적극 추진했습니다.

[1970년대] 1969년 농협은 상호금융을 도입해 농가들의 고리 사채 문제를 해소했습니다. 1973년부터는 '농어촌 1조 원 저축운동'을 펼쳐 목돈마련의 기회를 제공했습니다. 또한 1970년 연쇄점 방식의 현대식 소매점을 개설해 농가가 생활물자를 저렴하게 구입할 수 있는 길을 열었습니다. 이를 통해 농가의 가계비절감은 물론 농촌물가 안정에 크게 기여했습니다.

[1980년대] 1980년대 농협은 농기계 보급 활성화를 위해 농기계 구입 자금 융자를 확대하고, 농가의 농기계 구입 부담 완화를 위해 농기계공동이용사업을 추진했습니다. 이와 함께 농기계서비스센터와 유류취급소를 설치하여 농가가 농기계 이용의 어려움을 겪지 않도록 지원했습니다.

[1990년대] 농협은 농축산물시장과 유통시장 개방에 대응하기 위해 신유통 시스템을 구축했습니다. 미곡종합처리장과 산지유통센터 등을 확충해 산지유통의 혁신을 주도했습니다. 1998년에는 기존 도매기능에 저장, 소포장, 집배송, 소매기능을 통합한 '농산물물류센터'를 전국에 설치해 유통단계를 축소하고 불필요한 유통비용을 절감하는 효과를 거두었습니다.

[2000년대] 농축산물 안전에 대한 국민들의 관심이 높아짐에 따라 농협은 친환경농산물 공동브랜드 개발, 농협식품안전연구원 설립 등을 통해 고품질의 안전 농축산물 생산과 유통을 적극 지원하였습니다. 이와 함께 농업·농촌의 중요성에 대한 범국민적 공감대를 형성하기 위해 '농촌사랑운동'을 전개했으며, 각계층이 참여한 농촌사랑범국민운동본부를 설립하고, 1사 1촌 자매결연 등 다양한 도농교류활동을 추진했습니다.

ㄱ 농협, 식량 증산을 달성하다.
ㄴ 농협, 농업인·국민 곁에 더욱 가까이 서다.
ㄷ 농협, 농축산물 시장개발에 대응하다.
ㄹ 농협, 농촌경제 발전에 기여하다.
ㅁ 농협, 농업생산성 향상과 영농지도에 힘쓰다.

① ㄱ – ㄴ – ㄷ – ㄹ – ㅁ
② ㄱ – ㄴ – ㅁ – ㄹ – ㄷ
③ ㄱ – ㄹ – ㅁ – ㄷ – ㄴ
④ ㄱ – ㅁ – ㄷ – ㄹ – ㄴ

11. 홍보팀에 근무하는 김문화 씨는 '탈춤'에 관한 영상물을 제작하는 프로젝트를 맡게 되었다. 제작계획서 중 다음의 제작 회의 결과가 제대로 반영되지 않은 것은?

> • 제목 : 탈출 체험의 기록임이 나타나도록 표현
> • 주 대상층 : 탈춤에 무관심한 젊은 세대
> • 내용 : 실제 경험을 통해 탈춤을 알아가고 가까워지는 과정을 보여 주는 동시에 탈춤에 대한 정보를 함께 제공
> • 구성 : 간단한 이야기 형식으로 구성
> • 전달방식 : 정보들을 다양한 방식으로 전달

〈제작 계획서〉

제목		'기획 특집－탈춤 속으로 떠나는 10일간의 여행'	①
제작 의도		젊은 세대에게 우리 고유의 문화유산인 탈춤에 대한 관심을 불러일으킨다.	－
전체 구성	중심 얼개	• 대학생이 우리 문화 체험을 위해 탈춤이 전승되는 마을을 찾아가는 상황을 설정한다. • 탈춤을 배우기 시작하여 마지막 날에 공연으로 마무리한다는 줄거리로 구성한다.	②
	보조 얼개	탈춤에 대한 정보를 별도로 구성하여 중간 중간에 삽입한다.	－
전달 방식	해설	내레이션을 통해 탈춤에 대한 학술적 이견들을 깊이 있게 제시하여 탈춤에 조예가 깊은 시청자들의 흥미를 끌도록 한다.	③
	영상 편집	• 탈에 대한 정보를 시가 자료를 제시한다. • 탈춤의 종류, 지역별 탈춤의 특성 등에 대한 그래픽 자료를 보여준다. • 탈춤 연습 과정과 공연 장면을 현장감 있게 보여 준다.	④

12. 이 글에 대한 설명으로 적절하지 않은 것은?

> 인간 생활에 있어서 웃음은 하늘의 별과 같다. 웃음은 별처럼 한 가닥의 광명을 던져 주고, 신비로운 암시도 풍겨 준다. 웃음은 또한 봄비와도 같다. 이것이 없었던들 인생은 벌써 사막이 되어 버렸을 것인데, 감미로운 웃음으로 하여 인정의 초목은 무성을 계속하고 있는 것이다. 웃음에는 여러 가지 색채가 있다. 빙그레 웃는 파안대소가 있는가 하면, 갈갈대며 웃는 박장대소가 있다. 깨가 쏟아지는 간간대소가 있는가 하면, 허리가 부러질 정도의 포복절도도 있다. 이러한 종류의 웃음들은 우리 인생에 해로운 것이 조금도 없다. 그러나 웃음이 언제나 우리를 복된 동산으로만 인도하는 것은 아니다. 남을 깔보고 비웃는 냉소도 있고, 허풍도 떨고 능청을 부리는 너털웃음도 있다. 대상을 유혹하기 위하여 눈초리에 간사가 흐르는 눈웃음이 있는가 하면, 상대방의 호기심을 사기 위하여 지어서 웃는 선웃음이라는 것도 있다. 사람이 기쁠 때 웃고 슬플 때 운다고만 생각하면 잘못이다. 기쁨이 너무 벅차면 눈물이 나고 슬픔이 극도에 이르면 도리어 기막힌 웃음보가 터지지 않을 수 없다. 이것은 탄식의 웃음이요, 절망의 웃음이다. 그러나 이것은 극단의 예술이요, 대체로 슬플 때 울고, 기쁠 때 웃는 것이 정상이요 일반적이 아닐 수 없다. 마음속에 괴어오르는 감정을 표면에 나타내지 않는 것으로써 군자의 덕을 삼는 동양에서는, 치자다소(痴者多笑)라 하여, 너무 헤프게 웃는 것을 경계하여 왔다. 감정적 동물인 인간으로부터, 희로애락(喜怒哀樂)을 불현어외(不顯於外)*하는 신의 경지에까지 접근하려는 노력과 욕구에서 오는 기우(杞憂)가 아니었을까.
>
> * 불현어외(不顯於外) : 밖으로 드러내지 않음

① 웃음을 인격 완성의 조건으로 보고 있다.
② 웃음을 다양한 관점에서 고찰하고 있다.
③ 예리한 관찰과 비유적 표현이 나타나 있다.
④ 웃음의 의미를 삶과 관련지어 평가하고 있다.

13. 빈칸에 들어갈 알맞은 수를 고르면?

$$60 \quad \frac{\sqrt{2}}{2} \quad 75 \quad 100 \quad 0.5 \quad 50 \quad 5 \quad (\quad) \quad 105$$

① 1

② $\frac{\sqrt{3}}{2}$

③ $\frac{\sqrt{2}}{2}$

④ $\frac{1}{2}$

14. 다음 중 계산 결과가 다른 하나는?

① $2^5 - 6 \div 3$

② $\dfrac{5}{8} \div \dfrac{4}{8} \times 3 + \dfrac{3}{4} \div \dfrac{1}{7} \times 5$

③ $1^0 + 2^1 + 3^2 + 4^3 - 45$

④ $\sqrt{8} \times 5 \times \dfrac{\sqrt{9}}{\sqrt{2}}$

15. 바구니에 4개의 당첨 제비를 포함한 10개의 제비가 들어있다. 이 중에서 갑이 먼저 한 개를 뽑고, 다음에 을이 한 개의 제비를 뽑는다고 할 때, 을이 당첨 제비를 뽑을 확률은? (단, 한 번 뽑은 제비는 바구니에 다시 넣지 않는다.)

① 0.2

② 0.3

③ 0.4

④ 0.5

16. 미영이가 N은행 적금a 상품에 작년 말에 가입을 하였으며, 올해 초부터 입금을 한다면, 10년 후 그해 말에 계산한 원리합계는? (단, $1.06^{10} \doteqdot 1.791$, 만 원 미만은 버린다.)

- 상품명 : N은행 적금a
- 가입자 : 본인
- 계약기간 : 10년
- 저축방법 : 매년 초에 20만 원씩 1년마다 복리로 적립
- 이자율 : 6%

① 278만 원

② 279만 원

③ 280만 원

④ 281만 원

17. 길이 200m의 기차가 1km의 터널을 완전히 통과하기까지 40초가 걸렸다고 한다. 이 기차가 A역에서 오후 3시 50분에 출발하여 B역에 오후 5시 30분에 도착했다면, 두 역 사이의 거리는?

① 150km

② 160km

③ 170km

④ 180km

18. 부피가 32인 구의 지름과 동일한 길이를 반지름으로 가진 원뿔의 높이가 6이라면, 원뿔의 부피는 구의 부피의 몇 배인가? (단, 원주율은 3으로 계산한다.)

① 1

② 2

③ 3

④ 4

▌19~20 ▌ 다음은 2016~2020년 총 5년 동안 행정구역별 예금액에 대한 자료이다. 다음 표를 보고 물음에 답하시오.

(단위 : 만 원)

구분	2020년	2019년	2018년	2017년	2016년
서울시	820,709.9	811,396.7	819,649.3	788,698.7	778,474.6
경기도	238,455.9	231,478.6	229,505.7	227,590.4	221,677.1
강원도	27,568.9	28,549.7	27,339.8	27,467.6	25,716.1
충청북도	23,867.4	23,085.8	22,690.2	22,789.6	21,778.2
충청남도	28,376.6	27,103.2	26,795.9	27,081	25,860
전라북도	(가)	38,263.7	39,241.2	38,039.7	36,834.2
전라남도	25,734.7	24,969.5	25,249.9	25,464.4	34,258.2
경상북도	37,602.2	36,727.5	36,048.7	35,882.1	34,426
경상남도	52,121.6	50,155.2	49,757.3	50,171.2	47,289.8

19. 2020년 전라북도의 예금액이 작년 대비 증가율이 약 0.7%일 때, (가)의 값을 구하시오. (단, 소수점 둘째 자리에서 반올림한다.)

① 38,434.4

② 38,434.5

③ 38,531.4

④ 38,531.5

20. 위 자료에 대한 설명으로 옳지 않은 것은?

① 2020년에 4년 전 대비 증가율이 가장 큰 구역은 경상남도이다.

② 5년간 예금액의 평균이 약 27,000만 원 이상 30,000만 원 이하인 지역은 4곳이다.

③ 서울시를 제외한 행정구역의 예금액의 합은 서울시 예금액의 절반 이상을 차지한다.

④ 해마다 예금액이 증가한 지역은 서울시, 경기도, 경상북도 3곳뿐이다.

21. 다음은 우리나라 시도별 2020 ~ 2021년 경지 면적, 논 면적, 밭 면적에 대한 자료이다. 이에 대한 설명으로 〈보기〉에서 옳은 것을 모두 고르면?

〈자료 1〉 2020년

(단위 ha, %)

구분	경지 면적	논 면적	밭 면적
서울특별시	347	150	197
부산광역시	5,408	2,951	2,457
대구광역시	7,472	3,513	3,958
인천광역시	18,244	11,327	6,918
광주광역시	9,252	5,758	3,494
대전광역시	3,742	1,358	2,384
울산광역시	9,977	5,281	4,696
세종특별자치시	7,588	4,250	3,338
경기도	160,181	84,125	76,056
강원도	100,756	33,685	67,071
충청북도	101,900	38,290	63,610
충청남도	210,428	145,785	64,644
전라북도	195,191	124,408	70,784
전라남도	288,249	169,090	119,159
경상북도	260,237	118,503	141,734
경상남도	142,946	81,288	61,658
제주특별자치도	59,039	17	59,022
전 국	1,580,957	829,778	751,179

〈자료 2〉 2021년

(단위 ha, %)

구분	경지 면적	논 면적	밭 면적
서울특별시	343	145	199
부산광역시	5,306	2,812	2,493
대구광역시	7,458	3,512	3,947
인천광역시	18,083	11,226	6,857
광주광역시	9,083	5,724	3,359
대전광역시	3,577	1,286	2,292
울산광역시	9,870	5,238	4,632
세종특별자치시	7,555	4,241	3,314
경기도	156,699	82,790	73,909
강원도	99,258	32,917	66,341
충청북도	100,880	37,970	62,910
충청남도	208,632	145,103	63,528
전라북도	193,791	123,638	70,153
전라남도	286,396	168,387	118,009
경상북도	257,323	117,936	139,387
경상남도	141,889	80,952	60,937
제주특별자치도	58,654	17	58,637
전 국	1,564,797	823,895	740,902

※ 경지 면적 = 논 면적 + 밭 면적

─── 보기 ───

㉠ 2021년 경지 면적 중 상위 5개 시 · 도는 전남, 경북, 충남, 전북, 경기, 경남이다.
㉡ 울산의 2021년 논 면적은 울산의 2019년 밭 면적의 두 배이다.
㉢ 2020년 대비 2021년 전국 밭 면적의 증감률은 −1.4이다.
㉣ 2020년 논 면적 중 상위 5개 시 · 도는 전남, 충남, 경북, 전북, 제주이다.

① ㉠㉡

② ㉠㉢

③ ㉡㉢

④ ㉢㉣

22. 다음은 연도별 도시철도 수송실적 현황이다. 다음에 대한 설명으로 적절하지 않은 것은?

(단위 : 백만 명)

구분	2017년	2018년	2019년	2020년	2021년
서울	1,887	1,861	1,864	1,900	1,383
부산	331	339	336	343	246
대구	163	163	163	168	110
인천	86	109	112	116	86
광주	18	19	19	19	14
대전	40	39	40	40	26
김해	19	19	18	18	13
의정부	11	12	12	13	10
용인	7	7	8	9	6
우이-신설	–	5	15	16	13
김포	–	–	–	3	11
합계	2,562	2,573	2,587	2,645	1,918

① 2017 ~ 2020년 서울 도시철도 수송인원은 꾸준히 증가하였다.

② 2017 ~ 2021년 부산 수송인원은 증감이 교대로 나타나고 있다.

③ 2020년 총 수송인원은 전년대비 2.4% 증가하였다.

④ 2021년 총 수송인원은 전년대비 27.5% 감소하였다.

▌23~24▐ 다음은 성별 경제활동인구를 나타낸 자료이다. 다음을 보고 물음에 답하시오.

(단위 : 천 명, %)

구분	2020		2019	
	남	여	남	여
15세 이상인구	21,886	22,618	21,699	22,483
취업자	15,463	11,660	15,372	11,450
실업자	627	437	630	443
비경제활동인구	5,797	10,521	5,697	10,590
경제활동참가율	73.5	53.5	73.7	52.9
실업률	3.9	3.6	3.9	3.7
고용률	(가)	(나)	(다)	(라)

※ 1) 경제활동인구란 15세 이상 인구 중 취업자와 실업자를 의미한다.
   2) 비경제활동인구란 15세 이상 인구 중 경제활동인구를 제외한 나머지를 의미한다.
   3) 경제활동참가율 : 15세 이상 인구 중 취업자와 실업자를 합한 경제활동인구의 비율
   4) 실업률 : 경제활동인구 중 실업자가 차지하는 비율
   5) 고용률 : 15세 이상 인구 중 취업자의 비율

23. (가) ~ (라)에 들어갈 숫자들의 합은? (단, 고용률은 소수점 둘째 자리에서 반올림하여 구한다.)

① 243.8

② 243.9

③ 244.0

④ 244.1

24. 만약 2020년 남성의 고용률, 취업자 수는 전년과 동일하며, 2020 남성의 실업자 수가 작년에 비해 8천 명 많아졌다면, 남성의 비경제활동인구 수는? (단, 비경제활동인구 수는 소수점 첫째 자리에서 반올림한다.)

① 5,763천 명

② 5,773천 명

③ 5,783천 명

④ 5,793천 명

25. 다음은 시도별 청년창업지원금 신청자 중 3년 미만 기창업자 비중에 관한 자료다. 아래 자료에서 특별(자치시), 광역시를 제외하고 2020년 대비 2021년 증가율이 가장 큰 기역과 감소율이 가장 큰 기역이 바르게 연결된 것은?

(단위 : %p)

시도	2020년도	2021년도	증감
서울특별시	19.8	20.6	0.8
부산광역시	20.7	19.1	−1.6
대구광역시	20.7	20.2	−0.5
인천광역시	19.3	18.8	−0.5
광주광역시	19.1	20.1	1
대전광역시	21.2	22.1	0.9
울산광역시	23.3	18.7	−4.6
세종특별자치시	25.5	24.6	−0.9
경기도	23.9	21.3	−2.6
강원도	19.1	17.6	−1.5
충청도	17.3	18.1	0.8
전라도	18.7	18.4	−0.3
경상도	19.9	17.6	−2.3
제주도	22.4	24.1	1.7
평균	20.78	20.02	−0.76

① 세종특별자치시, 경기도

② 경상도, 충청도

③ 충청도, 세종특별자치시

④ 제주도, 경기도

26. 다음은 5가지 영향력을 행사하는 방법이다. 다음을 바탕으로 A와 B의 발언의 유형을 고르시오.

〈영향력을 행사하는 방법〉

• 합리적 설득 : 논리와 사실을 이용하여 제안이나 요구가 실행 가능하고, 그 제안이나 요구가 과업 목표
  달성을 위해 필요하다는 것을 보여주는 방법
• 연합 전술 : 영향을 받는 사람들이 제안을 지지하거나 어떤 행동을 하도록 만들기 위해 다른 사람의 지지를 이용
  하는 방법
• 영감에 호소 : 이상에 호소하거나 감정을 자극하여 어떤 제안이나 요구사항에 몰입하도록 만드는 방법
• 교환 전술 : 제안에 대한 지지에 상응하는 대가를 제공하는 방법
• 합법화 전술 : 규칙, 공식적 방침, 공식 문서 등을 제시하여 제안의 적법성을 인식시키는 방법

〈발언〉

A : 이 기획안에 대해서는 이미 개발부와 재정부가 동의했습니다. 여러분들만 지지해준다면 계획을 성공
  적으로 완수할 수 있을 것입니다.
B : 이 기획안은 우리 기업의 비전과 핵심가치들을 담고 있습니다. 이 계획이야말로 우리가 그동안 염원
  했던 가치를 실현함으로써 회사의 발전을 이룩할 수 있는 기회라고 생각합니다. 여러분이 그동안 고
  생한 만큼 이 계획은 성공적으로 끝마쳐야 합니다.

	A	B
①	연합 전술	영감에 호소
②	합리적 설득	교환 전술
③	연합 전술	교환 전술
④	합리적 설득	합리적 설득

27. 다음은 ○○대학에서 운영 중인 장학금 프로그램에 대한 내용이다. ○○대학 장학금 관련 부서로 문의가 왔을 때, 다음 내용을 참고하여 응대한 내용으로 잘못된 것은?

---

(1) **지원자격**
- 국내 대학의 재학생으로 학자금 지원 8구간 이하, 직전학기 C수준(70점/100점 만점) 이상인 학생
- 우선선발 → 장애인, 다자녀가구(3자녀이상), 다문화 · 탈북 가구, 국가유공자, 국가보훈자, 부모 중 한 분이 장애인 · 중증환자, 학업 · 육아 병행학생
- 다른 장학금 프로그램과 중복 지원 및 수혜 불가

(2) **지원 유형**

구분	분류		근로내용
교내근로	일반교내근로		교내근로지에서 행정 등 업무 지원
	봉사유형		• (장애대학생 봉사유형) 장애대학생의 학업/이동 등을 도와주는 근로 • (외국인유학생 봉사유형) 외국인유학생 학교생활 적응 등을 도와주는 근로
교외근로	일반교외근로		공공기관, 기업 등 교외근로지에서 근로
	취업 연계형	취업연계중점대학	취업연계 중점대학이 운영하는 근로유형으로 전공과 관련 있는 근로기관 근무를 통해 취업역량 활성화
		권역별 취업연계 활성화	지역 기업이 취업연계 프로그램에 참여하는 근로유형으로 전공과 관련 있는 근로기관 근무를 통해 취업 연계 활성화
대학생 청소년교육지원			청소년(초 · 중 · 고등학생 등)에게 학업 등 멘토링 지원

※ 교내근로와 교외근로는 근로 장소 선택이 불가능하며 대학생 청소년교육지원은 선발 후 근로 장소 선택 가능

---

① 장학금 프로그램은 입학예정자는 지원이 불가능하며 재학생만 지원할 수 있습니다.

② 다른 장학금 수혜자라면 해당 장학금 프로그램에는 지원하실 수 없으며 지원하시더라도 선발이 불가능합니다.

③ 직전학기 성적이 70점 이상인 학생들에 한하여 동일한 기준으로 임의 선발하고 있습니다.

④ 교내외근로는 신청자가 근로 장소를 임의로 선택할 수 없음을 유의해서 신청해주시기 바랍니다.

28. A, B, C 세 사람은 같은 지점에서 출발하여 임의의 순서로 나란히 이웃한 은행, 마트, 쇼핑몰에 자가용, 지하철, 버스 중 한 가지를 이용하여 갔다. 다음 조건을 만족할 때, 다음 중 옳은 것은?

> - 가운데에 위치한 곳에 간 사람은 버스를 통해 이동했다.
> - B와 C는 서로 이웃해 있지 않은 곳으로 갔다.
> - C는 가장 먼 곳으로 갔다.
> - 마트와 쇼핑몰은 서로 이웃해있다.
> - B는 마트에 갔다.
> - 은행에 갈 수 있는 유일한 방법은 지하철이다.

① 은행-마트-쇼핑몰이 순서대로 있다.

② 마트에 가기 위해 자가용을 이용해야 한다.

③ A는 버스를 이용하고, B는 지하철을 이용한다.

④ C는 은행에 가지 않았다.

29. 다음과 같은 구조를 가진 놀이기구에 A ~ H 8명이 탑승하려고 한다. 알 수 있는 정보가 다음과 같다. B는 (4)에 탑승중이라면, D가 탑승중인 칸은? (단, 한 칸에 한 명씩 탑승한다.)

1라인(앞)	(1)	(2)	(3)	(4)	(5)
2라인(뒤)	(6)	(7)	(8)	(9)	(10)

- 비어있는 칸은 한 라인에 한 개씩 있고, A · B · F · H는 1라인에, 나머지는 2라인에 탑승한다.
- A와 C는 서로를 등지고 있다.
- F는 (3)에 탑승중이며, 맞은편은 비어있다.
- C의 오른쪽 칸은 비어있고 그 옆 칸에 E가 탑승하고 있다.
- B의 옆은 비어있다.
- H와 D는 누구보다 멀리 떨어져 앉았다.

① (6)

② (7)

③ (9)

④ (10)

30. 다음은 甲시 산불 피해 현황을 나타낸 자료이다. 다음에 대한 설명으로 옳은 것은?

〈甲시 산불 피해 현황〉

(단위 : 건)

구분	2017년	2018년	2019년	2020년	2021년
입산자 실화	217	93	250	232	185
논밭두렁 소각	110	55	83	95	63
쓰레기 소각	58	24	47	41	40
어린이 불장난	20	4	13	13	14
담뱃불 실화	60	43	51	60	26
성묘객 실화	63	31	22	24	12
기타	71	21	78	51	65
합계	599	271	544	516	405

① 2018년 산불 피해 건수는 전년 대비 40% 감소하였다.

② 산불 발생 건수는 해마다 꾸준히 증가하고 있다.

③ 산불 발생에 가장 큰 단일 원인은 논밭두렁 소각이다.

④ 입산자 실화에 의한 산불 피해는 2019년이 가장 높았다.

31. 다음 중 '단것을 좋아하는 사람은 수박을 좋아한다.'의 명제가 참이 되기 위해 필요한 명제 3가지를 보기에서 고르시오.

ㄱ 딸기를 좋아하는 사람은 초콜릿을 싫어한다.
ㄴ 초콜릿을 좋아하는 사람은 수박을 좋아하지 않는다.
ㄷ 단것을 좋아하는 사람은 딸기를 좋아하지 않는다.
ㄹ 수박을 좋아하지 않는 사람은 초콜릿을 좋아한다.
ㅁ 딸기를 싫어하는 사람은 수박을 좋아한다.
ㅂ 초콜릿을 좋아하지 않는 사람은 단것을 좋아하지 않는다.

① ㄱㄷㅁ

② ㄱㅁㅂ

③ ㄴㄷㄹ

④ ㄹㅁㅂ

32. A ~ E 5명 중 2명이 귤을 먹었다고 한다. 범인은 거짓을 말하고 나머지는 참을 말할 때, 5명의 진술은 다음과 같다고 한다. 이때, 항상 귤을 먹은 범인과 귤을 먹지 않은 사람의 조합으로 가능한 것은?

A : 난 거짓을 말하고 있지 않아.
B : 난 귤을 먹지 않았어.
C : 귤을 먹은 사람은 E야.
D : A는 지금 거짓을 말하고 있어.
E : B는 귤을 먹은 사람이 아니야.

	귤을 먹은 범인	귤을 먹지 않은 사람
①	A	E
②	B	D
③	C	B
④	D	A

33. 초코쿠키 1개, 딸기쿠키 2개, 녹차쿠키 2개, 바닐라쿠키 2개를 A, B, C, D 4명이서 나누어 가졌다. 누가 어떤 맛을 가지고 있는지 모르지만 A, B, D 3명은 쿠키를 두 개씩 가지고 있으며, 한 사람이 동일한 맛을 가질 수 없다고 한다. 서로가 가진 쿠키 맛의 조합은 다른 사람과 겹치지 않으며, 주어진 정보가 다음과 같을 때 A가 항상 가지게 되는 쿠키의 맛은?

- 본인이 가지고 있는 쿠키가 다른 사람이 가지고 있는 쿠키 맛과 하나도 겹치지 않았을 때 서로 교환할 수 있다면, A는 C와만 교환이 가능하며, B는 D와만 교환이 가능하고 C는 D와 교환이 가능하다고 한다.
- B가 가진 쿠키 중 하나는 딸기맛이며, D가 가진 쿠키 중 하나는 녹차맛이다.

① 바닐라
② 녹차
③ 딸기
④ 초코

34. 다음은 ○○사에서 출시한 에어컨 신제품에 대한 설명서 중 일부분이다. 다음 설명서를 읽고 바르게 이해한 것은?

(1) 공기청정도의 숫자와 아이콘은 무엇을 의미하나요?
- 숫자는 미세먼지/초미세먼저의 농도를 보여줍니다.
- 아이콘의 색은 공기청정도의 상태를 나타냅니다.
- 가스(냄새) 청정도 표시는 음식 연기 및 냄새 등을 감지하여 4단계로 표시됩니다.

(단위 : $\mu g/m^3$)

상태표시등	파란색	초록색	노란색	빨간색
상태	좋음	보통	나쁨	매우나쁨
미세먼지	0 ~ 30	31 ~ 80	81 ~ 150	151 이상
포미세먼지	0 ~ 15	16 ~ 50	51 ~ 100	101 이상

※ $09\mu g/m^3$은 (초)미세먼지 농도가 최저 수준임을 의미합니다. 일반적인 주택의 경우, 주변의 공기가 깨끗하면 (초)미세먼지 농도 수치가 $09\mu g/m^3$에서 변하지 않습니다.

(2) 미세먼지와 초미세먼지 농도가 같아요.

미세먼지 초미세먼지 미세먼지 초미세먼지
$12^{\mu g}/_{m^3}$ $12^{\mu g}/_{m^3}$ $12^{\mu g}/_{m^3}$ $12^{\mu g}/_{m^3}$

실내의 공기청정도가 좋음, 보통일 경우 미세먼지와 초미세먼지의 농도가 같아질 수 있습니다. 실내 공기에 분포된 미세먼지와 초미세먼지 농도가 유사하여 나타난 증상으로 고장이 아니니 안심하고 사용하세요.

(3) 센서가 잘 작동하는지 확인해보고 싶어요.
- 구이나 튀김 요리 시 수치와 아이콘 색의 변화를 관찰해 보세요.
- 창문을 활짝 열고 10분 이상 환기시켜 보세요.
  ※ 환경부에서 발표한 미세먼지 농도가 보통 단계 이하일 때에는 환기를 시켜도 미세먼지 농도 수치가 최저수준에서 변하지 않습니다.

① 파란색 상태표시등이 생선구이를 한 뒤 빨간색으로 변한 것을 보면 센서가 잘 작동하는 것 같아요.

② 실내 공기가 좋은데도 불구하고 미세먼지와 초미세먼지 수치가 동일하게 표시된 것을 보면 고장이네요.

③ 미세먼지 숫자란에 54가 표시되어있는 상태로 상태표시등에 노란색 등이 켜지겠네요.

④ 환경부에서 지정한 미세먼지 보통 단계 이하일 때 환기시키면 숫자란에 00이 표시되겠군요.

┃35~36┃ A, B, C, D 네 사람은 서로 이웃한 빨간 집·노란 집·초록 집·파란 집에 살고 있으며, 사무직·기술직·서비스직·영업직에 종사하고 있으며, 서로 다른 애완동물을 키운다. 알려진 정보가 다음과 같을 때, 물음에 답하시오.

- ㉠ B는 빨간 집에 산다.
- ㉡ D는 기술직에 종사한다.
- ㉢ 초록집에 사는 사람은 사무직에 종사한다.
- ㉣ 영업직에 종사하는 사람은 새를 기른다.
- ㉤ 노란 집 사람은 고양이를 키운다.
- ㉥ 오른쪽에서 두 번째 집에 사는 사람은 영업직에 종사한다.
- ㉦ A는 왼쪽에서 첫 번째 집에 살고 있다.
- ㉧ 강아지를 기르는 사람은 고양이를 기르는 사람의 옆에 산다.
- ㉨ A는 파란 집 옆집에 산다.

35. 다음 중 직업이 바르게 짝지어진 것은?

① A : 서비스직

② B : 사무직

③ C : 기술직

④ D : 영업직

36. 네 사람 중 한 사람이 토끼를 키운다면, 토끼를 키우는 사람의 직업은?

① 서비스직

② 사무직

③ 기술직

④ 영업직

37. 부산에서 근무하는 A 씨는 N사와 미팅을 위해 2시까지 N사에 도착해야 한다. 집에서 기차역까지 30분, 고속터미널까지 15분이 걸린다. 교통비와 스케줄이 다음과 같을 때, A 씨의 선택은 무엇인가? (단, 도착시간이 빠른 것을 우선순위로 두고, 도착시간이 동일하다면 비용이 저렴한 것을 우선순위로 한다.)

	방법	출발 시간	환승시간	이동시간	회사까지 걷는 시간	비용(원)
(가)	기차	8:25	–	5시간		9만
(나)	고속버스→ 버스	7:15	10분	6시간		7만 2천
(다)	기차→ 버스	7:20	20분	5시간 30분	10분	9만 2천
(라)	고속버스	8:05	–	5시간 25분		7만

① (가)
② (나)
③ (다)
④ (라)

38. N통신사를 사용하던 미정이는 서비스에 불만족을 느끼고 핸드폰을 새로 구입하면서 B통신사로 변경을 하였다. 미정이가 한 달에 총 190분을 통화하고, 데이터는 5.2G를 사용할 때, 다음 중 어떤 요금제를 선택해야 하는가?

1. 기본요금
※ 다음 사항을 포함하고 있으며, 아래 기준을 초과하여 사용하면 추가요금을 납부하셔야합니다.

기본요금서	A요금제	B요금제	C요금제	D요금제
기본요금	4만 6천원	5만 원	4만 8천원	5만 1천원
전화(분)	60	100	80	120
문자(통)	50	200	150	150
데이터(G)	1.7	2.5	1.5	3

2. 추가요금

추가요금서	A요금제	B요금제	C요금제	D요금제
전화(분/원)	90	100	95	120
문자(10통/원)	300	100	170	80
데이터(100M/원)	95	100	100	110

※ 1) 신규 고객님은 처음 1년(12개월)간은 요금제를 변경할 수 없습니다.
　2) 요금표를 기준으로 매달 사용금액은 다음 달 1일에 자동 납부됩니다.
　3) 신규 고객님은 기본요금이 5만 원 이상인 요금제를 사용하시면 처음 3달 동안은 최종요금(한 달 사용 요금)의 5%를 할인해드립니다.

① A요금제
② B요금제
③ C요금제
④ D요금제

| 39~40 | N회사에서는 1년에 1명을 선발하여 해외연수를 보내주는 제도가 있다. A 부장, B 과장, C 대리, D 대리 4명이 지원한 가운데 선발기준에 따라 고득점자를 선발한다고 한다. 다음을 보고 물음에 답하시오.

〈선발 기준〉

구분	점수	비고				
외국어 성적	50점	성적	85점 이상	70점 이상	50점 이상	50점 미만
		점수 비율	90%	80%	60%	40%
		사원이 보유한 외국어시험성적 중 가장 높은 성적에 따라 점수(50점)에 해당 비율을 곱하여 점수를 산출한 뒤 외국어 성적이 3개 이상이라면 5점 가산, 2개면 3점을 가산해준다.				
근무 경력	20점	10년 이상이 만점 대비 100%, 7년 이상 10년 미만이 70%, 7년 미만이 50%이다. 단, 근무경력이 최소 3년 이상인 자만 선발 자격이 있다.				
근무 성적	20점	근무성적은 기본적으로 20점을 주어주되, 지각한 횟수만큼 차감한다.				
포상	10점	5회 이상이 만점 대비 100%, 3 ~ 4회가 70%, 1 ~ 2회가 50%, 0회가 0%이다.				
계	100점					

※ 단, 점수가 동일할 경우 근무 경력이 더 많은 사람을 선발한다.

〈지원자 현황〉

구분	A 부장	B 과장	C 대리	D 대리
근무경력	10년	9년	4년	2년
외국어 성적	76점	88점, 92점	100점, 69점, 85점	97점, 80점, 59점
지각	5회	2회	6회	1회
포상	3회	4회	5회	5회

39. 지원자 현황과 선발기준에 따르면 해외연수를 갈 수 있는 사람은 누구인가?

① A 부장　　　　　　　　　　② B 과장
③ C 대리　　　　　　　　　　④ D 대리

40. 만약 외국어성적 개수에 따른 가산점을 선발기준에서 제외하고, 근무경력 3년 미만인 자를 근무경력 점수에 대해 만점 대비 50%의 점수를 부여한다면, 네 사람 중 해외연수로 선발되는 사람은?

① A 부장　　　　　　　　　　② B 과장
③ C 대리　　　　　　　　　　④ D 대리

41. 다음은 물품을 배송할 때, 물건의 정보와 요금을 나타낸 표이다. A지역부터 거리가 150km인 B지역까지 가로, 세로, 높이의 길이가 5m, 2m, 4m인 트럭을 이용해 옮긴다면 운송비용이 저렴한 물품부터 순서대로 나열한 것은? (단, 트럭에 최대한 많은 물건을 싣는다.)

구분	무게	부피(가로 · 세로 · 높이cm^3)	10kg요금(원)	10km당 요금(원)
A	5kg	$700 \times 30 \times 10$	6,000	2,500
B	3kg	$80 \times 60 \times 30$	5,000	4,000
C	3kg	$50 \times 50 \times 50$	5,500	3,000
D	2.5kg	$40 \times 20 \times 120$	4,000	8,000

① B, D, C, A

② B, C, A, D

③ A, C, D, B

④ A, D, B, C

42. 점포의 다양한 매력을 고려한 MCI(Multiplicative Competitive Interaction)모형에서 상품구색 효용, 판매원의 서비스 효용, 상업시설까지의 거리 효용 등을 포함하는 각종 인적자원 및 물적 자원에 대한 효용이 아래와 같을 때, B마트를 찾을 경우에 그 확률은 얼마인가?

〈성업시설 명단 및 효용치 구분〉			
구분	상품구색에 대한 효용치	판매원서비스에 대한 효용치	상업시설까지의 거리에 대한 효용치
A 할인점	10	3	5
B 마트	5	4	5
C 상점가	2	5	10
D 백화점	5	5	6

① 10%

② 20%

③ 30%

④ 40%

43. 다음은 자재 구입을 위해 단위 환산을 기록해 놓은 것이다. 잘못 이해한 것을 고르면?

구분	단위 환산		
길이	$1cm = 10mm$	$1m = 100cm$	$1km = 1,000m$
넓이	$1cm^2 = 100mm^2$	$1m^2 = 10,000cm^2$	$1km^2 = 1,000,000m^2$
부피	$1cm^3 = 1,000mm^3$	$1m^3 = 1,000,000cm^3$	$1km^3 = 1,000,000,000m^3$

※ 1) 甲 제품 하나를 제작하기 위해서는 A 부품 1,480mm, B 부품 0.0148km가 필요함
　 2) A 부품 보관을 위해 할당된 창고는 410m², B 부품 보관을 위해 할당된 창고는 100m²

① 甲 제품 한 개를 만드는 데 A 부품 1.4m, B 부품 14.8m가 필요하다.

② 甲 제품 한 개를 만드는 데 필요한 A 부품과 B 부품의 총 길이는 16.280cm이다.

③ A 부품과 B 부품의 보관을 위해 할당된 창고는 총 0.051km² 이다.

④ A 부품이 10m가 있다면, A 부품을 6개를 만들 수 있다. 단, B 부품은 고려하지 않는다.

44. 다음 중 ㉠에 들어갈 수치로 옳은 것은?

甲 : 지금 보는 자료는 30가구, 가구원수가 4명인 도시근로자가구의 한 달 생활비 자료야. 이 자료에서 평균과 표준편차 말고도 궁금한 값이 있어?

> 100, 105, 110, 111, 118, 112, 125, 130, 131, 135, 140, 144, 110, 148, 148,
> 152, 163, 170, 171, 178, 159, 181, 200, 204, 222, 217, 230, 236, 260, 400

乙 : 최댓값과 최솟값을 좀 알고 싶어. 생활비를 많이 쓰는 사람은 과연 얼마나 쓰나 궁금해.

丙 : 난 ㉠중앙값이 알고 싶어.

乙 : 아, 그리고 난 상류층의 생활비도 궁금해.

甲 : 상류층? 상류층은 어느 정도로 구분할까?

丙 : 음…. 상위 25%가 적당할 것 같은데?

甲 : 좋아. 하위 25%까지 구하면 하류층 경계선까지 구할 수 있겠다. 그럼 말한 내용을 정리해볼게.

> • 최솟값(min)　　　　　　• 상위 25%값(Q3)
> • 하위 25%값(Q1)　　　　• 최댓값(max)
> • 중앙값(Q2; M)

이렇게 수집한 30가구의 생활비에 대해 이야기 해보자.

① 150　　　　　　　　　　② 160

③ 170　　　　　　　　　　④ 180

┃45~46┃ 다음은 ○○회사 영업팀, 경영팀, 개발팀의 3월 일정표 및 메모이다. 9월 1일이 화요일일때, 다음을 보고 물음에 답하시오.

<표>

〈3월 일정표〉					
영업팀		경영팀		개발팀	
16일 → 회사 전체 회의					
7	개발팀과 A제품 판매 회의	10	영업팀과 A제품 판매를 위한 회의	1	A제품 개발 마감
10	경영팀과 A제품 판매를 위한 회의	25	다음 달 채용 준비 시작	4	A제품 시연
14	국내에서 A제품 판매시작			7	영업팀과 A제품 판매를 위한 회의

〈필독사항〉		
영업팀	경영팀	개발팀
• 경영팀과 판매회의를 끝낸 후에 국내에서 판매를 시작하겠습니다. • 국내에서 제품 판매 이후에 해외에서 제품을 판매하려고 계획 중입니다.	• 출장을 다녀오신 분들은 출장 직후 경영팀에게 보고해주세요. • 채용 준비 시작 일주일 동안은 바쁘니 보고사항은 그 전에 해주세요.	• 영업팀은 국내외의 제품 사용자들의 후기를 듣고 정리하여 개발팀에 보고해주세요.

45. 영업팀 이 대리는 A제품 판매를 위해 해외로 3박 4일 동안 출장을 다녀왔다. 출장 시작일 또는 도착일 중 어느 날도 주말이 아니었으며, 출장보고를 작성하는 데 하루가 소요되었다면, 이 대리는 언제 출발하였는가?

① 17일　　　　　　　　　　　② 18일
③ 20일　　　　　　　　　　　④ 21일

46. 이 대리는 출장 이후 개발팀에게 전할 보고서를 2일 동안 작성했다고 한다. 보고서 작성을 끝낸 다음 날 개발팀에게 보고서를 넘겨주었을 때, 개발팀이 보고서를 받은 요일은?

① 화　　　　　　　　　　　　② 수
③ 목　　　　　　　　　　　　④ 금

47. 다음 글을 근거로 판단할 때, 함께 파견 갈 수 있는 사람들이 바르게 짝지어진 것은?

> N회사는 업무상 지방으로 파견이 잦은 편이다. 인사팀 A 씨는 매달 파견 갈 직원들을 정하는 업무를 담당하고 있다. 이번 달에는 부산−4명, 대구−3명, 강릉−1명, 울산−4명이 파견을 가야한다.
>
> 파견을 갈 직원은 A ~ G 7명이며 개인별 파견 가능한 지역은 다음과 같다. 한 사람이 두 지역까지만 파견을 갈 수 있으며, 모든 사람은 한 지역 이상에 파견을 가야 한다.

구분	A	B	C	D	E	F	G
부산	–	–	O	–	O	O	O
대구	O	O	O	–	O	–	O
강릉	–	–	–	O	–	–	O
울산	–	O	O	O	–	–	O

① A, G ② B, G

③ C, E ④ D, F

48. 어느 공장에서 A제품과 B제품을 1회에 각각 10개씩 제조한다. 다음을 참고하여 A와 B제품을 불량품 없이 100개, 150개 만드는 데 필요한 금액을 구하시오. (단, 공장은 제품을 1개씩 제조하지 않고 1회씩 제조한다.)

〈제품 제조 시 나오는 불량품과 필요한 재료〉

A			B		
불량품	고무	플라스틱	불량품	고무	플라스틱
4개	5kg 필요	3kg 필요	2개	4kg 필요	4kg 필요

〈재료의 가격〉

(1) **고무**(5kg 단위로 판매)
 • 60kg까지 5kg에 2,500원
 • 61kg부터 5kg에 3,000원

(2) **플라스틱**(2kg 단위로 판매)
 • 20kg까지 2kg에 1,000원
 • 21kg부터 1kg에 1,000원

① 182,000원 ② 184,000원

③ 186,000원 ④ 188,000원

49. 다음은 농협 비전 2025를 나타낸 것이다. ㈜에 들어갈 슬로건은?

〈비전 2025〉
농업이 대우받고 농촌이 희망이며 농업인이 존경받는
(㈜)

- 농업인과 국민, 농촌과 도시, 농축협과 중앙회, 그리고 임직원 모두 협력하여 농토피아를 구현하겠다는 의지
- 60년을 넘어 새로운 100년을 향한 위대한 농협으로 도약하겠다는 의지

① 농협, 100년 비상
② 100년, 농협의 과거와 미래
③ 함께하는 100년 농협
④ 함께한 과거, 함께할 미래 100년 농협

50. 조직변화에 대한 설명으로 옳은 것은?

㉠ 조직변화는 제품, 서비스, 전략, 기술 문화 등에서 이루어진다.
㉡ 조직의 문화를 일치시키기 위해 목적을 변화시키기도 한다.
㉢ 조직의 변화는 환경변화를 인지하는 데에서 시작한다.
㉣ 기존 조직구조나 경영방식하에서 환경변화에 따라 제품·기술을 변화시킨다.

① ㉠㉡
② ㉠㉢
③ ㉡㉣
④ ㉢㉣

51. 사원 A 씨는 고객 참여 현장 이벤트에 대한 내용을 협력부서에 메일로 보내려 한다. 다음 중 잘못 작성 된 부분은?

일시 : 2022년 6월 23일 PM 2:30
수신 : ① 경영지원팀
참조 : ② 영업1팀
발신 : 영업1팀 사원 A
제목 : ③ 하반기 프로모션 기간 중 고객 참여 현장 이벤트

안녕하세요, 영업1팀 사원A입니다.
영업1팀에서 2022년 8월 중에 하반기 프로모션을 진행할 계획을 갖고 있습니다. 프로모션 기간과 영업2팀에서 담당하고 있는 지역의 주요 경쟁사 할인 일정 및 할인율 확인이 필요하오니 ④ 6/29(화) 13시에 10층 소회의실에서 있을 회의에 팀장 또는 담당 사원의 참여를 바랍니다.
감사합니다.

---

52. 다음은 농협의 핵심가치를 나타낸 것이다. 다음 중 (가)와 (나)에 해당하는 것은?

(가) : 소비자에게 합리적인 가격으로 더 안전한 먹거리를, 농업인에게 더 많은 소득을 제공하는 유통개혁 실현
(나) : 농업인 영농지원 강화 등을 통한 농업경쟁력 제고로 농업인 소득 증대 및 삶의 질 향상
(다) : 농협의 정체성 확립과 농업인 실익 지원 역량 확충을 통해 농업인과 국민에게 신뢰받는 농협 구현
(라) : 4차 산업혁명 시대에 부응하는 디지털 혁신으로 농업·농촌·농협의 미래 성장동력을 창출
(마) : 지역사회의 구심체로서 지역사회와 협력하여 살고 싶은 농촌 구현 및 지역경제 활성화에 기여

---

① 농업인과 소비자가 함께 웃는 유통 대변화, 경쟁력 있는 농업 잘사는 농업인

② 정체성이 살아있는 든든한 농협, 지역과 함께 만드는 살고 싶은 농촌

③ 미래 성장동력을 창출하는 디지털 혁신, 정체성이 살아있는 든든한 농협

④ 지역과 함께 만드는 살고 싶은 농촌, 경쟁력 있는 농업 잘사는 농업인

53. 다음 형태의 조직을 보고 바르게 말하고 있는 사람을 모두 고른 것은?

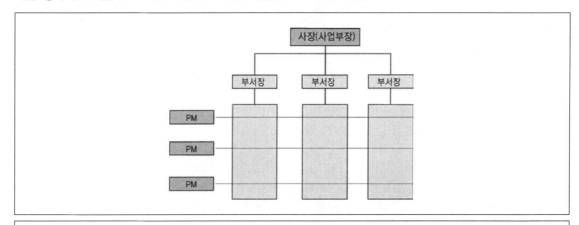

지영 : 환경의 불확실성이 상당히 높고 조직의 목표가 기술적 전문성 및 제품혁신, 변화가 조직의 목표를 달성하는 데 중요한 경우에 적합한 구조라는 것을 알 수 있지.
해준 : 이러한 형태의 조직은 기존의 전통적 기능조직이 지녔던 의사결정 지연이나 수비적 경영 등의 단점을 보완하고 있어.
민지 : 서로 다른 기능부서에 속해 있는 전문 인력들이 프로젝트 관리자가 이끄는 프로젝트에서 함께 일하는 형태야.
아림 : 이러한 조직구조의 경우에 명령일원화가 이루어져 조직질서가 가장 빠르게 자리 잡히는 구조라 볼 수 있어.

① 지영, 해준
② 민지, 아림
③ 지영, 해준, 민지
④ 해준, 민지, 아림

54. 다음 중 SWOT 분석에 대한 설명이 바르게 짝지어 진 것은?

㉠ 위협 : 조직 활동에 불이익을 미치는 요인
㉡ 약점 : 조직의 효과적인 성과를 방해하는 자원·기술·능력
㉢ 강점 : 조직 외부 환경으로 조직 활동에 이점을 주는 요인
㉣ 기회 : 조직 내부 환경으로 조직이 우위를 점할 수 있는 요인

① ㉠㉡
② ㉢㉣
③ ㉡㉢㉣
④ ㉠㉡㉢㉣

55. 다음은 조직의 유형에 대한 설명이다. 옳은 것을 모두 고른 것은?

> ㉠ 조직은 영리성을 기준으로 공식조직과 비공식조직으로 구분할 수 있다.
> ㉡ 조직은 비공식조직으로부터 공식조직으로 발전해왔다.
> ㉢ 정부조직은 비영리조직에 속한다.
> ㉣ 비공식조직 내에서 인간관계를 지향하면서 공식조직이 생성되기도 한다.
> ㉤ 기업과 같이 이윤을 목적으로 하는 조직을 공식조직이라 한다.

① ㉠㉣

② ㉡㉢

③ ㉣㉤

④ ㉢㉤

56. 농협은 신뢰받는 조직으로 발돋움하기 위하여 5가지의 인재상을 정립하였다. 다음 중 농협의 인재상에 포함되는 것을 모두 고른것은?

> ㉠ 헌신적 열정을 가진 도전가
> ㉡ 행복의 파트너
> ㉢ 최고의 전문가
> ㉣ 고객가치 창출에 기여하는 자
> ㉤ 상호존중과 신뢰의 상생인
> ㉥ 도덕성을 갖춘 인재

① ㉠㉡㉤

② ㉡㉢㉥

③ ㉢㉣㉤

④ ㉣㉤㉥

57. 조직구조에 대한 설명으로 옳지 않은 것은?

① 공식화(formalization)의 수준이 높을수록 조직구성원들의 재량이 증가한다.

② 통솔범위(span of control)가 넓은 조직은 일반적으로 저층구조의 형태를 보인다.

③ 집권화(centralization)의 수준이 높은 조직의 의사결정권한은 조직의 상층부에 집중된다.

④ 명령체계(chain of command)는 조직 내 구성원을 연결하는 연속된 권한의 흐름으로, 누가 누구에게 보고하는지를 결정한다.

58. 다음은 조직구조에 대한 그림이다. (가)와 (나)에 들어갈 조직구조는?

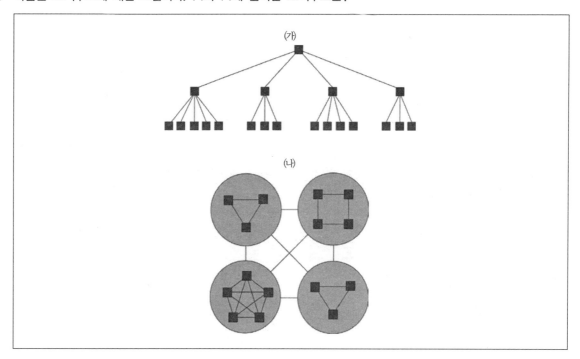

① 수평구조, 유기적 구조

② 수직구조, 기계적 구조

③ 유기적 구조, 기계적 구조

④ 기계적 구조, 유기적 구조

59. 다음은 농협의 윤리경영제도에 대한 설명이다. 밑줄 친 '이 제도'로 옳은 것은?

> 농협은 2002년 9월부터 <u>이 제도</u>를 도입하여, 협력업체와의 거래 시 각종 뇌물이나 선물, 향응접대, 편의제공 등 요구하거나, 받거나, 받기로 약속하거나 결탁하여 일방에게 유리한 또는 불리한 판단을 내리지 않도록 서약하는 제도를 시행하고 있다. 이 제도는 거래 업무 계약 시, 협력업체와 거래 부서 간에 청렴한 거래를 할 것을 다짐하는 절차로서 입찰 전에 안내문을 작성하여 충분히 이해할 수 있도록 공고하고, 계약담당자와 계약업체가 각서를 각각 작성하여 계약서에 첨부하도록 하고 있다. 농협은 협력업체가 이를 위반할 경우, 입찰제한, 계약해지, 거래중단 등의 조치를 취하게 된다.

① 청렴계약제도

② 클린신고센터제도

③ 공익신고제도

④ 클린계약제도

60. 다음 중 팀제의 특성에 대한 설명으로 바르지 않은 것은?

① 구성원 간의 이질성과 다양성의 결합과 활용을 통한 시너지 효과를 촉진한다.

② 팀의 자율적 운영을 통해 구성원의 자아욕구를 충족하고 성취감을 높인다.

③ 업무중심의 조직이므로 의사결정의 신속성과 기동성을 제고할 수 있다.

④ 경영환경에 유연하게 대처하지 못해 기업의 경쟁력을 제고할 수 없다.

PART
02

정답 및 해설

제 01 회 정답 및 해설

제1회 모의고사																		문제 p.034	
1	2	3	4	5	6	7	8	9	10	11	12	13	14	15	16	17	18	19	20
④	②	①	④	④	⑤	③	②	④	④	②	③	⑤	④	②	④	④	⑤	③	④
21	22	23	24	25	26	27	28	29	30	31	32	33	34	35	36	37	38	39	40
④	⑤	③	③	⑤	③	⑤	②	⑤	④	③	④	④	③	①	②	④	④	③	④
41	42	43	44	45	46	47	48	49	50	51	52	53	54	55	56	57	58	59	60
④	⑤	③	④	②	④	③	②	⑤	②	③	③	④	①	⑤	①	②	④	⑤	
61	62	63	64	65	66	67	68	69	70										
③	①	④	⑤	④	④	③	③	④	①										

1. ④

부각(浮刻)은 어떤 사물을 특징지어 두드러지게 함을 이르는 말로, 어떤 부분을 특별히 강하게 주장하거나 두드러지게 함을 이르는 강조(強調)와 유의관계이다.

④ 유의관계
- 격언(格言) : 오랜 역사적 생활 체험을 통하여 이루어진 인생에 대한 교훈이나 경계 따위를 간결하게 표현한 짧은 글
- 금언(金言) : 삶에 본보기가 될 만한 귀중한 내용을 담고 있는 짤막한 어구

① 반의관계
- 정착(定着) : 일정한 곳에 자리를 잡아 붙박이로 있거나 머물러 삶
- 방랑(放浪) : 정한 곳 없이 이리저리 떠돌아다님

② 반의관계
- 단계(段階) : 일의 차례를 따라 나아가는 과정
- 비약(飛躍) : 나는 듯이 높이 뛰어오름

③ 반의관계
- 전반(全般) : 어떤 일이나 부문에 대하여 그것에 관계되는 전체 또는 통틀어서 모두
- 일면(一面) : 물체나 사람의 한 면 또는 방면

⑤ 반의관계
- 방임(放任) : 돌보거나 간섭하지 않고 제멋대로 내버려 둠
- 간섭(干涉) : 직접 관계가 없는 남의 일에 부당하게 참견함

2. ②

여요(餘饒)는 흠뻑 많아서 넉넉함을 이르는 말로 재물이 다 떨어져 곤궁함을 이르는 곤갈(困竭)과 반의관계이다.

② 반의관계
- 간대(懇待) : 후하게 대접함
- 박우(薄遇) : 박한 대우나 대접

① 유의관계
- 부조화(不調和) : 서로 잘 어울리지 아니함
- 실조(失調) : 조화나 균형을 잃음

③ 유의관계
- 도섭 : 주책없이 능청맞고 수선스럽게 변덕을 부리는 짓
- 괘사 : 변덕스럽게 익살을 부리며 엇가는 말이나 짓

④ 유의관계
- 상치(相馳) : 일이나 뜻이 서로 어긋남
- 불일치(不一致) : 의견이나 생각 따위가 서로 어긋나서 꼭 맞지 아니함

⑤ 유의관계
- 팔자(八字) : 사람의 한평생의 운수
- 녹명(祿命) : 사람이 본래 타고난 운명

3. ①

동물과 개는 상하관계를 이룬다. 따라서 빈칸에는 건반악기의 하의어 피아노가 적절하다.

4. ④

허공(虛空)과 요확(寥廓)은 텅 빈 공중을 나타내는 말로 유의관계를 이룬다. 따라서 빈칸에는 결정(決定)의 유의관계인 단안(斷案)이 적절하다.

5. ④

제시된 문장에서 '붙다'는 '어떤 일에 나서다. 또는 어떤 일에 매달리다'의 의미로 사용되었다. 따라서 같은 의미로 사용된 것은 ④이다.
① 맞닿아 떨어지지 아니하다.
② 조건, 이유, 구실 따위가 따르다.
③ 불이 옮아 타기 시작하다.
⑤ 어떤 장소에 오래 머무르다.

6. ⑤

제시된 문장에서 '차다'는 '날쌔게 빼앗거나 움켜 가지다'의 의미로 사용되었다. 따라서 같은 의미로 사용된 것은 ⑤이다.

① (비유적으로) 자기에게 베풀어지거나 차례가 오는 것을 받아들이지 않다.

② 발을 힘껏 뻗어 사람을 치다.

③ 발로 힘 있게 밀어젖히다.

④ 혀끝을 입천장 앞쪽에 붙였다가 떼어 소리를 내다.

7. ③

세 단어 모두와 관련된 것은 '타령'이다. 타령은 판소리와 잡가를 통틀어 이르는 말로 까투리타령, 토끼타령, 변강쇠타령 등이 있다.

8. ②

세 단어 모두와 관련된 것은 '장마'이다.

• **적림(積霖)** : 계속해서 내리는 장마'라는 의미로 '장마'의 유의어이다.

• **윤흥길** : 한국전쟁과 이념 대립에 대해 사실적으로 그려낸 단편소설 「장마」의 작가이다.

9. ④

지문에서는 폐기물을 소각하면 과태료가 부과되니 주의할 것을 요하는 맥락이므로 '단단히 부탁함'을 뜻하는 '정촉(叮囑)'이 적절하다.

① **응낙(應諾)** : 상대편의 요청에 응하여 승낙함, 또는 상대편의 말을 들어줌

② **범과(應諾)** : 잘못을 저지름

③ **조치(應諾)** : 벌어지는 사태를 잘 살펴서 필요한 대책을 세워 행함, 또는 그 대책

⑤ **공치사(空致辭)** : 빈말로 칭찬함, 또는 그렇게 하는 칭찬의 말

10. ④

농업부문의 집중호우 피해 정도를 헤아려 지원금을 준비하였다는 맥락이므로, '헤아려서 갖춤'을 뜻하는 '마련'이 빈칸에 들어갈 단어로 가장 적절하다.

① **알선(斡旋)** : 남의 일이 잘되도록 주선하는 일

② **장만** : 필요한 것을 사거나 만들거나 하여 갖춤

③ **구축(構築)** : 체제, 체계 따위의 기초를 닦아 세움

⑤ 계발(啓發) : 슬기나 재능, 사상 따위를 일깨워 줌

※ '마련'과 '장만'은 유의관계지만, '장만'은 '음식이나 살림살이 등 구체적인 물건을 사거나 만들어 갖춤'을 뜻할 때 주로 쓴다.

11. ②

㉠ **생각건대** : 한글 맞춤법 제4장 제5절 제40항 [붙임 2]에 따라 어간의 끝음절 '하'가 아주 줄 적에는 준 대로 적으므로 '생각하건대'는 '생각건대'로 적는다.

㉡ **이르다** : 어떤 사람의 잘못을 윗사람에게 말하여 알게 하다.

㉢ **꺾이다** : 기세나 기운 따위가 약해지다.

12. ③

'녹슬다'는 '녹스니까, 녹습니다'와 같이 어간 '녹슬'의 끝 'ㄹ' 뒤에 'ㄴ, ㅂ'이 오면 'ㄹ'이 탈락한다. 따라서 '녹슨'이 된다.

13. ⑤

동국정운(東國正韻)은 조선 세종 때 간행된 책으로 우리나라 한자음을 새로운 체계로 정리한 최초의 음운서이다. 훈민정음의 창제 원리와 배경연구에도 귀중한 자료가 되고 있다.

① **만화방창**(萬化方暢) : 따뜻한 봄날에 만물이 나서 자람을 이른다.

② **비아부화**(飛蛾赴火) : 여름의 벌레가 날아서 불 속으로 들어감을 이른다.

③ **장장하일**(長長夏日) : 길고 긴 여름 해를 이른다.

④ **정안홍엽**(征雁紅葉) : 기러기가 날고 단풍이 듦을 이른다.

14. ④

'국궁진력(鞠躬盡力)'은 '존경하는 마음으로 몸을 낮춰 온힘을 다함'의 의미로, 제시된 상황에서 농협의 각오를 표현할 수 있는 적절한 한자성어이다.

① **다문박식**(多聞博識) : 보고 들은 것이 많고 아는 것이 많음을 이른다.

② **역마직성**(驛馬直星) : 늘 분주하게 이리저리 돌아다니는 사람을 이른다.

③ **온정정성**(溫凊定省) : 자식이 효성을 다하여 부모를 섬기는 도리를 이른다.

⑤ **진천동지**(震天動地) : '소리 따위가 하늘과 땅을 뒤흔듦'이라는 뜻으로, 위력이나 기세를 천하에 떨침을 비유적으로 이른다.

15. ②

문서를 작성하는 데 있어 근거 자료의 제시는 정보의 신뢰성을 높여 준다.

16. ④

이 글이 주제는 마지막 문단에 '그러므로 ~' 뒤로 이어지는 부분이라고 할 수 있다.

17. ④

4문단에 따르면 매체를 통한 관계 맺기에서 얻은 지지나 소속감은 피상적이거나 위선적 관계에 기반한 경우가 많다. 따라서 매체를 통한 관계 맺기는 개인이 느끼는 소외감과 고립감을 극복할 수 있게 하는 근본적인 방법으로 볼 수 없다.

18. ⑤

㉠의 '놓다'는 '논의의 대상으로 삼다'의 의미로 쓰였다. 따라서 유사한 의미로 사용된 것은 ⑤가 된다.
① 걱정이나 근심, 긴장 따위를 잊거나 풀어 없애다.
② 노름이나 내기에서 돈을 걸다.
③ 손으로 무엇을 쥐고나 잡거나 누르고 있는 상태에서 손을 펴거나 힘을 빼서 잡고 있던 물건이 손 밖으로 빠져나가게 하다.
④ 짐승이나 물고기를 잡기 위하여 일정한 곳에 무엇을 장치하다.

19. ③

청색광의 유해성과 관련하여 눈 건강에 해롭다는 관점에 대해서만 제시되고 있다.

20. ④

해당 문맥에서 '저하(低下)'는 '정도, 수준, 능률 따위가 떨어져 낮아짐'의 뜻을 가진다.

21. ④

첫 번째 숫자와 두 번째 숫자를 더한 값에 ÷2를 하면 세 번째 숫자가 나온다. 따라서 (   ) 안에 들어갈 수는 18이 된다.

22. ⑤

첫 번째 숫자 ~ 세 번째 숫자를 더한 값에 순서대로 2, 3, 4 …가 곱해진다. 따라서 (   ) 안에 들어갈 수는 85가 된다.

23. ③

① $5,524 \div 4 + 21 = 1,381 + 21 = 1,402$

② $5,184 - 818 \div 0.2 = 5,184 - 4,090 = 1,094$

③ $(4,912 - 1,234) \times 0.5 = 3,678 \times 0.5 = 1,839$

④ $6,561 \times \dfrac{1}{3} \div \dfrac{3}{2} = 6,561 \times \dfrac{1}{3} \times \dfrac{2}{3} = 1,458$

⑤ $1,546 + 8 \times 13 = 1,650$

24. ③

1kt = 1,000t이고 1t = 1,000kg이므로 3kt = 3,000,000kg이다.

25. ⑤

매해 인구가 같은 비율로 증가한다고 하였으므로, 10년간의 인구 증가율은 5년간의 인구 증가율을 제곱한 것으로 쉽게 구할 수 있다.

첫해의 인구를 x, 5년마다 인구 증가율을 r 이라고 가정하면,

10년 후의 인구수 $= x(1+r)^2$이고 $x(1+r)^2 = x(1+0.44)$가 성립한다.

따라서 $(1+r)^2 = \dfrac{144}{100}$, $1+r = \sqrt{\dfrac{144}{100}} = 1.2$이므로 $r = 0.2$이다.

26. ③

25m/s의 속력을 시속으로 환산하면 90km/h이다. 집에서 부산항까지의 거리가 450km이므로 90km/h 속력으로 이동할 시 5시간이 걸린다. 이때 부산항 도착 후 제주행 배의 승선권을 구매하고 배를 타기까지 20분이 소요된다고 하였으므로, 부산항에서 오후 12시에 출발하는 제주행 배를 타기 위해서는 집에서 적어도 오전 6시 40분에는 출발해야 한다.

27. ⑤

거리 = 속력 × 시간, 속력 = $\dfrac{거리}{시간}$, 시간 = $\dfrac{거리}{속력}$ 로, 올라갈 때와 내려올 때의 거 · 시 · 속을 구하면 다음과 같다.

구분	올라갈 때	내려올 때
거리(km)	x	y (이때, $y=x+5$)
속력(km/h)	3	4
시간(시)	$\dfrac{x}{3}$	$\dfrac{y}{4}$

이를 바탕으로 연립방적식을 세우면

$y=x+5$ … ㉠

$\dfrac{x}{3}+\dfrac{y}{4}=3$ (∵ 총 시간에서 쉬는 시간은 제외) … ㉡

㉠, ㉡을 연립하여 풀면 $x=3$, $y=8$이므로 걸은 거리는 총 11km이다.

28. ②

전체 일의 양을 1이라고 할 때, 형이 하루에 할 수 있는 일의 양은 $\dfrac{1}{4}$이고 동생이 하루에 할 수 있는 일의 양은 $\dfrac{1}{8}$이다. 따라서 둘이 함께 이 일을 할 경우 하루에 할 수 있는 일의 양은 $\dfrac{1}{4}+\dfrac{1}{8}=\dfrac{3}{8}$이 된다.

둘이 함께 일을 하는 날 수를 x라고 할 때, 형이 감기로 일을 하루 쉬었으므로

$\dfrac{3}{8}x+\dfrac{1}{8}=1$, $x=\dfrac{7}{3}$이다. 즉, 둘이 함께 $\dfrac{7}{3}$일만큼 일을 하고, 동생이 혼자 하루 일을 해야 땅 고르기를 끝낼 수 있다.

그런데 도중에 비가 와서 하루를 쉬었으므로 땅 고르기를 끝내는 데 소요된 총 시간은 $\dfrac{7}{3}+1+1=4\dfrac{1}{3}$일이 된다.

따라서 땅 고르기를 끝내는 데는 최소 5일이 걸린다.

29. ⑤

조합의 공식은 $_nC_r=\dfrac{_nP_r}{r!}=\dfrac{n!}{r!(n-r)!}$ 이므로, $\dfrac{6!}{3!(6-3)!}$이 된다.

$\dfrac{6\times5\times4\times3\times2\times1}{(3\times2)(3\times2\times1)}=20$가 되므로, 20가지 조합이 가능하다.

30. ④

$AB + C = (x^2 + x)(2x - 3) + 2x^2 + 3x - 5 = 2x^3 - 3x^2 + 2x^2 - 3x + 2x^2 + 3x - 5 = 2x^3 + x^2 - 5$

31. ③

직사각형의 짧은 쪽 변의 길이를 a, 긴 쪽 변의 길이를 b라고 할 때, 밧줄의 길이가 12m이므로 $2a + b \leq 12$여야 한다. a, b가 정수이며, 밧줄을 최대로 이용하는 경우 부등식이 성립할 수 있는 (a, b)의 조합은 (1, 10), (2, 8), (3, 6)의 세 가지로 이 중 꽃밭의 넓이 ab의 값이 최대가 되는 경우는 (3, 6)에 해당한다. 따라서 이 꽃밭의 넓이의 최댓값은 $18m^2$이다.

32. ④

밥류와 면류에서 각각 선택할 수 있는 가지 수가 5가지씩이므로 한 가지씩 골라 주문할 경우 총 $5 \times 5 = 25$가지가 된다.

33. ④

9 이하의 수가 적힌 카드가 나올 확률은 1이다.

34. ③

연이자율을 r, 납입 개월 수를 n이라고 할 때

[甲이 받을 수 있는 총 금액]

- 원금 : $200,000 \times 24 = 4,800,000$원

- 이자 : $200,000 \times \dfrac{n(n+1)}{2} \times \dfrac{r}{12} = 200,000 \times \dfrac{24(24+1)}{2} \times \dfrac{0.05}{12} = 250,000$원

∴ $4,800,000 + 250,000 = 5,050,000$원

[乙이 받을 수 있는 총 금액]

- 만기 수령액 = 원금 $\times \left(1 + r \times \dfrac{n}{12}\right) = 5,000,000 \times \left(1 + 0.02 \times \dfrac{24}{12}\right) = 5,200,000$원

따라서 2년 뒤 甲과 乙이 받을 수 있는 금액의 차이는 150,000원이다.

35. ①

표를 채우면 다음과 같다.

후보 \ 응답자의 종교	불교	개신교	가톨릭	기타	합
A	130	(가) 130	60	300	(620)
B	260	(100)	30	350	740
C	(195)	(나) 130	45	300	(670)
D	65	40	15	(50)	(170)
계	650	400	150	1,000	2,200

36. ②

같은 조에 포함된 지역끼리 서로 한 번씩 경기한다고 하였으므로, 서울 지역이 포함된 조의 지역은 서울과 경기를 치른다. 따라서 경기와 전남이다.

37. ④

A사를 이용하는 것이 B사를 이용하는 것보다 택배비가 더 저렴해지는 구간은 총 무게가 1,500g 초과 ~ 2,000g 이하에 해당할 때이다. 여기서 상자 한 개의 무게가 100g이므로 꿀 10병의 무게만 고려하면 1,400g 초과 ~ 1,900g 이하가 된다. 따라서 꿀 한 병의 무게인 x의 최댓값은 190g이다.

38. ④

④ 지역별 지점 수가 같다고 했으므로 농어촌 비중이 작은 지역의 1지점당 연간 서비스 투자 평균은 $\frac{650 + 645}{2} = 647.5$만 원으로, 농어촌 비중이 큰 지역의 1저점 당 연간 서비스 투자 평균인

$\frac{1,115 + 1,187}{2} = 1151$의 50%를 초과한다.

39. ③

일평균 기온이 26℃ 이상인 날은 4일, 5일, 7일로, 이날의 일평균 미세먼지 농도는 48, 35, 54이다.
따라서 이 3일의 일평균 미세먼지 농도의 평균을 구하면
$\frac{48 + 35 + 54}{3} = 45.666 \cdots$이므로, 약 $45.7 \mu g/m^3$이다.

40. ④

1주일 중 일평균 기온이 가장 높은 날은 4일로, 이날의 일평균 미세먼지 농도는 $48\mu g/m^3$이다. 또, 1주일 중 일평균 미세먼지 농도가 가장 낮은 날은 1일로, 이날의 일평균 기온은 25.1℃이다. 따라서 이 둘의 차는 $48-25.1=22.9$이다.

41. ④

㉠을 도식화하면   ㉡을 도식화하면   ㉠과 ㉡을 통해 결론을 도출하면

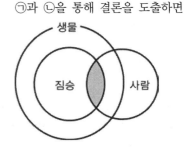

따라서 정답은 ④이다.

42. ⑤

명제 2와 명제 1을 이용해 결론을 얻기 위해서는,
'밤이 오면 해가 들어간다 → (해가 들어가면 밝지 않다) → 밝지 않으면 별이 뜬다'로 연결할 수 있다. 따라서 필요한 명제 3은 '해가 들어가면 밝지 않다' 또는 그 대우인 '밝으면 해가 들어가지 않는다'가 된다.

43. ③

세 사람 중 한 사람만 사실을 말하고 있으므로 각각의 경우를 대입하여, 논리적 오류가 없는 것이 정답이 된다.
- **甲이 사실을 말하고 있는 경우**: 조건에 따라 乙과 丙은 거짓말이 되는데, 이는 甲이 먹은 사탕의 개수가 5개일 때만 논리적으로 성립이 가능하다.
- **乙이 사실을 말하고 있는 경우**: 조건에 따라 甲과 丙은 거짓말이 되는데, 乙이 사실일 경우 甲도 사실이 되므로 조건에 모순된다.
- **丙이 사실을 말하고 있는 경우**: 조건에 따라 甲과 乙은 거짓말이 되는데, 丙이 사실일 경우 甲도 사실이 되므로 조건에 모순된다.
따라서 甲이 사실을 말하고 있으면서 사탕을 5개를 먹은 경우에만 전제 조건이 성립하므로, 정답은 ③이다.

44. ④

명제가 참일 경우 항상 참이 되는 것은 대우이다. 주어진 조사 결과를 도식화하여 정리하면 다음과 같다.

조사 결과	대우
정육 → ~과일	과일 → ~정육
~한과 → 과일	~과일 → 한과
~건어물 → 햄 세트	~햄 세트 → 건어물
건어물 → ~정육	정육 → ~건어물

따라서 첫 번째 조사 결과(정육 → ~과일)와 두 번째 조사 결과의 대우(~과일 → 한과)를 통해 (정육 → ~과일 → 한과)가 성립하므로, ④는 항상 참이 된다.

45. ④

보기의 내용을 바탕으로 5Why 단계를 구성해 보면 다음과 같다.

[문제] 최종 육안 검사 시 간과하는 점이 많다.
• 1Why : 왜 간과하는 점이 많은가? → 제대로 보지 못하는 경우가 많다.
• 2Why : 왜 제대로 보지 못하는가? → 잘 보이지 않을 때가 있다.
• 3Why : 왜 잘 보이지 않는가? → 작업장 조명이 어둡다.
• 4Why : 왜 작업장 조명이 어두운가? → 조명의 위치가 좋지 않다.
• 5Why : 왜 조명의 위치가 좋지 않은가? → 작업장 조명에 대한 기준이 없다.
[해결책] 작업장 조명에 대한 기준을 표준화한다.

46. ②

브레인스토밍은 한 주제에 대해 생각나는 대로 자유롭게 발상하는 자유연상법의 하나이다. 아이디어에 대해서는 질보다 양을 추구하며 가능한 한 많은 아이디어를 제시하도록 격려하지만, 브레인스토밍에 참여하는 인원이 많을 수록 좋은 것은 아니다. 브레인스토밍의 경우 보통 5 ~ 8명 정도의 인원으로 구성하되, 구성원은 다양한 분야의 사람들로 선정한다.

47. ④

30 ~ 50대 여성이 90%를 차지하는 고객 구성의 상황에서 남성 고객 유치를 위해 남성적인 브랜드 이미지를 구축하는 것은 주 고객층의 외면을 불러올 수 있다.

48. ③

장마가 시작되면 비가 오는 날이 평소보다 많아진다는 것은 가치 있는 정보로 보기 어렵다. '오늘부터 장마가 시작된다'는 사실을 통해 도출할 수 있는 가치 있는 정보로는 '폭우에 대비하여 시설물을 점검한다' 등이 있을 수 있다.

49. ②

생산원가 절감은 약점에 해당하는 높은 가격대를 조정하기 위한 해결책으로 WT 전략에 해당한다.

50. ⑤

노조와 경영진 간의 대립 심화는 내부환경요인으로 약점에 해당한다.

51. ②

[질문 1-2-3]에 따른 조사 결과를 바탕으로 '시민들의 이용 행태' 개선을 위해 취할 수 있는 방법을 생각할 수 있다. ② 시설물의 질과 양은 공원 이용에 만족하는 가장 큰 원인이다.

52. ③

버스 정류장 위치의 좌표 값을 x라고 할 때, 주어진 조건에 따라 버스 정류장에서 도서관까지의 거리 $x-30$와 버스 정류장에서 영화관까지의 거리 $x-70$의 합이 80 이하여야 한다.

이를 부등식으로 표현하면 $|x-30|+|x-70| \leq 80$이다.

($\because$ 정류장이 위치는 좌우, 가운데 어디든 될 수 있으므로)

따라서 $-80 \leq (x-30)+(x-70) \leq 80$이고, 버스 정류장의 위치는 $10 \leq x \leq 90$ 사이가 된다.

즉, 버스 정류장은 도서관으로부터 좌표상 최대 60만큼 떨어진 곳에 설치할 수 있다.

53. ③

방송광고와 방송연설로 구분하여 계산해 볼 수 있다.

구분		최대 시간
방송광고		15회 × 1분 × 2매체 = 30분
방송연설	비례대표	대표 2인 × 10분 × 2매체 = 40분
	지역구	후보자 100명 × 10분 × 2매체 × 2회 = 4,000분

따라서 甲정당과 그 소속 후보자들이 최대로 실시할 수 있는 선거방송 시간의 총합은 4,070분이다.

54. ④

두 차례의 시험 조종으로 로봇이 이동한 경로를 정리하면,

- 1회차 : $(0, 0) \rightarrow (3, 0) \rightarrow (3, 5)$
- 2회차 : $(0, 0) \rightarrow (0, 5) \rightarrow (-1, 5) \rightarrow (-1, -1)$

따라서 1회차 시범 조종의 최종 위치인 $(3, 5)$와 2회차 시범 조종의 최종 위치인 $(-1, -1)$ 사이의 직선거리를 구하면 밑변이 4, 높이가 6인 직각삼각형의 빗변의 길이가 되므로,

빗변의 길이를 x라고 할 때,

$4^2 + 6^2 = x^2$, $x = 2\sqrt{13}$ 이다.

55. ①

사용 물품과 보관 물품을 구분하여 관리할 경우 반복 작업이 방지된다.

56. ⑤

E가 말하고 있는 것은 능력주의에 해당한다. 인력배치의 원칙으로는 적재적소주의, 능력주의, 균형주의가 있다.

57. ①

정해진 기한 내에 인적, 물적, 금전적 자원 한도 내에서 작업이 완료되는 경우 프로젝트 수행 결과에 대한 평가가 좋게 이루어진다. 따라서 乙, 丙, 丁, 戊는 좋은 평가를 받게 되고 완료 기한을 넘긴 甲이 가장 나쁜 평가를 받게 된다.

58. ②

각 공급처로부터 두 물품을 함께 구매할 경우(나)와 개별 구매할 경우(가)의 총 구매 가격을 표로 정리해 보면 다음과 같다. 구매 수량은 각각 400개 이상이어야 한다.

공급처	물품	세트당 포함 수량(개)	세트 가격	(가)	(나)
A업체	경품 1	100	85만 원	340만 원	5,025,500원(5% 할인)
	경품 2	60	27만 원	189만 원	
B업체	경품 1	110	90만 원	360만 원	5,082,500원(5% 할인)
	경품 2	80	35만 원	175만 원	
C업체	경품 1	90	80만 원	400만 원	5,120,000원(20% 할인)
	경품 2	130	60만 원	240만 원	

59. ④

도시락의 개수를 x라고 할 때, A 상점과 B 상점에서 도시락 구입 가격은 다음과 같다.

• A 상점 : $5,000x$

• B 상점 : $4,850x+2,000$

이때, A 상점보다 B 상점에서 구입할 때 드는 비용이 더 적어야 하므로

$5,000x < 4,850x+2,000$이 성립하고

$150x < 2,000$

$x < 13.333\cdots$이므로 적어도 14개 이상의 도시락을 구입해야 한다.

60. ⑤

戊가 영어를 선택할 경우와 중국어를 선택할 경우에 따라 받을 수 있는 자기개발 지원금을 정리하면 다음과 같다.

• **영어 선택** : (1안) 6만 원 < (3안) 10만 원

• **중국어 선택** : (1안) 6만 원 > (3안) 5만 원

따라서 戊가 3안 채택 시 받을 수 있는 자기개발 지원금이 1안 채택 시 받을 수 있는 자기개발 지원금보다 커지기 위해서는 반드시 영어를 선택해야 한다.

61. ③

김 팀장은 자원관리에 어려움을 겪고 있는 상황이다. ①④⑤의 경우는 크게 잘못된 내용은 아니나, 해당 지문 전체를 대변하는 내용은 아니다. ② 또한, 지문의 내용과는 거리가 멀다.

62. ①

② 1시간 더 일할 때마다 추가로 발생하는 비용은 일정하지 않다.

③ 로봇으로 대체함으로써 하루에 최대로 얻을 수 있는 순편익은 21,000원이다.

④ 1시간 더 작업할 때마다 추가로 발생하는 편익은 6,000원으로 항상 일정하다.

⑤ 4시간 작업했을 때의 순편익은 12,000원, 7시간 작업했을 때의 순편익은 20,000원이다.

63. ④

④ 금융부문 중 상호금융사업에 해당하는 내용이다.

①②③ 경제부문 중 농업경제사업

⑤ 경제부문 중 축산경제사업

64. ⑤

농협의 인재는 정직과 도덕성을 갖춰야 한다. 농업인과 고객, 임직원의 믿음과 신뢰를 받는 것은 필요하지만 모든 업무는 투명하고 정직하게 처리되어야 한다.
① 진취적 도전가
② 행복의 파트너
③ 시너지 창출가
④ 최고의 전문가

65. ④

교육원 등, 교육원(7), 기타(2)는 중앙본부에 속해 있다.

66. ④

임직원 출장비, 여비관련 업무와 조경 및 조경시설물 유지보수 등의 업무는 일반적으로 총무부에서 포괄적으로 담당하거나 재무부와 시설부에서 각각 담당한다.
㉠㉢㉣ 이외에 인사부의 업무로는 채용, 배치, 승진, 교육, 퇴직 등 인사관리와 인사평가, 급여, 복지후생 관련 업무 등이 있다.

67. ③

비공식적인 의사소통이 원활한 것은 유기적 조직의 특성이다. 나머지는 모두 기계적 조직의 특성에 해당한다.

68. ③

③ 악수는 한 손으로 하는 것이 국제 매너에 해당한다.

69. ④

해외출장의 출장계획서는 팀장의 전결사항이나, 출장비신청서는 '각종신청서'에 속하므로 사장의 결재사항으로 규정되어 있다.

③ 팀장 전결 사항일 경우, 팀장 결재란에 '전결'이, 사장 결재란에 '팀장'이 표시되며, 본부장은 결재가 필요하지 않으므로 상향대각선을 표시하게 된다.

⑤ 차상위자가 본부장이므로 본부장 결재란에 '전결' 표시를 하여야 한다.

70. ①

50만 원 이하의 법인카드 사용의 건이므로 본부장을 전결권자로 하는 법인카드신청서가 필요한 경우가 된다. 따라서 본부장 결재란에 '전결'을 표시하여야 하며, 최종 결재권자란에 '본부장'을 표시한다. 상향대각선이 필요하지 않은 결재 건이다.

문제 p.72

제2회 모의고사

1	2	3	4	5	6	7	8	9	10	11	12	13	14	15	16	17	18	19	20
⑤	④	③	①	②	④	④	②	⑤	①	③	①	③	③	③	④	④	③	④	④
21	22	23	24	25	26	27	28	29	30	31	32	33	34	35	36	37	38	39	40
④	④	③	④	②	②	⑤	④	①	④	③	①	③	②	③	③	⑤	④	③	⑤
41	42	43	44	45	46	47	48	49	50	51	52	53	54	55	56	57	58	59	60
②	①	③	③	③	③	③	①	③	③	①	②	③	②	①	①	③	②	④	③
61	62	63	64	65	66	67	68	69	70										
③	①	⑤	④	③	④	⑤	④	③	①										

1. ⑤

'지은 죄나 잘못한 일에 대하여 꾸짖거나 벌하지 아니하고 덮어 줌'을 의미하는 용대(容貸)와 '죄인의 사정과 형편을 보아 용서하여 줌'을 의미하는 사원(赦原)은 유의관계에 있다. 따라서 '매우 기뻐함'을 의미하는 흔희(欣喜)와 유의관계인 환열[(歡悅)매우 기뻐함]이 정답이다.

① 감에(憾恚) : 원망하여 몹시 화를 냄
② 치분(熾憤) : 격렬히 분노함
③ 졸렬(拙劣) : 옹졸하고 천하여 서투름
④ 절후(節侯) : 한 해를 스물넷으로 나눈, 계절의 표준이 되는 것

2. ④

'능숙하여 막힘이 없는 말'을 뜻하는 달변과 '더듬거리는 말'을 뜻하는 눌언은 반의관계에 있다. 따라서 '둘레나 끝에 해당되는 부분'을 뜻하는 가녁과 유의관계인 중심[(中心)사물의 한가운데]이 적절하다.

① 종국(終局) : 일의 마지막
② 최화우(催花雨) : 꽃을 재촉하는 비라는 뜻으로 봄비를 이르는 말
③ 잠정(暫定) : 임시로 정함
⑤ 고착(固着) : 물건 같은 것이 굳게 들러붙어 있음

3. ③

사자와 동물은 포함관계이다. 따라서 복숭아는 과일의 범주에 포함되므로 답은 ③이다.

4. ①

세 단어 모두와 관련된 것은 '위성'이다. 임무 중인 한국 위성에는 아리랑 위성(3호, 3A호, 5호), 공공정지 궤도 위성(천리안 1호, 천리안 2호, 천리안 3호) 등이 있다.

5. ②

세 단어 모두와 관련된 것은 '기후'이다. COP26(제26차 유엔기후변화협약 당사국총회)의 글래스고 기후합의에서 는 지구 온도 상승을 1.5℃로 제한하기 위한 노력을 추구하기로 결의한다는 내용을 담고 있다. 석탄 발전을 단 계적으로 감축하고, 2025년까지 선진국들이 개발도상국의 기후위기 적응기금(탄소배출 줄이는 기술 개발, 재생 에너지 전환)을 최소 두 배 이상 부담을 늘리겠다는 약속을 하였다.

6. ④

①②③⑤는 단위의 크기가 점점 커진다. 그러나 ④는 색이 달라지는 것이지 크기와는 관계가 없다.

7. ④

마지막 문단에서 '메타버스, 인공지능(AI) 등의 디지털 환경이 구축될 것이고 다양한 매체가 생겨날 텐데'라고 언 급하고 있다.

8. ②

> 기업 윤리란 <u>일반적으로</u> CEO나 임직원이 기업 활동에서 갖추어야 할 윤리를 말한다. 농협은 기업 경영 및 활 동 시 '윤리'를 최우선 가치로 생각하며 모든 업무활동의 기준을 '윤리규범'에 두고 투명하고 공정하며 합리적으 로 업무를 수행한다. 기업 윤리를 지키는 것은 기업의 의사결정이 경제원칙에만 기초로 하는 것이 아니라 투명 한 회계, 공정한 약관, 성실 납세, 환경 보호 등의 윤리적 판단을 <u>전체</u> 조건으로 의사결정을 하며 법이나 정부 규제 준수 이상으로 공정하고 정당하게 지키는 것을 의미한다.

• 일방적으로 → 일부에 한정되니 아니하고 전체에 걸치는 의미의 '일반적으로'가 적절하다.
• 전체 → 어떠한 사물이나 현상을 이루기 위해 먼저 내세우는 의미의 '전제'가 적절하다.

9. ⑤

㉠ 나는 이 일을 훌륭하게 <u>완수</u>했다.

㉡ 민수는 위기<u>대처</u> 능력이 월등하다.

㉢ 이것은 일상생활을 <u>수행</u>하기 어려운 노인 분들에게 필요한 지원이다.

㉣ 요즘 심부름 <u>대행</u>업체가 큰 인기를 끌고 있다.

10. ①

주어진 글에서는 '책이나 신문 따위에 글이나 사진 따위가 나게 되다.'의 의미로 쓰인 경우로, '신문에 나오다', '방송에 나오다'와 유사한 의미가 된다.

② 상품 따위가 새로 만들어져 나타나다.

③ 어떤 지역에서 주목 받는 인물이 자라나 배출되다.

④⑤ 직장이나 소속 단체 따위에서 하던 일을 그만두고 사직하거나 관계를 끊고 탈퇴하다.

11. ③

천각[십간(十干)]은 갑(甲)·을(乙)·병(丙)·정(丁)·무(戊)·기(己)·경(庚)·신(辛)·임(壬)·계(癸)의 차례로 된 10개의 글자를 총칭한다.

12. ①

아치고절(雅致高節)은 아담한 풍치와 높은 절개라는 뜻으로 매화를 비유하는 말이다.

13. ③

사불범정(邪不犯正)은 사악한 것이 바른 것을 범하지 못한다는 뜻으로 정의를 이길 수 있는 부정은 없다는 의미로 지문에서 설명하고 있는 한자성어로 가장 적절하다.

① **사고무친(四顧無親)** : 어디에도 기대지 못하고 홀로 살아가고 이겨내야 하는 신세를 이르는 말이다.

② **온고지신(溫故知新)** : 옛것을 익히고 그것을 미루어서 새것을 안다는 의미이다.

④ **곡학아세(曲學阿世)** : 정도를 벗어난 학문(學問)으로 세상 사람에게 아첨함을 이르는 말이다.

⑤ **혼정신성(昏定晨省)** : 자식이 아침저녁으로 부모의 안부를 물어서 살핌을 이르는 말이다.

14. ③

(내)는 정보해석능력과 시민들의 정치 참여 사이의 양의 상관관계를 언급하고 있다. 이어서 (개)는 (내)에 대한 반박을 하고 있다. (래)는 (개) 마지막에서 언급한 내용에 대한 예시를, (대)는 (래)의 마지막에서 언급한 교육 수준이 높아지지만 정치 참여는 증가하지 않는다는 것을 보여주는 경우를 언급하고 있다.

15. ③

지문의 도입부에서는 식량 확보 실패의 원인이 생산보다 분배임을 언급하고 있다. 생산보다 분배가 문제인 것은 지구의 모든 지역에서의 농작물 수확량 향상 속도가 동일하지 않기 때문이다. 따라서 분배의 불균형 문제에 대한 원인이 되는 것은 보기③의 내용 밖에 없다.

16. ④

기회비용과 매몰비용이라는 경제용어와 에피소드를 통해 경제적인 삶의 방식에 대해서 말하고 있다.

17. ④

이 글에서는 사진의 주관성에 대해 설명하면서 주관적으로 사진을 찍어야 함을 강조하고 있을 뿐, 사진을 객관적으로 찍으려면 어떻게 작업해야 한다는 구체적인 정보는 나와있지 않다.

18. ③

'깨진 유리창의 법칙'은 깨진 유리창처럼 사소한 것들을 수리하지 않고 방치해두면, 나중에는 큰 범죄로 이어진다는 범죄 심리학 이론으로, 작은 일을 소홀히 관리하면 나중에는 큰일로 이어질 수 있음을 의미한다.

19. ④

㉣이 속한 단락의 앞 단락에서는 지역 특성을 고려하여 지자체가 분산형 에너지 정책의 주도권을 쥐어야 한다는 주장을 펴고 있으며, 이를 '이뿐만 아니라' 라는 어구로 연결하여 앞의 내용을 더욱 강화하게 되는 '각 지역의 네트워크에너지 중심'에 관한 언급을 하였다. 따라서 네트워크에너지 체제하에서 드러나는 특징은, 지자체가 지역 특성과 현실에 맞는 에너지 정책의 주도권을 행사하기 위해서는 지역별로 공급비용이 동일하지 않은 특성에 기인한 에너지 요금을 차별화해야 한다는 목소리가 커지고 있다고 판단하는 것이 적절하다.
① 중앙 정부 중심의 에너지 정책에 대한 기본적인 특징으로, 대표적인 장점이 된다고 볼 수 있다.
② 분산형 에너지 정책과는 상반되는 중앙집중형 에너지 정책의 효율적인 특성이며, 뒤에서 언급된 NIMBY 현상을 최소화할 수 있는 특성이기도 하다.
③ 지자체별로 지역 특성을 고려한 미시적 정책이 분산형 에너지 정책의 관건이라는 주장으로 글의 내용과 논리적으로 부합한다.
⑤ 바로 앞 문장에서 소규모 분산전원이 확대되면 공급비용과 비효율성이 높아질 수 있기 때문에 중앙정부의 역할도 중요하다고 했다. 그러므로 ㉤의 문장도 논리적으로 부합한다.

20. ④

"소득이 늘면서 유행에 목을 매다보니 남보다 한 발짝이라도 빨리 가고 싶은 욕망이 생기고 그것이 유행의 주기를 앞당기는 것이다."에서 보듯이 유행과 소비자들의 복잡한 욕구가 서로 얽혀 유행 풍조를 앞당기고 있다고 할 수 있다.

21. ④

처음 숫자를 시작으로 3, 4, 5, 6 … 9까지 오름차순으로 더해나간다.

22. ④

처음에 앞의 숫자에 +2, ×2, −2의 수식이 행해지고 그 다음에는 +4, ×4, −4 그 다음은 +6, ×6, −6의 수식이 행해진다.

23. ③

+2, ×3, +4, ×5, +6 순으로 진행되고 있다. 따라서 () 안에 들어갈 수는 $146 \times 7 = 1022$이다.

24. ④

앞의 두 항을 곱한 것이 다음 항이 된다. 따라서 $8 \times 32 = 256$

25. ④

+3, −6, +9, −12, +15, −18 규칙을 가진다. 따라서 $12 - 18 = -6$

26. ②

시험을 응시한 여자사원의 수를 x라 하고,
여자사원의 총점 + 남자사원의 총점 = 전체 사원의 총점이므로
$75x + 70(100 - x) = 72 \times 100$
식을 간단히 하면 $5x = 200, x = 40$
∴ 여자사원은 40명이다.

27. ⑤

공원의 둘레는 40 × 4 = 160으로, 6m 간격으로 벚꽃나무를 심는다고 할 때 32그루의 벚꽃나무가 필요하다.

28. ④

6명이 평균 10,000원을 낸 것이라면 지불한 총 금액은 60,000원이다.

60,000 = 18,000 + 21,000 + 4x 이므로

∴ x=5,250원

29. ①

딸들이 받는 돈의 비율은 21:7:4이다. 막내딸은 80,000원의 $\frac{4}{32}$ 을 받으므로 10,000원을 받는다.

30. ④

정빈이가 하루 일하는 양 $\frac{1}{18}$

수인이가 하루 일하는 양 $\frac{1}{14}$

전체 일의 양을 1로 놓고 같이 일을 한 일을 x라 하면

$\frac{3}{18}+(\frac{1}{18}+\frac{1}{14})x+\frac{1}{14}=1$

$\frac{(16x+30)}{126}=1$

∴ $x = 6$일

31. ③

2배가 되는 시점을 x주라고 하면

$(640+240x)+(760+300x)=2(1,100+220x)$

$540x-440x=2,200-1,400$

$100x=800$

∴ $x=8$

32. ①

세로의 길이를 x라 하면

$(x+13) \times x \times 7 = 210$

$x^2 + 13x = 30$

$(x+15)(x-2) = 0$

$\therefore \ x = 2(cm)$

33. ③

판관비를 대입하여 시기별 매출 자료를 다음과 같이 정리해 볼 수 있다.

(단위 : 억 원)

구분	'21. 1분기	2분기	3분기	4분기	'22. 1분기	2분기
매출액	51	61	62	66	61	58
매출원가	39.1	44.8	45.3	48.5	43.0	40.6
매출총이익	11.9	16.2	16.7	17.5	18.0	17.4
판관비	2.0	2.1	2.2	2.3	2.4	2.5
영업이익	9.9	14.1	14.5	15.2	15.6	14.9

따라서 매출총이익에서 판관비가 차지하는 비중은 2.0 ÷ 11.9 × 100 = 약 16.8%인 2021년 1분기가 가장 큰 것을 확인할 수 있다.

① 매출원가는 2021년 4분기가 가장 크나, 매출총이익은 2022년 1분기가 가장 크다.

② 영업이익률은 2022년 1분기가 15.6 ÷ 61 × 100 = 약 25.6%이며, 2022년 2분기가 14.9 ÷ 58 × 100 = 약 25.7%이다.

④ 2022년 1분기에는 매출총이익과 영업이익이 증가하였으나, 매출원가는 감소하였다.

⑤ 매출액 대비 매출총이익 비중은 시기별로 23.3%, 26.6%, 26.9%, 26.5%, 29.5%, 30.0%로 2021년 4분기에는 감소하였음을 알 수 있다.

34. ②

2019년까지의 아시아주계 외교자격 수 = 2,627 + 4,474 + 5,235 + 3,115 = 15451 ⋯ ㉠

2021년까지의 아시아주계 외교자격 수 = 5,621 + 3,344 + 1,189 + 816 = 10970 ⋯ ㉡

㉠ − ㉡ = 4,481(명)

35. ③

$\dfrac{1,869+544}{19,134+2,339} \times 100 ≒ 11.23$이므로 12%를 넘지 않는다.

36. ③

3등급 판정을 받은 한우의 비율은 2014년이 가장 낮지만, 비율을 통해 한우등급 판정두수를 계산해 보면 2010년의 두수가 602,016×0.11 = 약 66,222두로, 2014년의 839,161×0.088 = 약 73,846두보다 더 적음을 알 수 있다.

① 1++ 등급으로 판정된 한우의 수는 2010년이 602,016 × 0.097 = 약 58,396두이며,
  2011년이 718,256 × 0.092 = 약 66,080두이다.
② 1등급 이상이 60%를 넘은 해는 2010, 2011, 2013, 2014년으로 4개년이다.
④ 2011년에서 2012년으로 넘어가면서 1++등급은 0.1%p 비율이 더 많아졌으며, 3등급의 비율도 2.5%p 더 많아졌다.
⑤ 1++ 등급의 비율이 가장 낮은 2008년에는 3등급의 비율이 가장 높았지만, 반대로 1++ 등급의 비율이 가장 높은 2010년에는 3등급의 비율도 11%로 2014년보다 더 높아 가장 낮지 않았다.

37. ⑤

첫 번째는 직계존속으로부터 증여받은 경우로, 10년 이내의 증여재산가액을 합한 금액에서 5,000만 원만 공제하게 된다.

두 번째 역시 직계존속으로부터 증여받은 경우로, 아버지로부터 증여받은 재산가액과 어머니로부터 증여받은 재산가액의 합계액에서 5,000만 원을 공제하게 된다.

세 번째는 직계존속과 기타친족으로부터 증여받은 경우로, 어머니로부터 증여받은 재산가액에서 5,000만 원을, 이모로부터 증여받은 재산가액에서 1,000만 원을 공제하게 된다.

따라서 세 가지 경우의 증여재산 공제액의 합은
5,000+5,000+6,000 = 1억 6천만 원이 된다.

38. ④

주어진 자료를 근거로, 다음과 같은 계산 과정을 거쳐 증여세액이 산출될 수 있다.

• **증여재산 공제** : 5천만 원
• **과세표준** : 5억 7천만 원−5천만 원 = 5억 2천만 원
• **산출세액** : 5억 2천만 원×30%−6천만 원 = 9천 6백만 원
• **납부할 세액** : 9천 6백만 원×93% = 8,928만 원(자진신고 시 7% 공제)

39. ③

㉠ 3,937 → 4,139 → 4,173 → 4,234 → 4,401건으로 지속적으로 증가하였다.

㉡ (335 + 344 + 283 + 281 + 339) ÷ 5 = 316.4건이다.

㉢ 서울은 1,412 ÷ 203 = 약 6.96건이며, 경기는 2,447 ÷ 339 = 약 7.22건으로 경기가 더 많다.

㉣ 연도별 비율은 각각 547 ÷ 3,937 × 100 = 약 13.9%,

561 ÷ 4,139 × 100 = 약 13.6%,

503 ÷ 4,73 × 100 = 약 12.1%,

511 ÷ 4,234 × 100 = 약 12.1%,

542 ÷ 4,401 × 100 = 약 12.3%로

모두 12.1 ~ 13.9% 이내이므로 비율의 차이는 2%p 이내이다.

40. ⑤

A기관 : 53 ÷ 28 = 약 1.9대, B기관 : 127 ÷ 53 = 약 2.4대, C기관 : 135 ÷ 50 = 2.7대이므로 C도시철도운영기관이 가장 많다.

① 휠체어리프트는 C도시철도운영기관이 가장 많다.

② (53 + 127 + 135) ÷ 3 = 105이므로 100개보다 많다.

③ A기 : 895 ÷ 240 = 약 3.7대, B기관 : 1,329 ÷ 349 = 약 3.8대, C기관 : 855 ÷ 237 = 약 3.6대이다.

④ 265 ÷ 95 = 약 2.8대, 455 ÷ 92 = 약 4.9대, 135 ÷ 50 = 2.7대이므로 에스컬레이터가 가장 많다.

41. ②

사람 ＼ 직업	지은	수정	효미
변호사	×	o	×
사업가	×	o	×
화가	o	×	×
은행원	×	×	o
소설가	×	×	o
교사	o	×	×

위에서 효미는 소설가로 결정되므로 답은 ①, ② 가운데 하나이다. 지은이는 교사이므로 효미는 은행원, 소설가이다.

42. ①

제시된 네 개의 의견이 모두 올바른 판단이다.

㉠ 수소 이온 농도 지수(pH)는 5.5 → 8.3으로 변하였으므로 산성에서 알칼리성으로 바뀐 것이 되어 A 지점의 산성이 더 강하다. (O)

㉡ 용존 산소량(DO)의 수치는 수질이 나쁠수록 낮아지게 되므로 6.0인 A 지점이 4.6인 B 지점보다 맑고 깨끗한 물이다. (O)

㉢ 생화학적 산소 요구량(BOD)은 수질이 나쁠수록 그 값이 증가하므로 5.0의 수치를 보인 B 지점의 수질이 가장 나쁘다. (O)

㉣ 화학적 산소 요구량(COD)은 곧, 생물학적으로 분해할 수 없는 유기물의 양을 의미하므로 4.5 → 4.9 → 4.3으로 수치가 변한 것은 생물학적으로 분해할 수 없는 유기물의 양이 증가하다가 감소하였음을 의미한다. (O)

43. ③

2)에 따라, 두 번째로 멀기 위해서는 편의점과 식당 중 하나가 맨 끝에 위치하고 다른 하나는 반대쪽의 끝에서 두 번째에 위치해야 한다는 것을 알 수 있다.

4)를 통해서는 왼쪽에서 두 번째에 편의점이나 식당이 위치할 수 없음을 알 수 있으므로 이 두 상점은 맨 왼쪽과 오른쪽에서 두 번째에 나누어 위치해야 한다.

5)를 통해서 맨 왼쪽은 식당이 아닌 편의점의 위치임을 알 수 있다. 동시에, 맨 오른쪽은 부동산, 그 옆은 식당이라는 것도 알 수 있다.

3)을 통해서는 커피 전문점이 왼쪽에서 세 번째 상점이라는 것을 알 수 있다.

따라서 이를 종합하면, 왼쪽부터 편의점, 통신사, 커피 전문점, 은행, 식당, 부동산의 순으로 상점들이 이어져 있으며 오른쪽에서 세 번째 상점은 은행이 된다.

44. ③

두 번째 정보에서 테이블 1개와 의자 1개는 서류장 2개의 가격과 같아진다.

세 번째 정보에서 두 번째 정보를 대입하면 테이블 2개와 의자 1개는 의자 5개와 서류장 15개의 가격과 같아지게 된다. 따라서 테이블 1개는 의자 1개와 서류장 1개의 가격과 같아진다는 것을 알 수 있다.

그러므로 서류장 2개와 의자 2개는 테이블 2개와 같은 가격이 된다. 결국 서류장 10개와 의자 10개의 가격은 테이블 10개의 가격과 같다.

45. ③

	사과	귤	배	키위	참외
민정	x	o	x	x	x
아름	x	x	o	x	x
소희	o	x	x	x	x
주연	x	x	x	o	x
재정	x	x	x	x	o

46. ③

1	2	3	4	5	6
지훈	성훈	세준	시언	진성	수길

47. ③

	연필	지우개	샤프심	매직
갑	o	x	o	x
을	o	x	o	x
병	x	o	x	o
정	x	x	o	x

48. ①

	창가	책장 맞은편	화장실 옆	구석자리
민희	o	x	x	x
수영	x	x	o	x
진희	x	x	x	o
선영	x	o	x	x

49. ③

경우	A	B	C	D
㉠	흰색	노란색	초록색	검정색
㉡	초록색	노란색	흰색	검정색

50. ③

경우 ㉠   경우 ㉡

     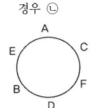

51. ①

㉠ 성인 4명(28,800×4)＋청소년 3명(18,800×3)＝171,600원
　 5인 입장권 구매 시＝162,600원
㉡ 성인 6명(25,800×6)＋청소년 2명(17,800×2)×평일 10% 할인＝171,360원
　 5인 입장권 구매 시＝186,400원
㉢ 성인 5명(28,800×5)＋청소년 2명(18,800×2)×주말 통신사 15% 할인＝154,360원
　 5인 입장권 구매 시＝162,600원
㉣ 성인 5명(25,800×5명)＋어린이 1명(13,800)×평일 10% 할인＝128,520원
　 5인 입장권 구매 시＝138,800원

52. ②

C와 E는 4회차까지 4장, 5장의 카드를 확보했다. C가 5회차에 2장의 카드를 추가하게 되면 6장으로 4회차의 E 보다는 카드가 많지만 E가 5회차에 8점 이상의 점수를 획득할 경우 E의 카드는 6장 이상이 되므로 C가 E보다 추천될 확률이 높다고 할 수 없다.
① 5회차에서 B만 10점을 받는다고 했으므로 D가 9점을 받더라도 B가 추천될 확률이 더 높다.
③ D는 5회차 점수와 상관없이 총점이 40점을 넘지 못하여 추첨함에 카드를 넣을 수 없다.
④ 5회차에 모두 같은 점수를 받는다면 전원이 추가되는 카드 수가 같으므로 4회차까지 획득한 카드의 수가 가 장 많은 A가 추천될 확률이 가장 높다.
⑤ 5회차에 모두 8점을 받는다면 B와 D는 총점이 40점을 넘지 못해 추첨함에 자신의 카드를 넣을 수 없다.

53. ③

각 계급에 속하는 정확한 변량을 알 수 없는 경우에는 중간값인 계급값을 사용하여 평균을 구할 수 있다. 따라서 빈칸의 인원수를 x로 두고 다음과 같이 계산한다.

$\{(10 \times 10) + (30 \times 20) + (50 \times 30) + (70 \times x) + (90 \times 25) + (110 \times 20)\}$

$\div (10 + 20 + 30 + x + 25 + 20) = 65$

이를 정리하면 $(6,650 + 70x) \div (105 + x) = 65$가 된다.

$6,650 + 70x = 6,825 + 65x \rightarrow 5x = 175$가 되어 $x = 35$명이 된다.

54. ②

이웃을 신뢰하는 사람의 비중은 20대(36.5%)가 10대(38.5%)보다 낮으며, 20대 이후에는 연령이 높아질수록 신뢰도가 비례하여 높아졌다. 이러한 추이는 연령별 평점의 증감 추이와도 일치하고 있음을 알 수 있다.

55. ①

프로젝트	계획의 충실성(90점 이상)	계획 대비 실적(85점 이상)	성과지표 달성도(80점 이상)
A	90 → 통과	84 → 미통과	75 → 미통과
B	92 → 통과	83 → 미통과	74 → 미통과
C	93 → 통과	90 → 통과	81 → 통과
D	82 → 미통과	91 → 통과	76 → 미통과
E	95 → 통과	84 → 미통과	88 → 통과
F	87 → 미통과	85 → 통과	79 → 미통과

각 영역의 '통과'와 '미통과'를 판단하면 다음과 같다. 모든 영역이 통과로 판단된 프로젝트인 C는 전년과 동일한 금액을 편성해야 한다.

56. ①

각 프로젝트의 2022년도 예산 편성은 다음과 같다.

따라서 S기업의 2022년도 A ~ F 프로젝트 예산 총액은 105억으로 2021년보다 15억 원 감소한다.

프로젝트	예산 편성액
A	계획 대비 실적 영역 미통과 → 20 × 0.85 = 17억
B	계획 대비 실적 영역 미통과 → 20 × 0.85 = 17억
C	전년 동일 20억 원
D	1개 영역만 통과 → 20 × 0.85 = 17억
E	계획 대비 실적 영역 미통과 → 20 × 0.85 = 17억
F	1개 영역만 통과 → 20 × 0.85 = 17억

57. ③

사원별로 성과상여금을 계산해보면 다음과 같다.

사원	평점 합	순위	산정금액
수현	25	2	200만 원 × 150% = 300만 원
이현	21	6	500만 원 × 80% = 400만 원
서현	22	5	200만 원 × 100% = 200만 원
진현	24	3	500만 원 × 120% = 600만 원
준현	23	4	400만 원 × 130% = 520만 원
지현	26	1	200만 원 × 150% = 300만 원

성과상여금을 두 번째로 많이 받은 사원은 준현으로 520만 원이다.

58. ②

평가 점수를 계산하기 전에, 제안가격과 위생도, 투입인원에서 90점 미만으로 최하위를 기록한 C업체는 선정될 수 없다. 따라서 나머지 A, B, D, E업체의 가중치를 적용한 점수를 계산해보면 다음과 같다.

- A업체 : $85 \times 0.4 + 93 \times 0.3 + 94 \times 0.15 + 90 \times 0.15 = 89.5$
- B업체 : $95 \times 0.4 + 90 \times 0.3 + 91 \times 0.15 + 92 \times 0.15 = 92.45$
- D업체 : $93 \times 0.4 + 92 \times 0.3 + 91 \times 0.15 + 90 \times 0.15 = 91.95$
- E업체 : $92 \times 0.4 + 91 \times 0.3 + 93 \times 0.15 + 90 \times 0.15 = 91.55$

B업체가 가장 높은 점수를 얻었으므로 최종 선정될 업체는 B가 된다.

59. ④

팀	오류발생률	영업실적	고객만족	목표달성	합계
A	5위(1점)	2위(4점)	3위(3점)	4위(2점)	10점
B	4위(2점)	5위(1점)	1위(5점)	5위(1점)	9점
C	1위(5점)	4위(2점)	5위(1점)	3위(3점)	11+1-3=9점
D	2위(4점)	1위(5점)	2위(4점)	1위(5점)	18+1+5=24점
E	3위(3점)	3위(3점)	4위(2점)	2위(4점)	12+1=13점

60. ③

- 김씨 : $(24 \times 5) - (6 \times 3) + (16 \times 10) - (4 \times 5) = 242$
- 이씨 : $(20 \times 5) - (10 \times 3) + (19 \times 10) - (1 \times 5) = 255$
- 정씨 : $(28 \times 5) - (2 \times 3) + (15 \times 10) - (5 \times 5) = 259$
- 박씨 : $(23 \times 5) - (7 \times 3) + (17 \times 10) - (3 \times 5) = 249$

61. ③

• 대중교통 = $40 × 5명 = $200
• 렌터카 = ($50+$10) × 3 = $180
• 택시 = $200

62. ①

최종점수를 산정하면 다음과 같다.

이동수단	경제성	용이성	안전성	합계
렌터카	3	3	2	8
택시	2	2	4	8
대중교통	2	1	4	7

최종점수가 렌터카와 택시가 동률이다. 최종점수가 동률일 경우에는 경제성이 높은 순으로 결정하게 되므로 경제성의 점수가 더 높은 렌터카가 최적의 이동수단이 된다.

63. ⑤

기능조직은 규모의 경제를 획득할 수 있다.

64. ④

이 구조는 사업부조직이다. 사업부조직은 중기업과 대기업에 적합한 구조이며, 기업성장과 제품다각화가 목표이다. 재무적·전략적 통제가 강화되며, 자주적 경영활동을 할 수 있는 환경이 조성된다. 그러나 사업부간의 권한 배분문제, 정보의 왜곡과 과열경쟁, 단기 연구개발 초점, 관리비용증가 등이 단점으로 꼽힌다.

65. ③

제시된 글은 조직문화에 대한 설명이다. 조직문화의 순기능은 다른 조직과 구별되는 정체성을 제공하고, 집단적 몰입을 통해 시너지를 만든다는 것이다. 반면 역기능도 있다. 조직문화가 지나칠 경우 환경변화에 대한 신속한 대응을 저해하고 변화에 대한 저항을 낳을 수 있다. 또한 외부 집단에 필요 이상의 배타성을 보일 수 있다.

66. ④

이솔아는 생일로 상품권을 지급받았으므로 기타에 속해야 한다.

67. ⑤

상병 휴가에 대한 지원 금액은 없다.

68. ④

회의실을 빌리기 위해서는 회의실 및 사무 공간 관리를 담당하고 있는 총무팀의 협조가 필요하다. 휴가는 복리후생제도에 해당하므로 그 지원 업무를 담당하고 있는 인사팀의 협조가 필요하다. 경영실적 자료를 입수하는 것은 회계팀에 요청하거나 회계팀의 확인 작업을 거쳐야 공식적인 자료로 간주될 수 있을 것이다. 외환업무 관련 교육은 외환팀에서 주관할 것이다.

69. ③

15일 미만의 경력은 산입되지 않으므로 14일을 제외한 4년만이 경력평정에 들어간다. 따라서 기본경력 3년, 초과경력 1년으로 경력평정을 계산하면 $0.5 \times 36 + 0.4 \times 12 = 22.8$점이 된다.

① 과장 직급으로 3년간 근무한 것에 정부 포상을 계산하면 $0.5 \times 36 + 3 = 21$점
② 주임 직급 시 있었던 정직기간과 포상 내역은 모두 대리 직급의 경력평정에 포함되지 않으므로 대리 2년의 근무만 적용되어 $0.5 \times 24 = 12$점이다.
④ 당해직급에 적용되는 것이므로 차장 직책인 자는 차장 직급의 근무경력으로만 근무평정이 이루어진다.
⑤ 경력평정 점수가 30점 만점인 것은 '평가에 의한' 것이며, 자격증 취득의 경우 '가산점'이 부여되므로 30점을 넘을 수 있다.

70. ①

매트릭스 조직은 구성원이 원래의 종적 계열에 소속됨과 동시에 횡적 계열이나 프로젝트 팀의 일원으로서 임무를 수행하는 형태이므로 이중적인 명령 체계를 가진다.

② 시장의 새로운 변화에 유연하게 대처할 수 있다.
③ 기능적 조직과 프로젝트 조직을 결합한 형태이다.
④ 단일 제품을 생산하는 조직에는 적합하지 않다.
⑤ 조직의 복잡성이 증대된다.

제3회 모의고사

문제 p.116

1	2	3	4	5	6	7	8	9	10	11	12	13	14	15	16	17	18	19	20
④	①	②	⑤	⑤	⑤	③	②	①	④	④	②	②	⑤	④	④	②	④	④	⑤
21	22	23	24	25	26	27	28	29	30	31	32	33	34	35	36	37	38	39	40
③	②	⑤	⑤	②	③	④	②	③	①	⑤	③	③	④	③	②	②	①	②	③
41	42	43	44	45	46	47	48	49	50	51	52	53	54	55	56	57	58	59	60
③	④	③	①	③	②	④	②	④	②	④	⑤	③	①	②	②	③	②	⑤	②
61	62	63	64	65	66	67	68	69	70										
④	②	②	⑤	⑤	②	③	⑤	④	②										

1. ④

동양과 서양은 관계나 이동의 측면에서 대립을 이루는 방향 반의어 관계이다. 스승과 제자는 인간관계의 측면에서 반의 관계를 가지는 방향 반의어이다.

2. ①

누룩과 막걸리는 원료와 제품 관계이다. 따라서 (   ) 안에는 장의 원료인 메주가 적절하다.

3. ②

입을 다문다는 뜻으로, 말하지 아니함을 이르는 '함구'와 입을 벌린다는 뜻의 '개구'는 반의관계이다. 좋지 못한 일을 의미하는 '화사(禍事)'와 반의관계인 즐겁고 좋은 일을 의미하는 '가사(嘉事)'가 적절하다.
① 미사(美辭) : 아름답게 표현된 말
③ 여사(麗辭) : 아름답게 표현된 말
④ 꽃말 : 꽃의 특징에 따라 상징적인 의미를 부여한 말
⑤ 꽃실 : 수술의 꽃밥을 떠받치고 있는 가느다란 줄기

4. ⑤

각근(恪謹)은 마음가짐과 몸가짐을 조심함을 이르는 말이다.

①②③④ 거리낌 없이, 사정없이 세찬 모양을 이르는 말이다.

5. ⑤

열구(熱求)는 열렬히 바라거나 요구함을 이르는 말이다.

①②③④ 낱낱이 가리고 분별하여 조사함을 이르는 말이다.

6. ⑤

제시된 단어에서 생일 케이크, 생크림 케이크, 케이크의 촛불과 같이 공통으로 '케이크'를 연상할 수 있다.

7. ③

제시된 단어에서 해외여행, 기차여행, 신혼여행과 같이 공통으로 '여행'을 연상할 수 있다.

8. ②

제시된 단어에서 선인장과 장미의 가시, 생선의 가시와 같이 공통으로 '가시'를 연상할 수 있다.

9. ①

부응은 어떤 요구나 기대 따위에 좇아서 응함을 이르는 말로 지문에 들어갈 말로 가장 적절하다.

② 응답 : 부름이나 물음에 응하여 답함을 이르는 말이다.

③ 응대 : 부름이나 물음 또는 요구 따위에 응하여 상대함을 이르는 말이다.

④ 호응 : 부름에 응답한다는 뜻으로, 부름이나 호소 따위에 대답하거나 응함을 이르는 말이다.

⑤ 응수 : 상대편이 한 말이나 행동을 받아서 마주 응함을 이르는 말이다.

10. ④

제시된 문장과 ④에서 '틀다'는 '음향기기 따위를 작동하게 하다'라는 의미이다.

① 일정한 방향으로 나가는 물체를 돌려 다른 방향이 되게 하다.

② 상투나 쪽 따위로 머리털을 올려붙이다.

③ 잘되어 가던 일을 꼬이게 하다.

⑤ 뱀 따위가 몸을 둥글게 말아 똬리처럼 만든다.

11. ④

제시문은 정보를 제공하기 위한 문서이다. 설명서나 안내서, 보도자료 등 정보 제공이 목적인 문서는 내용이 정확해야하며 신속해야 한다.

① 명령이나 지시를 내려야 하는 문서 작성 시 유의할 사항이다.

② 요청이나 확인이 필요한 문서 작성 시 유의할 사항이다.

③ 공무집행을 위한 정부기관 문서 작성 시 유의할 사항이다.

⑤ 아이디어를 바탕으로 기획하는 문서 작성 시 유의할 사항이다.

12. ②

교육과정은 비대면 교육과 현장실습으로 이루어진다고 하였으나, 코로나 때문이라는 사실은 언급되지 않는다.

① 두 번째 문단에서 확인할 수 있다.

③④⑤ 세 번째 문단에서 확인할 수 있다.

13. ②

육지행선(陸地行船)은 육지로 배를 끌고자 함, 즉 되지 않을 일을 억지로 하고자 하는 것을 의미한다. A 씨의 상사 甲 과장은 실적 욕심에 되지 않은 일을 억지로 A 씨에게 맡기려고 하는 상황에 적절하다.

① 전패비휴(顚沛匪虧) : 엎드려지고 자빠져도 이지러지지 않으니 용기(勇氣)를 잃지 않아야 함

③ 기욕난량(器欲難量) : 사람의 기량은 깊고 깊어서 헤아리기 어렵다

④ 철중쟁쟁(鐵中錚錚) : 평범한 사람들 중 특별히 뛰어난 사람

⑤ 수불석권(手不釋卷) : 늘 책을 가까이하여 학문을 열심히 함

14. ⑤

제시된 글은 한유가 절친한 친구 유종원이 죽자 그의 진정한 우정을 찬양하고, 이어 경박한 사귐을 증오하여 쓴 글로 '서로 간과 쓸개를 꺼내 보인다는 뜻'인 '간담상조'의 유래가 되는 고사이다. 이는 곧 상호 간에 진심을 터놓고 격의 없이 사귐을 나타내거나 마음이 잘 맞는 절친한 사이를 일컫는다.

① 건곤일척(乾坤一擲) : 주사위를 던져 승패를 건다는 뜻으로, 운명을 걸고 단판걸이로 승부를 겨룸을 이르는 말

② 명경지수(明鏡止水) : 맑은 거울과 고요한 물

③ 고장난명(孤掌難鳴) : 외손뼉만으로는 소리가 울리지 아니한다는 뜻으로, 혼자의 힘만으로 어떤 일을 이루기 어려움을 이르는 말

④ 마부위침(磨斧爲針) : 도끼를 갈아서 바늘을 만든다는 뜻으로, 아무리 어려운 일이라도 끊임없이 노력하면 반드시 이룰 수 있음을 이르는 말

15. ④

곤란(困亂) → 곤란(곤할 곤, 어려울 난) : 사정이 몹시 딱하고 어렵다.

16. ④

제시문은 빈센트 반 고흐의 「별이 빛나는 밤(사이프러스와 마을)」을 묘사하고 있다.
① 비교
② 서사
③ 설명
⑤ 대조

17. ②

(나) 대동법의 본질적 요소 : 양입위출 → (가) 양입위출에 대한 공안 개정론자와 대동법 실시론자의 해석 → (라) 공안 개정론자와 대동법 실시론자의 문제인식 → (다) 공안 개정론자와 대동법 실시론자의 기존 제도에 대한 의견 차이

18. ④

'나로' 이모티콘은 메신저 '카카오톡'에서 농협하나로유통 카카오채널을 친구 추가하는 고객 4만명에게 무료로 지급된다.

19. ④

㉠ 주머니 통장과 주머니 적금은 비대면 수신상품으로 은행에 방문하지 않고도 만들 수 있는 금융상품이다.
㉣ 주머니 통장과 주머니 적금은 재미있는 저축(Fun Saving)을 모토로 의식적인 저축 활동 없이도 쉽게 재테크를 하는데 주안점을 두었다고 소개되고 있다.
㉡ 주머니 통장은 목표금액(평잔기준)을 달성하면 최고 연1.5%의 금리를 받을 수 있다.
㉢ 농협상호금융은 상품 출시를 기념해 9월 28일까지 '주머니에 쏙쏙' 이벤트를 펼친다고 나와 있으며, 매월 이벤트가 진행되는 것은 아니다.

20. ⑤

추천은 어떤 조건에 적합한 대상을 책임지고 소개하는 것을 의미하고 추첨은 제비를 뽑음 즉, 무작위로 뽑는 것을 의미하므로 윗글에서는 '추첨'을 쓰는 것이 적절하다.

① 2030세대가 개발한 것이 아닌 2030세대를 대상으로 한 것이므로 '개발된'으로 고치는 것이 적절하다.

② '자유로운'은 자유롭다의 활용형으로 띄어쓴다.

③ 해당 문장에서 생략된 주어인 '주머니 통장'이 장점이 되는 것이 아니므로 '입출금의 편리함과 정기예치 효과를 동시에 누리는 장점이 있다'로 고치는 것이 적절하다.

④ '도'는 이미 어떤 것이 포함되고 그 위에 더함의 뜻을 나타내는 보조사로 주어진 문장에서는 문장 속에서 어떤 대상이 화제임을 나타내는 보조사인 '은'이 적절하다.

21. ③

주어진 수는 첫 번째 수에 1부터 제곱수가 더해지는 규칙을 가지고 있다.

$8 \ (+1^2) \ 9 \ (+2^2) \ 13 \ (+3^2) \ 22 \ (+4^2) \ 38 \ (+5^2) \ 63 \ (+6^2)$ '99'

22. ②

제시된 수열은 ×2과 −4의 수식이 반복해서 행해지고 있다.

$12 \ (\times 2) \ 24 \ (-4) \ 20 \ (\times 2) \ 40 \ (-4) \ 36 \ (\times 2) \ 72 \ (-4) \ 68 \ (\times 2)$ '136'

23. ⑤

주어진 문자는 첫 글자부터 사전에 등재되는 자음과 모음 순서대로, 자음은 +3, 모음은 +5가 되는 규칙을 가지고 있다.

'ㄱ (+3) ㄹ, ㅐ (+5) ㅕ'가 되어 빈칸에는 '려'가 오는 것이 적절하다.

24. ⑤

제시된 수열은 세 번째 항부터 앞의 두 수를 더한 수가 다음으로 온다. 그러므로 빈칸에는 36+58인 94가 들어간다.

25. ②

주어진 수열은 자신의 각 자릿수의 수를 더한 값을 자신의 수에 더한 값이 다음 수가 되는 규칙을 가지고 있다.

$24 \ (+2+4) \ 30 \ (+3+0) \ 33 \ (+3+3) \ 39 \ (+3+9) \ 51 \ (+5+1) \ 57 \ (+5+7) \ 69$

26. ③

甲이 맞힌 문제 수를 x개, 틀린 문제 수를 y개라 하면

$\begin{cases} x+y=20 \\ 3x-2y=40 \end{cases}$ $\therefore$ $x=16,\ y=4$

따라서 甲이 틀린 문제 수는 4개이다.

27. ④

강대리가 이긴 횟수를 x회, 진 횟수를 y회라 하면
유대리가 이긴 횟수는 y회, 진 횟수는 x회이다.

$\begin{cases} 2x-y=7 \\ 2y-x=-2 \end{cases}$ $\therefore$ $x=4,\ y=1$

따라서 강대리가 이긴 횟수는 4회이다.

28. ②

5%의 소금물 xg과 8%의 소금물 yg을 섞는다고 하면

$\begin{cases} x+y=600 \\ \dfrac{5}{100}x+\dfrac{8}{100}y=\dfrac{7}{100}\times 600 \end{cases}$

즉 $5x+8y=4200$이므로 $x+y=600$ 와 연립하여 풀면

$\therefore$ $x=200,\ y=400$

따라서 5%의 소금물 200g을 섞어야 한다.

29. ③

甲가 걸은 거리를 $x$km, 乙이 걸은 거리를 $y$km라고 하면

$\begin{cases} x+y=18 \\ \dfrac{x}{4}=\dfrac{y}{5} \end{cases}$,

즉 $\begin{cases} x+y=18 \\ 5x=4y \end{cases}$

$\therefore$ $x=8,\ y=10$

따라서 乙은 甲보다 $10-8=2$(km)를 더 걸었다.

30. ①

걸어간 거리를 $x$km, 뛰어간 거리를 $y$km라 하면

$$\begin{cases} x+y=3 \\ \dfrac{x}{3}+\dfrac{y}{6}=\dfrac{2}{3} \end{cases}, \ \ \text{즉} \ \begin{cases} x+y=3 \\ 2x+y=4 \end{cases}$$

$\therefore \ x=1, \ y=2$

따라서 걸어간 거리는 1km이다.

31. ⑤

금이 70% 포함된 합금을 xg, 금이 85% 포함된 합금을 yg 섞는다고 하면

$$\begin{cases} x+y=600 \\ \dfrac{70}{100}x+\dfrac{85}{100}y=\dfrac{80}{100}\times 600 \end{cases}$$

즉 $\begin{cases} x+y=600 \\ 14x+17y=9600 \end{cases}$

$\therefore \ x=200, \ y=400$

따라서 금이 85% 포함된 합금은 400g 섞어야 한다.

32. ③

5명의 사원 중 만두를 선택한 사원은 A, B, C, E의 4명이고, 이 중에서 쫄면도 선택한 사원은 C, E의 2명이

므로 구하는 확률은 $\dfrac{\dfrac{2}{5}}{\dfrac{4}{5}}=\dfrac{1}{2}$

33. ③

관람객 투표 점수와 심사위원 점수를 각각 a, b라 하면 두 점수의 합이 70인 경우는

$a=40, \ b=30$ 또는 $a=30, \ b=40$

또는 $a=20, \ b=50$이다.

관람객 투표 점수를 받는 사건과 심사 위원 점수를 받는 사건이 서로 독립이므로

(i) $a=40, \ b=30$일 확률은 $\dfrac{1}{2}\times\dfrac{1}{6}=\dfrac{1}{12}$

(ii) $a=30, \ b=40$일 확률은 $\dfrac{1}{3}\times\dfrac{1}{3}=\dfrac{1}{9}$

(iii) $a=20, \ b=50$일 확률은 $\dfrac{1}{6}\times\dfrac{1}{2}=\dfrac{1}{12}$

이상에서 구하는 확률은 $\dfrac{1}{12}+\dfrac{1}{9}+\dfrac{1}{12}=\dfrac{5}{18}$

34. ④

기술개발단계에 있는 공모자수 비중의 연도별 차이는 45.8 (2019) − 36.3(2018) = 9.5, 시장진입단계에 있는 공모자수 비중의 연도별 차이 36.4(2018) − 29.1(2019) = 7.3으로 기술개발단계에 있는 공모자수 비중의 연도별 차이가 더 크다.

① 2021년 회사원 공모자의 전년대비 증가율은 $\dfrac{567-297}{297} \times 100 = 90.9\%$로 90% 이상이다.

② 창업아이디어 공모자의 직업 구성의 1위와 2위는 2020년에는 기타, 회사원이고 2021년에는 회사원, 기타로 동일하지 않다.

③ 2020년에 기술개발단계에 공모자수의 비중은 291 ÷ 802 × 100=36.3%로 40% 이하다.

⑤ 2021년 시제품제작단계인 공모자수 비중은 14.3%, 시장진입단계의 공모자수 비중은 29.1%로 총 43.4%가 되어 50%를 넘지 못한다.

35. ③

ⓐ 73 + 118 = 191, ⓑ 31 + 93 = 124,

ⓒ 140 + 209 = 349

ⓐ + ⓑ + ⓒ = 664

36. ②

백분율 = 일부 값 ÷ 전체 값 × 100

㉠ = 25(%), ㉡ = 40(%), ㉢ = 38(%), ㉣ = 25(%)

∴ 128(%)

37. ②

2018년 친환경인증 농산물의 종류별 생산량에서 채소류의 유기 농산물의 비중은 12.8%이고 곡류의 유기 농산물의 비중은 15.7%로 곡류가 더 높다.

① 기타 작물의 생산량을 20,392톤에서 23,253톤으로 증가하였다.

③ 2018년 각 지역 내에서 서울, 인천, 강원도의 인증 형태별 생산량 순위는 무농약 농산물 > 유기 농산물 > 저농약 농산물 순이다.

④ 2018년 친환경인증 농산물의 전년대비 생산 감소량이 가장 큰 종류는 −29.7%로 서류이다.

⑤ 제주도에서 생산된 친환경인증 농산물 중 저농약 농산물의 비중은 11.8%이다.

38. ①

부산은 2018년 친환경인증 농산물의 생산량이 전년대비 41.6% 감소하였고, 전라도는 33.7% 감소하였다.

39. ②

㉠ 남성과 여성의 집단 인원을 알 수 없으므로 그 수가 같은지는 알 수 없다.
㉣ 모바일 앱 이용 선호도는 교육수준이 낮을수록 18.6 → 12.0 → 9.0과 같이 낮아진다.

40. ③

조사에 참여한 남성의 수가 18,000명이고 이메일을 선호하는 남성의 비중은 1.5%이므로
$18000 \times 1.5\% = 270(명)$이다.

41. ③

주어진 조건이 모두 참이라고 했으므로 사무실은 조용하지 않고, 두 번째 조건에 의해 복도가 깨끗하다. 따라서 ③은 거짓이다.

42. ④

이 사원과 김 사원의 진술 중 乙과 丙의 지역에 대한 진술이 동일하고 甲에 대한 진술이 다르므로 乙과 丙에 대한 진술 중 하나가 참이다. 乙이 일하는 지역이 울산이면, 甲의 지역은 대구, 울산이 아니므로 부산이 된다. 甲의 지역이 부산이므로 정 사원은 甲의 지역을 알고 있고 乙과 丙이 일하는 지역에 대한 정보는 틀린 것이므로 丙이 일하는 지역은 부산, 울산이 아닌 대구이다. (이 사원과 김 사원의 진술에서 丙의 지역이 부산이라고 가정하면 甲의 지역은 세 지역 모두 불가능하게 되어 다른 진술들과 충돌하게 된다.)

43. ③

인기가 많지 않지만 멋진 남자가 있다는 말은 거짓이므로 지훈이는 인기가 많지 않고 멋진 남자도 아니다.

44. ①

매출이 상승하면 신메뉴 개발에 성공한 것이고 신메뉴 개발에 성공할 시, 가게에 손님이 늘거나 함께 먹을 수 있는 메뉴들의 판매량이 늘어난다. 가게에 손님이 늘진 않았다고 했으므로 함께 먹을 수 있는 다른 메뉴들의 판매량이 늘어난 것이라고 볼 수 있다.

45. ③

D는 주스를 주문한다고 했으므로 ㉠의 대우, 'C 또는 D가 주스를 주문하면 A와 B도 주스를 주문한다'에 따라 A와 B도 주스를 주문한다. ㉣의 대우 명제 'B와 D가 주스를 주문하면 E 또는 F가 주스를 주문한다'에 따라 E나 F가 주스를 주문한다. E가 주스를 주문할 경우, ㉡의 대우 명제에 따라 C도 주스를 주문한다. F가 주스를 주문할 경우, ㉤의 대우 명제에 따라 G는 커피를 주문할 것이다. 최소 인원을 구하라고 했으므로 A, B, D, F 총 4명이 된다.

46. ②

대우 명제를 이용하여 해결하는 문제이다. 대우 명제를 생각하기 전에 주어진 명제들의 삼단논법에 의한 연결 형태를 먼저 찾아보아야 한다. 주어진 다섯 개의 명제들 중 첫 번째, 두 번째, 세 번째 명제는 단순 삼단논법으로 연결되어 우주특급 → 공주의 모험 → 자이로스핀 → ~번지번지의 관계가 성립됨을 쉽게 알 수 있다.
따라서 이것의 대우 명제인 번지번지 → ~우주특급(번지번지를 타 본 사람은 우주특급을 타 보지 않았다.)도 옳은 명제가 된다.

47. ④

손해평가인으로 위촉된 기간이 3년 이상이면서 손해평가 업무를 수행한 경력이 있어야 1차 시험 면제 대상자가 되므로 손해평가 업무 경험이 없는 D씨는 시험의 일부 면제를 받을 수 없다.

48. ②

주어진 대화에서 대표성이 없는 자료를 근거로 A의 주장을 반대하고 있으므로 성급한 일반화의 오류를 범하고 있다고 할 수 있다.

49. ④

기획안에 대한 내용으로 설득하지 않고 친분을 이용하여 설득하려는 것은 개인 관계에 호소하는 오류이다.

50. ②

세무서장은 허가 등을 받아 사업을 경영하는 자가 국세를 3회 이상 체납한 경우로서 그 체납액이 500만 원 이상일 때에는 그 주무관서에 사업의 정지 또는 허가 등의 취소를 요구할 수 있다. 乙은 국세 1억 원을 1회 체납하였기에 허가 등의 취소 대상이 되지 않는다.

51. ④

△△보일러 품질보증기간 이내에 동일 하자에 대해 2회까지 수리하였으나 하자가 재발하는 경우 또는 여러 부위 하자에 대해 4회까지 수리하였으나 하자가 재발하는 경우는 수리 불가능한 것으로 본다. 수리 불가능 시 제품교환 또는 구입가 환급이 가능하다.

52. ⑤

소비자의 고의·과실로 인한 고장인 경우이며 품질보증기간과 부품의무보유기간 내에 수리를 요구하고 있으므로 정액감가상각비 공제 후 환급해야 한다. 따라서 50만 원 − 12만 원 = 38만 원이다.

53. ③

A 씨의 경우 작년 기준으로 집행유예 6개월을 선고 받았으나 만료된 날짜로부터 1년이 경과하지 않았으므로 ⓒ에 해당한다.

54. ①

6개월 이상 복역한 수형자로서 그 형기의 3분의 1이 되어야 귀휴 허가의 대상이 되므로 甲은 형기의 3분의 1이 되었지만 6개월을 넘지 못하였기 때문에 귀휴 허가 대상이 될 수 없다.

55. ②

{(유동인구) × (20 ~ 30대 비율)/(교통혼잡성)} 값이 큰 곳은 丙이다.
{(고객만족도 효과의 현재가치) − (비용의 현재 가치)}의 값은 ㈎ 방식이 2억 원으로 1억 원이 되는 ㈏ 방식이 아닌 ㈎ 방식을 선택한다.

56. ②

② 600가구 × 10만 원 + 500 × 20만 원 + 100 × 30만 원 = 190,000,000원
① 1,500가구 × 20% × 200만 원 × 25% = 150,000,000원
③ 600가구 × 30% × 30만 원 + 500가구 × 30% × 60만 원 + 100가구 × 30% × 100만 원 = 174,000,000원
④ 500가구 × 30% × 40만 원 + 100가구 × 30% × 80만 원 + 1500가구 × 20% × 10만 원 = 114,000,000원
⑤ 1200가구 × 20% × 200만 원 × 30% = 144,000,000원

57. ③

지원평가 기준에 미충족된 A, C, F는 제외, 대응투자액 조건이 미충족된 A, I도 제외된다.

주어진 조건을 반영하여 점수를 계산하면 다음과 같다.

	ㄱ	ㄴ	ㄷ	ㄹ	ㅁ	
A		87	90	80		257
B	86	90	87			263 ①
C	46	55	61			162
D		60		80	65	205 ④
E		90	57		55	202 ⑤
F	67		77		80	224
G	55	87	65			207 ③
H			67	55	78	200
I	90			80	80	250
J		90	56	70		216 ②

58. ②

대응투자액이 3,000만 원씩 증액 될 시 I는 평가 대상에서 제외되지 않는다. 지원평가 기준에 미충족된 A, C, F는 제외, 대응투자액 조건이 미충족된 A는 제외된다.

주어진 조건을 반영하여 점수를 계산하면 다음과 같다.

	ㄱ	ㄴ	ㄷ	ㄹ	ㅁ	
A		87	90	80		257
B	86	90	87			263 ①
C	46	55	61			162
D		60		80	65	205 ⑤
E		90	57		55	202
F	67		77		80	224
G	55	87	65			207 ④
H			67	55	78	200
I	90			80	80	250 ②
J		90	56	70		216 ③

59. ⑤

주어진 기준에 따라 보조금 총액을 계산하면 다음과 같다.

보호시설	운영비	사업비	종사자 장려수당	입소자 간식비	보조금 총액
A	320	80	200	700	1300
B	240	60	100	800	1200
C	256	80	200	1000	1536
D	240	80	200	1200	1720

60. ②

1 ~ 2일차에 甲프로젝트에 3명, 1 ~ 3일차에 乙프로젝트에 4명이 투입된다. 甲프로젝트를 끝낸 3명의 전문가가 3 ~ 7일차까지 丙프로젝트에 투입된다. 乙프로젝트를 끝낸 4명 중 2명이 4 ~ 7일차까지 丁프로젝트에 투입된다. 7일차까지 丙과 丁프로젝트를 끝낸 7명의 전문가 중 4명이 8 ~ 9일차까지 戊프로젝트에 투입되어 최종적으로 일을 마무리한다.

61. ④

주어진 예산은 월 3천만 원이며, 이를 초과하는 광고수단은 선택하지 않는다. 조건에 따라 한 달 단위로 선택되며 광고비용을 계산해야 하므로 모든 광고수단은 30일을 기준으로 한다. 조건에 따른 광고 효과 공식을 대입하면 아래와 같이 광고 효과를 산출할 수 있다.

광고 수단	광고 횟수(회/월)	회당 광고 노출자 수(만 명)	월 광고 비용(천 원)	광고 효과
TV	3	100	30,000	0.01
버스	30	1	20,000	0.015
지하철	1,800	0.2	25,000	0.0144
SNS	1,500	0.5	30,000	0.025
포털사이트	2,100	1	35,000	0.06

월별 광고 효과가 가장 좋은 SNS를 선택한다.

62. ②

직원들의 별점과 우수고객평가 건수 발생 비율은 다음과 같다.

직원	별점	우수고객평가 건수 발생 비율
甲	$5 \times 10 + 20 \times 20 = 450$	25%
乙	$10 \times 10 + 20 \times 20 = 500$	30%
丙	$15 \times 10 + 15 \times 20 - 80 = 370$	30%
丁	$20 \times 10 + 10 \times 20 = 400$	30%
戊	$30 \times 10 + 10 \times 20 - 80 = 420$	40%

별점이 400점을 넘지 못하는 丙과 우수고객평가 건수 발생 비율이 30%가 넘지 않는 甲은 제외하고 별점이 가장 높은 사원인 乙이 우수사원으로 선정된다.

63. ②

전년도 경영실적 관련 자료를 받을 수 있는 부서는 재무상태 및 경영실적을 관리하는 회계팀이다. 새로운 프로젝트의 기획안은 전사기획업무를 종합 및 조정하는 기획팀에게 전달해야 한다. 해외 바이어의 차량일정은 차량 및 통신시설의 운영을 담당하는 총무부에서 담당하는 사안이며, 직원들의 상벌점 관리는 인사팀에서 담당하고 있다.

64. ⑤

매트릭스 조직에서는 서로 다른 기능부서에 속해 있는 전문 인력들이 프로젝트 관리자가 이끄는 프로젝트에서 함께 일한다. 매트릭스 조직에 속한 개인은 두 명의 상급자(기능부서 관리자, 프로젝트 관리자)로부터 지시를 받으며 보고를 하게 된다. 이것은 기존의 전통적 조직구조에 적용되는 명령통일의 원칙이 깨진 것으로서 매트릭스 조직의 가장 큰 특징이다.

65. ⑤

주어진 자료에서 요구하는 필요자격은 '정보기술(IT) 관련 전문지식 및 경험 보유자'이며 자격증을 요구하고 있지는 않다.

66. ②

① 어플리케이션 설계 및 구현, 화면 구현 등은 응용SW엔지니어링을 위한 직무이다.
③ IT시스템 관리는 정보기술운영에 관한 역량, IT프로젝트 관리는 정보기술관리에 관한 역량이다.
④ NCS 기반 채용은 세분류를 중심으로 지원자들을 채용한다.
⑤ 세분류를 중심으로 직원을 채용하므로 모든 기술을 보유하고 있어야 한다는 의미는 아니다.

67. ③

맥킨지 7s모델은 공유가치(shared value), 전략(strategy), 조직구조(structure), 시스템(system), 구성원(staff), 스킬(skill), 스타일(style) 이라는 영문자 s로 시작하는 7개 요소로 구성된다.

68. ⑤

직원 경조사비에 대한 결재는 본부장에 받는다고 했으므로 펀드회계팀은 회계본부장에게, 회계지원팀은 ICT본부장에게 받는다.
① 비서실은 소속 부서 없이 사장에게 직접 보고 한다.
② 인사팀은 부사장 산하의 경영지원본부에 소속되어 있다.
③ 사장과 직접 업무라인이 연결되어 있는 조직원은 비서실장, 감사실장, 미래전략실장, 부사장이다.
④ 채널본부 산하에는 마케팅팀, 서비스팀이 있다.

69. ④

주문관리팀 이 사원의 부친상으로 인한 지출은 직원 경조사비로 결재서류는 기안서, 경조사비지출품의서이다.

70. ②

30만 원 이상의 출장계획서는 최고결재권자 또는 전결을 위임받은 본부장에게 결재를 받아야 하고, 30만 원 이상의 청구서는 사장의 결재를 받아야 한다.

문제 p.158

제4회 모의고사																			
1	2	3	4	5	6	7	8	9	10	11	12	13	14	15	16	17	18	19	20
②	②	②	④	①	③	②	④	①	①	③	①	②	④	③	③	①	④	③	②
21	22	23	24	25	26	27	28	29	30	31	32	33	34	35	36	37	38	39	40
③	④	④	②	③	③	③	①	④	③	①	③	④	③	③	①	③	②	③	④
41	42	43	44	45	46	47	48	49	50	51	52	53	54	55	56	57	58	59	60
④	②	④	④	②	①	②	④	④	②	①	③	②	④	②	③	④	④	②	①

1. ②

제시문의 '잡다'는 '실마리, 요점, 단점 따위를 찾아내거나 알아내다'의 의미로 쓰였다.
① 자리, 방향, 날짜 따위를 정하다.
③ 자동차 따위를 타기 위하여 세우다.
④ 붙들어 손에 넣다.

2. ②

감면(減免) : 매겨야 할 부담 따위를 덜어 주거나 면제함, 등급 따위를 낮추어 면제함
減 덜 감, 免 면할 면

3. ②

'숫자 등이 얼마일 것으로 미루어 생각하여 판정한다'는 뜻을 가진 '추정'이 적절하게 쓰였다.
① '어디부터 어디까지'의 의미인 '범위'가 아닌, '범주'가 적절한 어휘이다.
③ 불만이나 감정, 문제점 등을 드러내는 의미의 '표출'이 아닌, '제시'가 적절한 어휘이다.
④ 준비되지 못한 '미비'가 아닌, 부족하다는 의미의 '미흡'이 적절한 어휘이다.

4. ④

'얽히고설키다'는 한 단어이므로 붙여 쓰며, 표준어이다.

① '며칠'이 표준어이므로, '몇 날 며칠'과 같이 쓴다.

② '되~'에 '아/어라'가 붙어 '되어야'가 올바른 표현이다. 줄임말로 쓰일 경우에는 '돼야'로 쓴다.

③ '선보이-'+'-었'+'-어도' → 선보<u>이었</u>어도 → 선<u>뵀</u>어도

5. ①

㉠은 바로 전 문장과 상반되는 사실을 나타내므로 '하지만'이 적절하다. ㉡ 역시 전 문장과 상반되는 사실을 나타내므로 '그러나'가 적절하다.

6. ③

고령 인구의 경우 근로 등에 대한 소득이 없거나 적기 때문에 그만큼 국가에 내는 세금이 적다. 또한 의료보험 등 사회 보장 비용이 증가하므로 '세금 수입 감소와 사회 보장 비용 증가'는 본론-3-(1)에 필요한 내용이다.

7. ②

• (가) : 수학을 자연을 묘사하고 해석하는 데 가장 뛰어난 방법적 도구로 소개하며 화제를 제시하고 있다.

• (라) : '하지만'으로 연결하여 수학이 가진 한계에 대해 말한다.

• (다) : (라)에서 나타난 한계 외에 추가적인 수학의 한계 내용을 제시하고 있다.

• (나) : (다)에서 수학이 반복적인 현상을 잘 다룰 수 있는지 의문을 제시한 것에 대해 '인간이 파악할 수 있는 매우 낮은 수준의 정확도에서만 반복이 예측됨'을 비유와 예시를 통해 나타내고 있다.

• (마) : (나), (다)와 같은 한계를 지님에도 수학의 성과를 인정해야 하는 이유에 대해 말한다.

8. ④

'회유나 압력을 행사했더라도' 자백이 증거로 인정되었다고 하였다. 또한 그러한 기준이 사건마다 다르게 적용되어 수사 기관이 강압적인 분위기를 조성하는 것이 가능한 상황에서 임의성의 원칙이 지켜지기만 하면 자백은 재판의 증거로 사용되었다.

① 미국 연방대법원은 미란다의 자백을 재판의 증거로 삼을 수 없다고 판결했을 뿐 무죄 판정을 받았는지는 알수 없다.

② 미란다 판결은 '기존의 수사 관행을 전면적으로 부정'하며 '종전의 임의성의 원칙을 버리고 절차의 적법성을 채택한' 판결이었다.

③ 미란다 판결 이전에도 고문과 같은 가혹 행위로 받아낸 자백은 효력이 없었으며, 미란다 판결이 수사 기관의 가혹 행위에 대한 법적 책임과 관련이 있다고 보기는 어렵다.

9. ①

문맥상 어떤 일의 근본이 되는 목적이나 긴요한 뜻을 이르는 '취지'가 적절하다.

② **논지** : 하는 말이나 글의 취지

③ **이치** : 사물의 정당한 조리(條理), 또는 도리에 맞는 취지

④ **성취** : 목적한 바를 이룸

⑤ **철리** : 아주 깊고 오묘한 이치

10. ①

겉으로 보고 대강 짐작하여 헤아리는 것을 '겉잡다'라고 한다. '걷잡다'는 치우쳐 흘러가는 마음이나 형세를 붙들어 잡을 때 사용한다.

② 어떤 일을 시작하거나 여러 가지 물건을 늘어놓을 때 '벌이다'라고 한다. '벌리다'는 사이를 넓힐 때 사용한다.

③ 일정한 방법이나 수단을 써서 상대에게 보내거나 빈대떡 따위의 음식을 익혀서 만들 때 '부치다'라고 한다. '붙이다'는 맞닿아 떨어지지 않게 할 때 사용한다.

④ 밥, 떡, 찌개 등을 만들기 위해 재료에 솥이나 냄비에 넣고 불 위에 올릴 때 '안치다'라고 한다.

11. ③

3개년 경과 시 수상 종류에 따라 응모 여부가 달라진다. 2017년 수상내역이 '동상'이라면, 2017년을 포함해서 3개년이 지났으므로 응모 가능하다.

12. ①

소재(所載)는 '신문이나 잡지 등에 기사가 실려 있다'는 뜻이다. '읍면에 위치한', '읍면에 있는'의 뜻을 나타내는 단어는 소재(所在)이다.

13. ②

일의 자리에 온 숫자를 그 항에 더한 값이 그 다음 항의 값이 된다.

$78 + 8 = 86$, $86 + 6 = 92$, $92 + 2 = 94$, $94 + 4 = 98$, $98 + 8 = 106$, $106 + 6 = 112$

14. ④

모든 숫자는 시계의 '분'을 의미한다. 왼쪽 사각형의 네 개의 숫자 중 왼쪽 위의 숫자로부터 시작해 시계 방향으로 15분씩을 더하면 다음 칸의 '분'이 된다. 따라서 오른쪽 사각형에는 51분+15분 = 6분, 6분+15분 = 21분, 21분+15분 = 36분이 된다.

15. ③

㉠ 14.75 ㉡ 20.2 ㉢ 7.5 ㉣ 13.33…

16. ③

터널을 완전히 통과한다는 것은 터널의 길이에 열차의 길이를 더한 것을 의미한다. 따라서 열차의 길이를 x라 하면, '거리 = 시간 × 속력'을 이용하여 다음과 같은 공식이 성립한다.

$(840 + x) \div 50 = 25$, $x = 410$m가 된다.

이 열차가 1,400m의 터널을 통과하게 되면 $(1,400 + 410) \div 50 = 36.2$초가 걸리게 된다.

17. ①

A식품 xg과 B식품 yg을 섭취할 때,

$$\begin{cases} \dfrac{20}{100}x + \dfrac{40}{100}y = 30 \\ \dfrac{30}{100}x + \dfrac{10}{100}y = 10 \end{cases}$$

따라서 $x = 10(g)$, $y = 70(g)$이 된다.

18. ④

'거리 = 시간 × 속력'을 이용하여 계산할 수 있다.

총 4시간의 소요 시간 중 작업 시간 1시간 30분을 빼면, 왕복 이동한 시간은 2시간 30분이 된다.

트럭에서 태양광 설치 장소까지의 거리를 $x$km라고 하면,

시속 4km로 이동한 거리와 시속 8km로 되돌아 온 거리 모두 $x$km가 된다.

따라서 거리 = 시간 × 속력 → 시간 = 거리 ÷ 속력 공식을 이용하여, 2시간 30분은 2.5시간이므로 $2.5 = (x \div 4) + (x \div 8)$이 성립하게 된다.

이것을 풀면, $2.5 = x/4 + x/8 \rightarrow 2.5 = 3/8x \rightarrow x = 2.5 \times 8/3 = 6.666\cdots \rightarrow$ 약 6.67km가 된다.

19. ③

㉠ $= 60 - (3 + 5 + 19 + 25) = 8$(명)

봉사활동 이수 시간이 40시간 이상인 직원은 $25 + 8 = 33$(명)이다. 그러므로 확률은 $\dfrac{11}{20}$이 된다.

20. ②

병원에서 신속항원검사 양성을 판정 받은 전체 환자의 수는 주어진 표의 환자 수 총계이므로 188명이 된다. 이 중 甲, 乙, 丙 선별진료소에서 PCR 검사를 받은 환자의 수는 각각 23 + 15 + 18 = 56명, 16 + 20 + 28 = 64명, 20 + 26 + 22 = 68명이 되므로 각 대학병원에서 진료 받은 환자들의 비율은 甲 선별진료소가 56 ÷ 188 × 100 = 약 29.8%, 乙 선별진료소가 64 ÷ 188 × 100 = 약 34.0%, 丙 선별진료소가 68 ÷ 188 × 100 = 약 36.2%가 된다.

21. ③

전체 사원수가 가장 적은 2018년도에 생산직 사원 비중이 30% 미만($\frac{93}{313} \times 100$)이다.

(2017년 : 약 32.8%, 2019년 : 약 33.3%, 2020년 : 약 33.3%, 2021년 : 약 30.9%)

직군 연도	영업직	생산직	사무직	전체 사원수
2021	169	105	66	340
2020	174	121	68	363
2019	137	107	77	321
2018	136	93	84	313
2017	134	107	85	326

① 2018년도와 2021년도에는 전년대비 전체 사원수가 감소하였다.

② 전체 사원수에 비해 영업직 사원수 비율이 50% 미만이 되는지 확인해보면 모든 연도에서 영업직 사원수가 생산직과 사무직 사원수의 합보다 적은 것을 알 수 있다.

④ 2019년도에 전년대비 전체 사원수(분모 값)는 8명 증가한 반면, 영업직 사원수(분자 값)는 1명 증가하여 2018년도에 비해 영업직 사원수의 비중이 감소했으므로 매년 증가했다고 볼 수 없다.

(2017년 : 약 41.1%, 2018년 : 약 43.5%, 2019년 : 약 42.7%, 2020년 : 약 47.9%, 2021년 : 약 49.7%)

22. ④

- 2020년 : $\frac{121-107}{107} \times 100 \fallingdotseq 13.1\%$

- 2021년 : $\frac{105-121}{121} \times 100 \fallingdotseq -13.2\%$

23. ④

A에서 B로 변동한 수치의 증감률은 (B − A) ÷ A × 100임을 활용하여 다음과 같이 계산할 수 있다.
- 유소년 : (1,130 − 1,742) ÷ 1,742 × 100 = 약 −35.1%
- 생산연령 : (5,954 − 6,231) ÷ 6,231 × 100 = 약 −4.4%
- 고령 : (1,931 − 1,370) ÷ 1,370 × 100 = 약 40.9%

24. ②

생산연령 인구는 읍 지역에서는 지속 증가세를 보였으나, 면 지역에서는 계속 감소하다가 2020년에 증가세로 돌아선 것을 알 수 있다.
① 유소년 인구는 빠르게 감소 추세를 보이고 있다.
③ 유소년 인구와 달리 고령 인구는 빠른 증가로 인해 도시의 노령화 지수가 상승하였다고 볼 수 있다.
④ 농촌의 전체 인구와 면 지역의 생산연령 인구는 모두 감소 후 2020년에 증가하는 추이를 보이고 있다.

25. ③

팀에 들어갈 수 있는 남자 직원 수는 1 ~ 4명(첫 번째 조건), 여자 직원 수는 0~2명(두 번째 조건)이 되는데, 4명으로 구성되어야 하는 팀이므로 가능한 조합은 '남자 2명-여자 2명', '남자 3명-여자 1명', '남자 4명-여자 0명'이다. 세 번째 조건과 다섯 번째 조건에 의해 '세현 or 승훈 → 준원 & 진아 → 보라'가 되어, '세현'이나 '승훈'이 팀에 들어가게 되면, '준원-진아-보라'도 함께 들어간다. 따라서, 남자 직원 수를 3명 이상 선발하면 세현 혹은 승훈이 포함되게 되어 여자 직원 수가 1명 혹은 0명이 될 수 없으므로 가능한 조합은 '남자 2명-여자 2명'이고, 모든 조건에 적합한 조합은 '세현-준원-진아-보라' 혹은 '승훈-준원-진아-보라'이다.

26. ③

대면거래 중심의 지점을 가지고 있는 상황에서 인터넷 은행의 가파른 상승세 현상은 '위협' 요인에 해당한다고 할 수 있다.

27. ③

남성이 3명, 여성이 2명이라고 했고, B와 D가 방송업계 남녀로 나뉘고, 의사와 간호사가 성별이 같다고 했으므로 의사와 간호사는 남성이다. 또 요리사는 여성(26세)임을 알 수 있다. 요리사와 매칭 되는 라디오작가가 남성이므로 TV드라마감독은 여성이다. 남성과 여성의 평균 나이가 같다고 했으므로 남성 A(32), B, C(28)와 여성 D, E(26)에서 B는 30세, D는 34세임을 알 수 있다.
- A : 32세, 남성, 의사 또는 간호사
- C : 28세, 남성, 의사 또는 간호사
- E : 26세, 여성, 요리사
- B : 30세, 남성, 라디오 작가
- D : 34세, 여성, TV드라마감독

28. ①

소요 시간을 서로 조합하여 합이 25분이 되도록 했을 때, 포함될 수 없는 것을 고른다.

- 샤워 + 주스 만들기 : 10+15
- [머리 감기 & 머리 말리기]+구두 닦기+샤워+양말 신기 : (3+5)+5+10+2
- [머리 감기 & 머리 말리기]+몸치장 하기+샤워 : (3+5)+7+10

4분이 소요되는 '세수'가 포함될 경우 총 걸린 시간 25분을 만들 수 없다.

29. ④

3월 11일에 하루 종일 비가 온다고 했으므로 복귀하기까지 총 소요 시간은 9시간이므로 복귀 시간은 부상자 없을 경우 17시가 된다. 부상이 있는 A가 출장을 갈 경우, 17시 15분에 사내 업무가 있는 B, 17시 10분부터 당직 근무를 서야 하는 D는 A와 함께 출장을 갈 수 없다. ③의 경우 1종 보통 운전면허 소지자가 없다.

30. ③

각 기준에 따라 결정되는 메뉴는 다음과 같다.

- 기준1 : 바닷가재(1순위 3개)
- 기준2 : 탕수육(5순위 0개)
- 기준3 : 양고기(양고기 : 18 > 바닷가재 : 17 > 탕수육 = 삼겹살 : 15 > 방어회 : 10)
- 기준4 : 바닷가재(상위 2순위 양고기와 바닷가재 중 바닷가재가 1순위 3번으로 더 많음)
- 기준5 : 양고기(바닷가재 제외 후, 1순위가 2번으로 가장 많음)

31. ①

첫 번째 회식메뉴는 바닷가재로 총 8인분을 주문했고, 두 번째 회식메뉴는 양고기이며 총 7인분을 주문하였다. 따라서 (56,000×8) + (17,000×7) = 567,000(원)이 된다.

32. ③

지자체 발급 선정확인서는 '농업인월급제 약정'으로 농업자금특별중도해지서비스가 인정되는 경우에 필요한 서류이다.

33. ④

자동이체 +0.5%p와 가입조건 둘 모두 만족시켰으므로 +1.0%p 금리가 추가되어 4.5%p 이자율이 적용된다.

① 농업자금특별중도해지서비스 이용했으므로 기본금리가 적용된다.

② 기본금리 3.0%

③ 기본금리 3.0% + 자동이체 + 0.5%p

34. ③

요리 사진(동영상)의 경우 심사기준 중 '표현력' 대신 '간편성'으로 대체하여 심사한다고 하였으므로 추가적인 심사기준으로 '간편성'을 적용하는 것은 옳지 않다.

35. ③

① 규격이 300dpi 이상, 가로 폭 3,000픽셀 이상이어야 한다.

② 사과와 포도는 공모전 주제 8개 품목에 들어가지 않는다.

④ 사진파일의 경우 jpg 파일 형태를 가져야 한다.

36. ①

$$총점 = (작품의도 + 창의력 + 표현력 + 흥미성) \times \frac{20}{100} + (노력도 + 작품전문성) \times \frac{10}{100}$$

A는 4.2점, B는 3.7점, C는 4.4점, D는 4.2점이다. A ~ D가 상위 네 작품이므로, 점수가 가장 높은 C가 대상(200만 원)을 받게 되고, B는 장려상과 상품권 50만 원을 받게 된다(우수상 1점은 동영상 부문에서 수상한다). 동점을 받은 A와 D 중 작품 의도 점수가 더 높은 D가 최우수상(150만 원)을 받고, A는 우수상과 상품권 100만 원을 받는다.

37. ③

③은 기업 경영의 목적이다. 기업 경영에 필수적인 네 가지 자원으로는 시간(④), 예산(①), 인적자원, 물적자원(②)이 있으며 물적자원은 다시 인공자원과 천연자원으로 나눌 수 있다.

38. ②

전략적 인적자원관리는 조직과 개인 목표의 통합을 강조한다.

※ 전략적 인적자원관리 … 조직의 비전 및 목표, 조직 내부 상황, 조직 외부환경을 모두 고려해 가장 적합한 인력을 개발 · 관리해 조직의 목표를 극대화하고자 하는 인사관리

39. ③

'회계학과 전공/인사 프로그램 사용 가능', '경영학과 전공/노무사 관련 지식이 있는' 사람이 인사총무부에 배치되고, IT기획부에는 컴퓨터 계열 전공을 사람이 배치되는 것이 적절하다. 광고심리학 지식 및 창의력 대회 입상 경력이 있는 사람이 홍보실에서 필요로 하는 인재상과 부합한다.

40. ④

㉠은 공정 보상의 원칙, ㉡은 단결의 원칙에 대한 설명이다.
- **공정 인사의 원칙** : 직무 배당, 승진, 상벌, 근무 성적의 평가, 임금 등을 공정하게 처리
- **종업원 안정의 원칙** : 직장에서의 신분 보장, 계속해서 근무할 수 있다는 믿음으로 근로자의 안정된 회사 생활 보장

41. ④

- **직접비용** : 재료비, 원료와 장비, 시설비, 여행(출장) 및 잡비, 인건비 등
- **간접비용** : 보험료, 건물관리비, 광고비, 통신비, 사무비품비, 각종 공과금 등

42. ②

- A, B, C, D 구매금액 비교

'갑' 상점	총 243만 원	$= (150 + 50 + 50 + 20) \times 0.9$
'을' 상점	총 239만 원	$= 130 + 45 + 60 \times 0.8 + 20 \times 0.8$

'갑' 상점에서 A와 B를 구매하여 C, D의 상품 금액까지 10% 할인을 받는다고 해도 '을' 상점에서 혜택을 받아 A, B, C, D를 구매하는 것이 유리하다.

- C, D, E 구매금액 비교

'을' 상점(A 구매 가정)	총 74만 원	$= 60 \times 0.8 + 20 \times 0.8 + 10$
'병' 상점	총 75만 원	$= 50 + 25 + 5$

A 금액이 가장 저렴한 '을' 상점에서 C, D제품까지 구매하는 것이 유리하며, E 역시 '을' 상점에서 구매하는 것이 가장 적은 금액이 든다.

B의 경우 '병' 상점에서 40만 원으로 구매하여 A, B, C, D, E를 최소 금액 244만 원으로 구매할 수 있다.

43. ④

자원관리의 기본 과정에 따라 우선 필요한 자원의 종류와 양을 확인(㉣)하고, 이용가능한 자원을 수집(㉡)한다. 수집한 자원을 어떻게 사용할지 계획을 수립(㉢)하고, 수행(㉠)한다.

44. ④

C(9시 ~ 10시) − A(10시 ~ 12시) − B(12시 ~ 14시) − F(14시 ~ 15시) − G(15 ~ 16시) − E(16 ~ 18시) − D(18시 ~)
① E 서점을 들른 후 16시가 되는데, 이 경우 G 미술관에 방문할 수 없다.
② F 은행까지 들른 후면 13시가 되는데, B 거래처 대리 약속은 18시에 가능하다.
③ G 미술관 방문을 마치고 나면 11시가 되는데 F 은행은 12시에 가야 한다. F 은행 방문 후 13시가 되는데, 이럴 경우 B 거래처 대리와의 약속은 18시로 잡아야 한다.

45. ②

• A : 총 이용금액 '8,000×3 + 11,000×(2+2+2)'의 50%인 45,000원을 지원
• B : 총 이용금액 '11,000×(2+3+2+2)'의 60%인 59,400원을 지원
• C : 총 이용금액 '8,000×(2+3) + 11,000×(1+2)'의 70%인 51,100원을 지원

46. ①

• A : 구성원1, 2 모두 N사 직원이므로 42만 원 소득이 증가하여 월 소득이 총 462만 원이 되어 '라' 유형을 적용받는다. 다음 달 총 이용금액 '8,000×5 + 11,000×5'의 45% 지원금액은 42,750원이다.
• B : 총 소득이 429만 원이 되므로 총 이용금액 '8,000 + 11,000×6'의 50%(=37,000원)를 지원받는다.
• C : 구성원1 소득의 10%인 25만 원이 증가하여 총 월 소득액은 405만 원이 되어 총 이용금액 '11,000×10'의 60%(=66,000원)를 지원받는다.
따라서 다음 달 지원예상 금액은 총 145,750원이 되어 9월 지원금액(155,500원)에 비해 9,750원이 감소한다.

47. ②

• 영업1팀 : (90+92)×0.4 + 90×0.2 = 90.8 → A
• 영업2팀 : (90+78)×0.4 + 88×0.2 = 84.8 → C
• 영업3팀 : (72+94)×0.4 + 82×0.2 = 82.8 → C
• 영업4팀 : (84+86)×0.4 + 92×0.2 = 86.4 → B
• 영업5팀 : (80+84)×0.4 + 92×0.2 = 84 → C

48. ④

• 이승훈 : 200만 원 × 0.25 = 50만 원
• 최원준 : 260만 원 × 0.15 = 39만 원
• 신영희 : 280만 원 × 0.15 = 42만 원
• 남준혁 : 230만 원 × 0.20 = 46만 원
• 권영철 : 320만 원 × 0.15 = 48만 원

49. ④

농협의 비전 2025는 '농업이 대우받고 농촌이 희망이며 농업인이 존경받는 함께하는 100년 농협'이다.

50. ②

농협 5대 핵심가치

농업인과 소비자가 함께 웃는 유통 대변화	소비자에게 합리적인 가격으로 더 안전한 먹거리를, 농업인에게 더 많은 소득을 제공하는 유통개혁 실현
미래 성장동력을 창출하는 디지털 혁신	4차 산업혁명 시대에 부응하는 디지털 혁신으로 농업 · 농촌 · 농협의 미래 성장동력 창출
경쟁력 있는 농업, 잘사는 농업인	농업인 영농지원 강화 등을 통한 농업경쟁력 제고로 농업인 소득 증대 및 삶의 질 향상
지역과 함께 만드는 살고 싶은 농촌	지역사회의 구심체로서 지역사회와 협력하여 살고 싶은 농촌 구현 및 지역경제 활성화에 기여
정체성이 살아 있는 든든한 농협	농협의 정체성 확립과 농업인 실익 지원 역량 확충을 통해 농업인과 국민에게 신뢰받는 농협 구현

51. ①

NH는 Nonghyup의 머릿글자임과 동시에 '자연과 인간의 조화(Nature&Human)', '새로운 희망(New Hope)', '새로운 행복(New Happiness)'를 상징적으로 표현한 로고이다.

52. ③

문제에서 설명하고 있는 것은 2019년에 신설된 '지역사회공헌부'에 대한 것이다. 농업 · 농촌 지원 및 사회공헌활동을 범농협의 역량을 모아 추진하고자 신설하였다.

53. ②

㉠ 시너지 창출가
㉢ 정직과 도덕성을 갖춘 인재
㉣ 진취적 도전가

54. ④

각 설문 답변에서 '스마트팜', '온라인 채널', '디지털 금융' 등이 1위 답변인 것으로 보아 핵심가치 중 '미래 성장 동력을 창출하는 디지털 혁신'과 관련이 있음을 알 수 있다.

55. ②

금융사업본부장 아래 조직으로 수신과와 여신과가 있으며 5개 지점은 금융사업본부장 소속이 아니다.

56. ③

① 조직의 규모가 클수록 공식화 수준이 높아진다.
② 조직의 규모가 클수록 조직 내 구성원의 응집력이 약화된다.
④ 조직의 규모가 클수록 복잡성이 높아진다.

57. ④

조직이 성숙 및 쇠퇴 단계에 이르면 조직문화는 조직혁신을 저해하는 요인이 된다.

58. ④

업무량의 변동이 심하거나 원자재의 공급이 불안정한 경우, 업무를 세분화하기 어려워 분업을 유지하기 어렵다.

59. ②

제시문은 조직의 원리 중 '통솔범위의 원리'에 대한 내용이다.
① **계층제의 원리** : 조직 내의 권한과 책임, 의무의 정도에 따라 조직구성원들 간에 상하의 계층이나 등급을 설정 하여 계층 간 상명하복 관계가 성립되도록 하는 것
③ **명령통일의 원리** : 조직의 각 구성원은 누구나 한 사람의 직속상관에게만 보고하고 또 그로부터 명령을 받아야 한다는 원칙
④ **조정의 원리** : 조직의 공동 목표를 달성하기 위해 하위 체계 사이의 노력을 통합하고 조정하는 원리

60. ①

애드호크라시는 다양한 분야의 전문가들이 주어진 문제를 해결하기 위해 프로젝트를 수행하는 임시적 조직구조

제5회 모의고사																			문제 p.194
1	2	3	4	5	6	7	8	9	10	11	12	13	14	15	16	17	18	19	20
①	④	①	②	④	④	②	④	③	③	③	①	②	③	③	②	④	③	④	②
21	22	23	24	25	26	27	28	29	30	31	32	33	34	35	36	37	38	39	40
②	③	③	②	④	①	③	②	④	④	②	③	②	①	①	②	②	②	②	②
41	42	43	44	45	46	47	48	49	50	51	52	53	54	55	56	57	58	59	60
①	②	③	①	②	③	③	②	③	②	①	①	③	①	②	②	①	④	①	④

1. ①

주어진 글에서는 밑줄 친 ㉠과 ㉡은 한 단어의 의미가 다른 단어의 역할이 되는 주체-행위관계를 나타낸다.
②④ 상하관계를 나타낸다.
③ 유의관계를 나타낸다.

2. ④

제시문은 고령화사회에 대해 언급하고 있으나 ㉤은 스프롤현상에 대해 이야기 하고 있다.

3. ①

① 增減(증감) : 많아지거나 적어짐 또는 늘이거나 줄임
② 比例(비례) : 한쪽의 양이나 수가 증가하는 만큼 그와 관련 있는 다른 쪽의 양이나 수도 증가함
③ 增價(증가) : 값이 오름
④ 循環(순환) : 주기적으로 자꾸 되풀이하여 돌거나 그런 과정

4. ②

억제제는 면역 거부 반응을 최소화시켜 이식을 수월하게 하는 반면 면역 반응을 억제하여 질병 감염의 위험성을 높일 수 있다. 이는 억제제를 사용하면 이롭게도 되고 해로울 수도 있음을 의미한다. 따라서, 양인지검(兩刃之劍)이 적절하다.

① 고장난명(孤掌難鳴) : 혼자서는 어떤 일을 이룰 수 없음
③ 어부지리(漁夫之利) : 둘이 다투는 틈을 타서 엉뚱한 제3자가 이익을 가로챔
④ 가급인족(家給人足) : 집집마다 살림이 부족함 없이 넉넉하고 풍족해 살기 좋음

5. ④

BIS 비율은 $\dfrac{\text{자기자본}}{\text{위험가증자본}} \times 100$ 이므로 자기자본이 적을수록, 위험가증자본이 많을수록 BIS 비율이 낮아진다. 자기자본이 많고 위험가증자본이 적으면 안정적이고, 그 반대일 경우 불안정하므로 BIS 비율이 낮을수록 위기상황에 대한 은행의 대처수준이 낮아진다.

6. ④

㉣은 유통·전문성에 대한 내용이므로 (1) 유통단계별 효율성 제고 및 전문성에 포함될 내용이다.

7. ②

도시민이 선택한 농협의 가장 중요한 역할 1위는 '안전 국산 농축산물의 안정적 공급'이다. 이에 따라 농협이 우선적으로 대응 할 부분은 판매사업 활성화 및 강화를 통한 유통 확대와 농축산물의 공급이므로 〈농협의 핵심과제〉에 이어질 첫 번째 내용은 ②가 된다.

8. ④

농협몰 포인트 적립 및 배송 안내의 (4)단계에 포인트 지급이 있으므로 포인트는 총 4단계를 거쳐 적립됨을 알 수 있다.

9. ③

'기한'은 '미리 한정하여 놓은 시기'라는 뜻으로 '期限'로 작성한다.
期(기약할 기), 限(한할 한)

10. ③

각 시대별 다음 문장을 통해 핵심을 유추할 수 있다.

㉠ : 1960년대(가장 시급한 문제는 굶주림에서 벗어나기 위해 식량 생산량을 늘리는 일이었습니다.)

㉣ : 1970년대(이를 통해 농가의 가계비절감은 물론 농촌물가 안정에 크게 기여했습니다.)

㉤ : 1980년대(농기계서비스센터와 유류취급소를 설치하여 농가가 농기계 이용의 어려움을 겪지 않도록 지원했습니다.)

㉢ : 1990년대(농협은 농축산물시장과 유통시장 개방에 대응하기 위해 신유통 시스템을 구축했습니다.)

㉡ : 2000년대(이와 함께 농업·농촌의 중요성에 대한 범국민적 공감대를 형성하기 위해 '농촌사랑운동'을 전개했으며, 각 계층이 참여한 농촌사랑범국민운동본부를 설립하고, 1사 1촌 자매결연 등 다양한 도농교류활동을 추진했습니다.)

11. ③

해당 영상물의 제작 의도는 탈춤에 무관심한 젊은 세대를 대상으로 하여 우리 고유의 문화유산인 탈춤에 대한 관심을 불러일으키기 위한 것이다. 따라서 탈춤에 대한 학술적 이견들을 깊이 있게 제시하는 것은 제작 의도와 맞지 않다.

12. ①

감정을 표면에 드러내지 않는 것을 군자의 덕으로 생각하는 동양에서는, 헤프게 웃는 것을 경계해 온 사실에 대해 '기우(杞憂)'라고 표현한 것을 볼 때 웃음을 인격 완성의 조건으로 보고 있지 않다는 것을 알 수 있다.

13. ②

숫자들을 순서대로 a b c로 가정하면, $b = \sin(180 - a - c)$의 값이 된다.

따라서 빈칸에 들어갈 수는 $\sin(180 - 5 - 105) = \sin(60) = \dfrac{\sqrt{3}}{2}$가 된다.

14. ③

①②④ 30

③ 31

15. ③

• 갑이 당첨 제비를 뽑고 을도 당첨 제비를 뽑을 확률 : $\dfrac{4}{10} \times \dfrac{3}{9} = \dfrac{12}{90}$

• 갑은 당첨 제비를 뽑지 못하고 을만 당첨 제비를 뽑을 확률 : $\dfrac{6}{10} \times \dfrac{4}{9} = \dfrac{24}{90}$

따라서 을이 당첨 제비를 뽑을 확률은 $\dfrac{12}{90} + \dfrac{24}{90} = \dfrac{36}{90} = \dfrac{4}{10} = 0$과 된다.

16. ②

1회 $\rightarrow 20(1+0.06)^{10}$

2회 $\rightarrow 20(1+0.06)^{9}$

$\vdots$

10회 $\rightarrow 20(1+0.06)$

따라서 10년 후 그 해 말에 계산한 금액은 $\dfrac{20(1+0.06)\{(1+0.06)^{10}-1\}}{0.06} = \dfrac{21.2 \times (1.791-1)}{0.06} = 279.486 \cdots$

17. ④

기차의 속력을 x라 하면 $\dfrac{1{,}000m + 200m}{x} = 40s$가 된다.

따라서 기차의 속력은

$x = 30m/s = 1{,}800m/m = 108km/h$가 된다.

이때, 1시간 40분 동안 달렸으므로 두 역 사이의 거리는 $108km/h \times 1\dfrac{2}{3}h = 180km$이다.

18. ③

구의 반지름을 r이라고 한다면 구의 부피는

$\dfrac{4}{3}\pi r^3 = \dfrac{4}{3} \times 3 \times r^3 = 32$이므로 $r=2$가 된다.

따라서 원뿔의 반지름은 구의 지름과 동일한 $2 \times 2 = 4$가 된다. 반지름이 4인 원뿔의 부피는 $4 \times 4 \times 3 \times 6 \div 3 = 96$이므로 구의 부피의 3배이다.

19. ④

$((가) - 38{,}263.7)/38{,}263.7 \times 100 = 0.7 \rightarrow (가) = 38{,}263.7 \times 1.007 = 38{,}531.54 \cdots \rightarrow 38{,}531.5$

20. ②

5년간 예금액의 평균이 약 27,000만 원 이상 30,000만 원 이하인 지역은 3곳이다.

강원도 → 27,328.42   충청남도 → 27,043.34   전라남도 → 27,135.34

21. ②

㉠ 2021년 경지 면적 중 상위 5개 시·도는 전남 > 경북 > 충남 > 전북 > 경기 > 경남이다.

㉡ 울산의 2021년 논 면적은 5,238ha 이고, 2019년 밭 면적은 4,696ha로 두 배가 되지 않는다.

㉢ 2020년 전국 밭 면적은 751,179ha 이고, 2020년 전국 밭 면적은 740,902ha 이다.

따라서 (740,902ha − 751,179ha) ÷ (740,902ha × 100) = −1.387⋯ ∴ −1.4가 된다.

㉣ 2020년 논 면적 중 상위 5개 시·도는 전남 > 충남 > 전북 > 경북 > 경기이다.

22. ③

2020년 총 수송인원은 2,645백만 명으로 전년대비 2.2% 증가하였다.

$$\frac{2,645 - 2.587}{2,587} \times 100 = 2.2(\%)$$

23. ③

(가) : $\dfrac{15,463}{21,886} \times 100 = 70.65 \rightarrow 70.7$

(나) : $\dfrac{11,660}{22,618} \times 100 = 51.55 \rightarrow 51.6$

(다) : $\dfrac{15,372}{21,699} \times 100 = 70.84 \rightarrow 70.8$

(라) : $\dfrac{11,450}{22,483} \times 100 = 50.92 \rightarrow 50.9$

24. ②

2020년의 남성의 비경제활동인구 수를 x라 하면, 2020년 남성의 고용률은

$$\frac{15,463}{15,463 + 635 + x} \times 100 = 70.7$$ 이 된다.

$(16,098 + x) = \dfrac{15,463 \times 100}{70.7} = 21,871.28$ 이므로 $x = 21,871.28 - 16,098 = 5,773.28 \rightarrow 5,773$ 이 된다.

25. ④

조건에 따른 대상은 경기도, 강원도, 충청도, 전라도, 경상도, 제주도이다. 이에 따른 증감률은 경기도 −2.6%p 강원도 −1.5%p 충청도 0.8%p 전라도 −0.3%p 경상도 −2.3%p 제주도 1.7%p 이므로 증가율이 가장 큰 지역은 제주도, 감소율이 가장 큰 지역은 경기도가 된다.

26. ①

• A : 다른 사람들의 지지를 이용하기 때문에 '연합 전술'에 해당
• B : 기업의 비전과 가치를 언급함으로써 이상에 호소하여 제안에 몰입하도록 하기 때문에 '영감에 호소'에 해당

27. ③

(1) 지원자격에 우선선발에 대한 내용이 있으므로 동일한 기준으로 선발한다는 것은 바르지 않은 내용이다.

28. ②

주어진 조건을 통해 위치가 가까운 순으로 나열하면 마트−쇼핑몰−은행이며,
세 사람이 간 곳은 마트(B, 자가용)−쇼핑몰(A, 버스)−은행(C, 지하철)이 된다.

29. ④

주어진 조건을 바탕으로 조건을 채워나가면 다음과 같다.

1라인(앞)	(1) H	(2) A	(3) F	(4) B	(5) 빈 칸
2라인(뒤)	(6) G	(7) C	(8) 빈 칸	(9) E	(10) D

30. ④

① 전년 대비 약 54% 감소하였다.
② 2017년부터 산불은 증감을 반족하고 있다.
③ 가장 큰 단일 원인은 입산자 실화이다.

31. ②

㉠ 딸기 → ~초코 = 초코 → ~딸기

㉢ ~딸기 → 수박 = ~수박 → 딸기

㉤ ~초코 → ~단것 = 단것 → 초코

따라서 ㉠, ㉢, ㉤을 조합하면 '단것 → 초코 → ~딸기 → 수박'이 되므로 '단것을 좋아하는 사람은 수박을 좋아한다.'가 참이 된다.

32. ③

A와 D의 진술이 엇갈리므로 두 사람 중 한 사람이 참일 경우를 생각하면 된다.

(1) A가 참일 경우

    D는 무조건 거짓이 된다. B가 참이라면, E의 말도 참이므로 C의 말은 거짓이 된다. 만약 B가 거짓이라면 E 또한 거짓이므로 범인이 2명이라는 조건과 맞지 않기 때문에 A가 참일 경우 참-A·B·E, 거짓(범인)-C·D가 된다.

(2) D가 참일 경우

    A는 무조건 거짓이 된다. A가 참일 경우와 마찬가지로 B와 E의 말은 참, C의 말은 거짓이기 때문에 참-D·B·E, 거짓(범인)-A·C가 된다.

따라서 어느 경우에도 참을 말하는 사람은 B·E이며 어느 경우에도 거짓(범인)을 말하는 사람은 C이다.

33. ②

C가 초코맛을 가지고 있을 경우, B와 D가 딸기, 녹차, 바닐라 중 하나가 겹치므로 C는 초코맛을 가질 수 없다. 따라서 C는 초코와 녹차맛을 제외한 딸기맛 또는 바닐라맛을 가질 수 있다.

(1) C가 딸기맛 쿠키를 가지고 있을 때

    A와 C는 겹치면 안 되며, B와 D는 겹치면 안 되므로 A는 녹차와 바닐라, B는 딸기와 바닐라, D는 초코와 녹차맛 쿠키를 가지게 된다.

(2) C가 바닐라맛 쿠키를 가지고 있을 때

    위와 마찬가지로 A는 딸기와 녹차, B는 딸기와 바닐라, D는 초코와 녹차맛 쿠키를 가지게 된다.

따라서 어느 경우에도 A가 가지게 되는 쿠키의 맛은 녹차이다.

34. ①

② 실내 공기청정정도가 좋거나 보통일 경우 미세먼지와 초미세먼지의 농도가 같아질 수 있음을 명시하고 있다.

③ 미세먼지 숫자란에 54가 표시되어있다면 '보통'상태로, 초록색 표시등이 켜져야 한다.

④ $09\mu g/m^3$는 (초)미세먼지 최저수준으로 아무리 날이 좋아도 숫자가 09 미만으로 내려갈 수 없다.

35. ①

주어진 정보 중 위치가 확실한 것부터 표에 순서대로 작성하면 다음과 같다.

ⓑ → ⓢ → ⓩ → ⓛ → ⓞ → ⓜ → ⓒ → ⓖ → ⓛ 순으로 작성한다.

A	D	B	C
노란집	파란집	빨간집	초록집
서비스직	기술직	영업직	사무직
고양이	강아지	새	?

36. ②

주어진 정보를 통해 위 표와 같이 A, B, D는 각각 고양이, 새, 강아지를 키우고 있다는 것을 알 수 있지만 C는 알 수 없으므로 확실한 3명을 제외한 C가 토끼를 키우게 되며 C의 직업은 사무직이다.

37. ②

㉮ 8:25+30분+5시간+10분=14:05 → 미팅 시간보다 늦으므로 불가능

㉯ 7:15+15분+6시간+10분+10분=13:50

㉰ 7:20+30분+5시간 30분+20분+10분=13:50

㉱ 8:05+15분+5시간 25분+10분=13:55

2시(14:00) 전까지 도착할 수 있는 선택지 ㉯, ㉰, ㉱ 중 ㉯와 ㉰가 일찍 도착하고 둘 중 비용이 적게 들어가는 선택지는 ㉯이다.

38. ②

1G=1,000M

A요금제 : 46,000 + (190 − 60) × 90 + (5,200 − 1,700) / 100 × 95 = 61,025원
→ 61,025 × 12 = 732,300원

B요금제 : 50,000 + (190 − 100) × 100 + (5,200−2,500)/100 × 100 = 61,700원
→ 61,700 × 0.95 × 3 + 61,700 × 9 = 731,145원

C요금제 : 48,000 + (190 − 80) × 95 + (5,200 − 1,500)/100 × 100 = 62,150원
→ 62,150 × 12 = 745,800원

D요금제 : 51,000 + (190 − 120) × 120 + (5,200 − 3,000)/100 × 110 = 61,820원
→ 61,820 × 0.95 × 3+61,820 × 9 = 732,567원

39. ②

A 부장 : $20 \times 100\% + 50 \times 80\% + (20-5) + 10 \times 70\% = 82$

B 과장 : $20 \times 70\% + 50 \times 90\% + 3 + (20-2) + 10 \times 70\% = 87$

C 대리 : $20 \times 50\% + 50 \times 90\% + 5 + (20-6) + 10 \times 100\% = 84$

D 대리 : 근무경력이 3년 미만으로 선발에서 탈락된다.

40. ②

A 부장 : $20 \times 100\% + 50 \times 80\% + (20-5) + 10 \times 70\% = 82$

B 과장 : $20 \times 70\% + 50 \times 90\% + (20-2) + 10 \times 70\% = 84$

C 대리 : $20 \times 50\% + 50 \times 90\% + (20-6) + 10 \times 100\% = 79$

D 대리 : $20 \times 50\% + 50 \times 90\% + (20-1) + 10 \times 100\% = 84$

B 과장과 D 대리가 동점이므로 근무 경력이 더 많은 사람을 선발한다.

41. ①

A

• 개수 : $500 \times 200 \times 400 \div (700 \times 30 \times 10) = 190$

• 무게 : $190 \times 5 = 950$

• 가격 : $950 \div 10 \times 6,000 + 2,500 \times 15 = 570,000 + 37,500 = 607,500$원

B

• 개수 : $500 \times 200 \times 400 \div (80 \times 60 \times 30) = 277$

• 무게 : $277 \times 3 = 831$

• 가격 : $831 \div 10 \times 5,000 + 4,000 \times 15 = 415,500 + 60,000 = 475,500$원

C

• 개수 : $500 \times 200 \times 400 \div (50 \times 50 \times 50) = 320$

• 무게 : $320 \times 3 = 960$

• 가격 : $960 \div 10 \times 5,500 + 3,000 \times 15 = 528,000 + 45,000 = 573,000$원

D

• 개수 : $500 \times 200 \times 400 \div (40 \times 20 \times 120) = 416$

• 무게 : $416 \times 2.5 = 1,040$

• 가격 : $1,040 \div 10 \times 4,000 + 8,000 \times 15 = 416,000 + 120,000 = 536,000$원

42. ②

확률적 모형의 하나인 MCI 모형에서는 상품구색에 대한 효용치와 판매원서비스에 대한 효용치, 거리에 대한 효용치를 곱한 값으로 확률을 계산한다. A할인점의 효용은 150, B마트의 효용은 100, C상점가의 효용은 100, D백화점의 효용은 150이다. 따라서 B마트를 찾을 확률은 $100/(150+100+100+150)=20\%$이다.

43. ③

A 부품 창고는 $410m^2$이며 B 부품 창고는 $100m^2$로, 두 부품을 보관하기 위한 창고 면적은 $510m^2$이다. 즉 $0.00051km^2$이다.

44. ①

표본수가 짝수인 경우 중앙 좌우 두 개의 숫자의 평균으로 중앙값을 계산한다. 따라서 중앙값은 150이다.

45. ②

일	월	화	수	목	금	토
		1	2	3	4	5
6	7	8	9	10	11	12
13	14	15	16	17	18	19
20	21	22	23	24	25	26
27	28	29	30	31		

해외에서 제품 판매는 국내 판매 이후이므로 15일부터 가능하지만 16일에 전체 회의가 있으므로 17일부터 출장을 갈 수 있다. 또한 경영팀에게 보고를 해야 하는데 25일부터 경영팀이 채용준비로 보고를 받지 못하므로 24일까지 보고를 해야 한다. 이때, 보고서를 작성하는데 하루가 소요되므로 23일까지는 도착을 해야 한다. 따라서 출장을 다녀올 수 있는 날은 17일 ~ 23일이며 주말에 출발ㆍ도착하지 않는다고 했으므로 이 대리는 18일에 출발을 했다.

46. ③

이 대리는 18일에 출발을 하여 21일에 도착을 하고 22ㆍ23일에 보고서를 작성하였다. 따라서 개발팀이 보고서를 받은 날은 24일이며 24일은 목요일이다.

47. ③

모든 사람이 한 국가 이상 파견을 가야 한다고 했으므로 갈 수 있는 인원과 가야하는 인원이 동일한 부산과 울산을 기준으로 남은 지역들에 갈 수 있는 사람을 구하면 다음과 같다. C는 부산과 울산에 가므로 대구를 가지 못하고, G는 부산과 울산을 가므로 대구와 강릉에 가지 못한다. 따라서 강릉은 D가 갈 수 있으며 대구는 남은 A, B, E가 갈 수 있다.

	A	B	C	D	E	F	G
부산(4)			O		O	O	O
대구(3)	O	O	X		O		X
강릉(1)				O			X
울산(4)		O	O	O			O

48. ②

A

공장이 1회에 6개의 정상제품을 만든다. → 따라서 16회 찍어야 함

이때 필요한 고무와 플라스틱의 양은 $5 \times 16 = 80kg$, $3 \times 16 = 48kg$이다.

- **고무** : $2,500 \times (60 \div 5) + 3,000 \times (20 \div 5) = 30,000 + 12,000 = 42,000$원
- **플라스틱** : $1,000 \times (20 \div 2) + 1,000 \times 2 \times 12 = 10,000 + 24,000 = 34,000$원

B

공장이 1회에 8개의 정상제품을 만든다. → 따라서 19회 찍어야 함

이때 필요한 고무와 플라스틱의 양은 $4 \times 19 = 76kg$, $4 \times 19 = 76kg$

- **고무** : $2,500 \times (60 \div 5) + 3,000 \times (20 \div 5) = 30,000 + 12,000 = 42,000$원
- **플라스틱** : $1,000 \times (20 \div 2) + 1,000 \times 2 \times 28 = 10,000 + 56,000 = 66,000$원

따라서 A와 B제품을 100개, 150개 만드는 데 필요한 금액은 $42,000 + 34,000 + 42,000 + 66,000 = 184,000$원이다.

49. ③

'함께하는 100년 농협'이다.

50. ②

ⓒ 조직의 목적을 일치시키기 위해 문화를 변화시키기도 한다.

ⓔ 조직변화 중 전략이나 구조의 변화는 조직의 구조나 경영방식을 개선하기도 한다.

51. ①

사원 A는 신년 프로모션에 대한 보고와 회의 참석을 요청하는 메일을 보내고 있다. 메일 내용에는 영업2팀에게 요청하는 내용이 들어있으므로 수신인은 경영지원팀이 아닌 영업2팀이 되어야 한다.

52. ①

⒜ : 농업인과 소비자가 함께 웃는 유통 대변화
⒝ : 경쟁력 있는 농업 잘사는 농업인
⒞ : 정체성이 살아있는 든든한 농협
⒟ : 미래 성장동력을 창출하는 디지털 혁신
⒠ : 지역과 함께 만드는 살고 싶은 농촌

53. ③

주어진 그림은 매트릭스 조직형태에 대한 그림이다. 매트릭스 조직에 속한 개인은 두 명의 상급자(기능부서 관리자, 프로젝트 관리자)로부터 지시를 받으며 보고를 하게 되므로 명령통일의 원칙이 깨지면서 조직질서 혼란, 권력 다툼 등의 문제가 생길 수 있으며 나아가 장기적인 문제에 대해서는 오히려 미봉책을 산출할 수 있다는 문제점도 있다.

54. ①

ⓒ 강점 : 조직 내부 환경으로 조직이 우위를 점할 수 있는 요인
ⓔ 기회 : 조직 외부 환경으로 조직 활동에 이점을 주는 요인

55. ②

㉠ : 조직은 공식화 정도에 따라 공식조직과 비공식조직으로 구분할 수 있다. 영리성을 기준으로는 영리조직과 비영리조직으로 구분된다.
㉣ : 공식조직 내에서 인간관계를 지향하면서 비공식조직이 새롭게 생성되기도 한다. 이는 자연스러운 인간관계에 의해 일체감을 느끼고 가치나 행동유형 등이 공유되어 공식조직의 기능을 보완해주기도 한다.
㉤ : 기업과 같이 이윤을 목적으로 하는 조직을 영리조직이라 한다.

56. ②

- **최고의 전문가** : 꾸준한 자기계발을 통해 자아를 성장시키고, 유종·금융 등 맡은 분야에서 최고의 전문가가 되기 위해 지속적으로 노력하는 인재
- **시너지 창출가** : 항상 열린 마음으로 계통간, 구성원간에 상호 존경과 협력을 다하여 조직 전체의 성과가 극대화될 수 있도록 시너지 제고를 위해 노력하는 인재
- **행복의 파트너** : 프로다운 서비스 정신을 바탕으로 농업인과 고객을 가족처럼 여기고 최상의 행복 가치를 위해 최선을 다하는 인재
- **정직과 도덕성을 갖춘 인재** : 매사에 혁신적인 자세로 모든 업무를 투명하고 정직하게 처리하여 농업인과 고객, 임직원 등 모든 이해관계자로부터 믿음과 신뢰를 받는 인재
- **진취적 도전가** : 미래지향적 도전의식과 창의성을 바탕으로 새로운 사업과 성장동력을 찾기 위해 끊임없이 변화와 혁신을 추구하는 역동적이고 열정적인 인재

57. ①

공식화의 수준이 높을수록 조직구성원들의 재량은 감소한다.

58. ④

기계적 구조	유기적 구조
• 높은 전문화	• 기능·계층횡단
• 명확한 명령, 엄격한 부서화, 높은 공식화	• 자유로운 정보흐름, 낮은 공식화
• 좁은 통제 범위	• 넓은 통제 범위
• 집권화	• 분권화

59. ①

청렴계약제는 국제투명성기구(Transparency International)가 계약분야에 부패를 척결하기 위해 1993년 제창한 것으로 계약당사자 상호 간에 계약과 관련하여 부패행위에 가담하지 않을 것을 서약하는 제도이다.

60. ④

팀제는 경영환경에 유연하게 대처하여 기업의 경쟁력을 제고할 수 있다.

지역농협

70문항 / 70분

성명	
성	

생년월일

생	년		월	일	
⓪	⓪	⓪	⓪	⓪	⓪	⓪
①	①	①	①	①	①	①
②	②	②	②	②	②	②
③	③	③	③	③	③	③
④	④	④	④	④	④	④
⑤	⑤	⑤	⑤	⑤	⑤	⑤
⑥	⑥	⑥	⑥	⑥	⑥	⑥
⑦	⑦	⑦	⑦	⑦	⑦	⑦
⑧	⑧	⑧	⑧	⑧	⑧	⑧
⑨	⑨	⑨	⑨	⑨	⑨	⑨

답안지

번호	정답	체크	번호	정답	체크	번호	정답	체크
1	① ② ③ ④ ⑤		26	① ② ③ ④ ⑤		51	① ② ③ ④ ⑤	
2	① ② ③ ④ ⑤		27	① ② ③ ④ ⑤		52	① ② ③ ④ ⑤	
3	① ② ③ ④ ⑤		28	① ② ③ ④ ⑤		53	① ② ③ ④ ⑤	
4	① ② ③ ④ ⑤		29	① ② ③ ④ ⑤		54	① ② ③ ④ ⑤	
5	① ② ③ ④ ⑤		30	① ② ③ ④ ⑤		55	① ② ③ ④ ⑤	
6	① ② ③ ④ ⑤		31	① ② ③ ④ ⑤		56	① ② ③ ④ ⑤	
7	① ② ③ ④ ⑤		32	① ② ③ ④ ⑤		57	① ② ③ ④ ⑤	
8	① ② ③ ④ ⑤		33	① ② ③ ④ ⑤		58	① ② ③ ④ ⑤	
9	① ② ③ ④ ⑤		34	① ② ③ ④ ⑤		59	① ② ③ ④ ⑤	
10	① ② ③ ④ ⑤		35	① ② ③ ④ ⑤		60	① ② ③ ④ ⑤	
11	① ② ③ ④ ⑤		36	① ② ③ ④ ⑤		61	① ② ③ ④ ⑤	
12	① ② ③ ④ ⑤		37	① ② ③ ④ ⑤		62	① ② ③ ④ ⑤	
13	① ② ③ ④ ⑤		38	① ② ③ ④ ⑤		63	① ② ③ ④ ⑤	
14	① ② ③ ④ ⑤		39	① ② ③ ④ ⑤		64	① ② ③ ④ ⑤	
15	① ② ③ ④ ⑤		40	① ② ③ ④ ⑤		65	① ② ③ ④ ⑤	
16	① ② ③ ④ ⑤		41	① ② ③ ④ ⑤		66	① ② ③ ④ ⑤	
17	① ② ③ ④ ⑤		42	① ② ③ ④ ⑤		67	① ② ③ ④ ⑤	
18	① ② ③ ④ ⑤		43	① ② ③ ④ ⑤		68	① ② ③ ④ ⑤	
19	① ② ③ ④ ⑤		44	① ② ③ ④ ⑤		69	① ② ③ ④ ⑤	
20	① ② ③ ④ ⑤		45	① ② ③ ④ ⑤		70	① ② ③ ④ ⑤	
21	① ② ③ ④ ⑤		46	① ② ③ ④ ⑤				
22	① ② ③ ④ ⑤		47	① ② ③ ④ ⑤				
23	① ② ③ ④ ⑤		48	① ② ③ ④ ⑤				
24	① ② ③ ④ ⑤		49	① ② ③ ④ ⑤				
25	① ② ③ ④ ⑤		50	① ② ③ ④ ⑤				

절 취 선

지역농협

70문항 / 70분

점

성0

번호	정답	체크	번호	정답	체크	번호	정답	체크
1	① ② ③ ④ ⑤		26	① ② ③ ④ ⑤		51	① ② ③ ④ ⑤	
2	① ② ③ ④ ⑤		27	① ② ③ ④ ⑤		52	① ② ③ ④ ⑤	
3	① ② ③ ④ ⑤		28	① ② ③ ④ ⑤		53	① ② ③ ④ ⑤	
4	① ② ③ ④ ⑤		29	① ② ③ ④ ⑤		54	① ② ③ ④ ⑤	
5	① ② ③ ④ ⑤		30	① ② ③ ④ ⑤		55	① ② ③ ④ ⑤	
6	① ② ③ ④ ⑤		31	① ② ③ ④ ⑤		56	① ② ③ ④ ⑤	
7	① ② ③ ④ ⑤		32	① ② ③ ④ ⑤		57	① ② ③ ④ ⑤	
8	① ② ③ ④ ⑤		33	① ② ③ ④ ⑤		58	① ② ③ ④ ⑤	
9	① ② ③ ④ ⑤		34	① ② ③ ④ ⑤		59	① ② ③ ④ ⑤	
10	① ② ③ ④ ⑤		35	① ② ③ ④ ⑤		60	① ② ③ ④ ⑤	
11	① ② ③ ④ ⑤		36	① ② ③ ④ ⑤		61	① ② ③ ④ ⑤	
12	① ② ③ ④ ⑤		37	① ② ③ ④ ⑤		62	① ② ③ ④ ⑤	
13	① ② ③ ④ ⑤		38	① ② ③ ④ ⑤		63	① ② ③ ④ ⑤	
14	① ② ③ ④ ⑤		39	① ② ③ ④ ⑤		64	① ② ③ ④ ⑤	
15	① ② ③ ④ ⑤		40	① ② ③ ④ ⑤		65	① ② ③ ④ ⑤	
16	① ② ③ ④ ⑤		41	① ② ③ ④ ⑤		66	① ② ③ ④ ⑤	
17	① ② ③ ④ ⑤		42	① ② ③ ④ ⑤		67	① ② ③ ④ ⑤	
18	① ② ③ ④ ⑤		43	① ② ③ ④ ⑤		68	① ② ③ ④ ⑤	
19	① ② ③ ④ ⑤		44	① ② ③ ④ ⑤		69	① ② ③ ④ ⑤	
20	① ② ③ ④ ⑤		45	① ② ③ ④ ⑤		70	① ② ③ ④ ⑤	
21	① ② ③ ④ ⑤		46	① ② ③ ④ ⑤				
22	① ② ③ ④ ⑤		47	① ② ③ ④ ⑤				
23	① ② ③ ④ ⑤		48	① ② ③ ④ ⑤				
24	① ② ③ ④ ⑤		49	① ② ③ ④ ⑤				
25	① ② ③ ④ ⑤		50	① ② ③ ④ ⑤				

생0 년 월 일

| ⓪ ⓪ ⓪ ⓪ ⓪ ⓪ ⓪ |
| ① ① ① ① ① ① ① |
| ② ② ② ② ② ② ② |
| ③ ③ ③ ③ ③ ③ ③ |
| ④ ④ ④ ④ ④ ④ ④ |
| ⑤ ⑤ ⑤ ⑤ ⑤ ⑤ ⑤ |
| ⑥ ⑥ ⑥ ⑥ ⑥ ⑥ ⑥ |
| ⑦ ⑦ ⑦ ⑦ ⑦ ⑦ ⑦ |
| ⑧ ⑧ ⑧ ⑧ ⑧ ⑧ ⑧ |
| ⑨ ⑨ ⑨ ⑨ ⑨ ⑨ ⑨ |

절 취 선

번호	정답	체크	번호	정답	체크	번호	정답	체크
1	① ② ③ ④ ⑤		26	① ② ③ ④ ⑤		51	① ② ③ ④ ⑤	
2	① ② ③ ④ ⑤		27	① ② ③ ④ ⑤		52	① ② ③ ④ ⑤	
3	① ② ③ ④ ⑤		28	① ② ③ ④ ⑤		53	① ② ③ ④ ⑤	
4	① ② ③ ④ ⑤		29	① ② ③ ④ ⑤		54	① ② ③ ④ ⑤	
5	① ② ③ ④ ⑤		30	① ② ③ ④ ⑤		55	① ② ③ ④ ⑤	
6	① ② ③ ④ ⑤		31	① ② ③ ④ ⑤		56	① ② ③ ④ ⑤	
7	① ② ③ ④ ⑤		32	① ② ③ ④ ⑤		57	① ② ③ ④ ⑤	
8	① ② ③ ④ ⑤		33	① ② ③ ④ ⑤		58	① ② ③ ④ ⑤	
9	① ② ③ ④ ⑤		34	① ② ③ ④ ⑤		59	① ② ③ ④ ⑤	
10	① ② ③ ④ ⑤		35	① ② ③ ④ ⑤		60	① ② ③ ④ ⑤	
11	① ② ③ ④ ⑤		36	① ② ③ ④ ⑤		61	① ② ③ ④ ⑤	
12	① ② ③ ④ ⑤		37	① ② ③ ④ ⑤		62	① ② ③ ④ ⑤	
13	① ② ③ ④ ⑤		38	① ② ③ ④ ⑤		63	① ② ③ ④ ⑤	
14	① ② ③ ④ ⑤		39	① ② ③ ④ ⑤		64	① ② ③ ④ ⑤	
15	① ② ③ ④ ⑤		40	① ② ③ ④ ⑤		65	① ② ③ ④ ⑤	
16	① ② ③ ④ ⑤		41	① ② ③ ④ ⑤		66	① ② ③ ④ ⑤	
17	① ② ③ ④ ⑤		42	① ② ③ ④ ⑤		67	① ② ③ ④ ⑤	
18	① ② ③ ④ ⑤		43	① ② ③ ④ ⑤		68	① ② ③ ④ ⑤	
19	① ② ③ ④ ⑤		44	① ② ③ ④ ⑤		69	① ② ③ ④ ⑤	
20	① ② ③ ④ ⑤		45	① ② ③ ④ ⑤		70	① ② ③ ④ ⑤	
21	① ② ③ ④ ⑤		46	① ② ③ ④ ⑤				
22	① ② ③ ④ ⑤		47	① ② ③ ④ ⑤				
23	① ② ③ ④ ⑤		48	① ② ③ ④ ⑤				
24	① ② ③ ④ ⑤		49	① ② ③ ④ ⑤				
25	① ② ③ ④ ⑤		50	① ② ③ ④ ⑤				

지역농협

60문항 / 60분

성0 명0

생0 년0 월0 일0

번호	정답	체크
1	① ② ③ ④	
2	① ② ③ ④	
3	① ② ③ ④	
4	① ② ③ ④	
5	① ② ③ ④	
6	① ② ③ ④	
7	① ② ③ ④	
8	① ② ③ ④	
9	① ② ③ ④	
10	① ② ③ ④	
11	① ② ③ ④	
12	① ② ③ ④	
13	① ② ③ ④	
14	① ② ③ ④	
15	① ② ③ ④	
16	① ② ③ ④	
17	① ② ③ ④	
18	① ② ③ ④	
19	① ② ③ ④	
20	① ② ③ ④	
21	① ② ③ ④	
22	① ② ③ ④	
23	① ② ③ ④	
24	① ② ③ ④	
25	① ② ③ ④	

번호	정답	체크
26	① ② ③ ④	
27	① ② ③ ④	
28	① ② ③ ④	
29	① ② ③ ④	
30	① ② ③ ④	
31	① ② ③ ④	
32	① ② ③ ④	
33	① ② ③ ④	
34	① ② ③ ④	
35	① ② ③ ④	
36	① ② ③ ④	
37	① ② ③ ④	
38	① ② ③ ④	
39	① ② ③ ④	
40	① ② ③ ④	
41	① ② ③ ④	
42	① ② ③ ④	
43	① ② ③ ④	
44	① ② ③ ④	
45	① ② ③ ④	
46	① ② ③ ④	
47	① ② ③ ④	
48	① ② ③ ④	
49	① ② ③ ④	
50	① ② ③ ④	

번호	정답	체크
51	① ② ③ ④	
52	① ② ③ ④	
53	① ② ③ ④	
54	① ② ③ ④	
55	① ② ③ ④	
56	① ② ③ ④	
57	① ② ③ ④	
58	① ② ③ ④	
59	① ② ③ ④	
60	① ② ③ ④	

절 취 선

절 취 선

지역농협

60문항 / 60분

성명

번호	정답				체크	번호	정답				체크	번호	정답				체크
1	①	②	③	④		26	①	②	③	④		51	①	②	③	④	
2	①	②	③	④		27	①	②	③	④		52	①	②	③	④	
3	①	②	③	④		28	①	②	③	④		53	①	②	③	④	
4	①	②	③	④		29	①	②	③	④		54	①	②	③	④	
5	①	②	③	④		30	①	②	③	④		55	①	②	③	④	
6	①	②	③	④		31	①	②	③	④		56	①	②	③	④	
7	①	②	③	④		32	①	②	③	④		57	①	②	③	④	
8	①	②	③	④		33	①	②	③	④		58	①	②	③	④	
9	①	②	③	④		34	①	②	③	④		59	①	②	③	④	
10	①	②	③	④		35	①	②	③	④		60	①	②	③	④	
11	①	②	③	④		36	①	②	③	④							
12	①	②	③	④		37	①	②	③	④							
13	①	②	③	④		38	①	②	③	④							
14	①	②	③	④		39	①	②	③	④							
15	①	②	③	④		40	①	②	③	④							
16	①	②	③	④		41	①	②	③	④							
17	①	②	③	④		42	①	②	③	④							
18	①	②	③	④		43	①	②	③	④							
19	①	②	③	④		44	①	②	③	④							
20	①	②	③	④		45	①	②	③	④							
21	①	②	③	④		46	①	②	③	④							
22	①	②	③	④		47	①	②	③	④							
23	①	②	③	④		48	①	②	③	④							
24	①	②	③	④		49	①	②	③	④							
25	①	②	③	④		50	①	②	③	④							

생년월일							
			년		월		일
⓪	⓪	⓪	⓪	⓪	⓪	⓪	⓪
①	①	①	①	①	①	①	①
②	②	②	②	②	②	②	②
③	③	③	③	③	③	③	③
④	④	④	④	④	④	④	④
⑤	⑤	⑤	⑤	⑤	⑤	⑤	⑤
⑥	⑥	⑥	⑥	⑥	⑥	⑥	⑥
⑦	⑦	⑦	⑦	⑦	⑦	⑦	⑦
⑧	⑧	⑧	⑧	⑧	⑧	⑧	⑧
⑨	⑨	⑨	⑨	⑨	⑨	⑨	⑨

상식 용어사전 시리즈

합격GO!

✦1 금융상식 2주 만에 완성하기

금융은행권, 단기간 공략으로 끝장낸다! 필기 걱정은 이제 NO! <금융상식 2주 만에 완성하기> 한 권으로 시간은 아끼고 학습효율은 높이자!

✦2 중요한 용어만 한눈에 보는 시사용어사전 1130

매일 접하는 각종 기사와 정보 속에서 현대인이 놓치기 쉬운, 그러나 꼭 알아야 할 최신 시사상식을 쏙쏙 뽑아 이해하기 쉽도록 정리했다!

✦3 중요한 용어만 한눈에 보는 경제용어사전 961

주요 경제용어는 거의 다 실었다! 경제가 쉬워지는 책, 경제용어사전!

✦4 중요한 용어만 한눈에 보는 부동산용어사전 1273

부동산에 대한 이해를 높이고 부동산의 개발과 활용, 투자 및 부동산 용어 학습에도 적극적으로 이용할 수 있는 부동산용어사전!

자격증 기출문제 총집합!

자격증 별로 정리된 기출문제로 깔끔하게 합격하자!

건강운동관리사, 스포츠지도사, 손해사정사, 손해평가사,
농산물품질관리사, 수산물품질관리사, 관광통역안내사, 국내여행안내사, 보세사, 사회조사분석사